BUNRI'S

レディー&ジェントルマン中高一貫エリート教育

西武学園文理中学校

学校見学ができるイベント《予約不要》

文理祭（文化祭）	9月14日（土）	10:00～15:00
（上履をご持参ください）	15日（日）	10:00～14:15

中学校説明会《受験生・保護者対象・予約不要》

第１回	10月 1日（火）	10:00～
第２回	10月27日（日）	10:00～
第３回	11月 9日（土）	10:00～
第４回	11月27日（水）	10:00～

（上履・筆記用具をご用意ください）

平成25年度 主要大学合格実績

国公立大学100名突破！

☆東京大4名(22年連続合格) 京都大1名

☆医歯薬看護獣医100名以上合格!

☆国公立大学医学部6名合格

☆今年も旧7帝大何れも合格達成

☆私立大学1452名合格!

〒350-1336 埼玉県狭山市柏原新田311-1 04（2954）4080（代） http://www.bunri-s.ed.jp/

◇スクールバス「西武文理」行き終点下車
西武新宿線「新狭山駅」北口（約8分）
JR埼京線・東武東上線「川越駅」西口（約20分）
JR八高線・西武池袋線「東飯能駅」東口（約25分）
西武池袋線「稲荷山公園駅」（約20分）
東武東上線「鶴ヶ島駅」西口（約20分）

◇西武バス「西武柏原ニュータウン」下車
西武新宿線「狭山市駅」西口下車「西武柏原ニュータウン」行き（約15分）
西武新宿線「新狭山駅」北口下車「かすみ野」行き（約10分）

併設校 **西武学園文理高等学校・西武学園文理小学校**（西武新宿線「新狭山駅」徒歩10分）

中学受験 合格ガイド 2014

Contents

★中学生だからこそ先端の研究に触れる教育を
★中学生だからこそ高い学力形成の教育を
★中学生だからこそ高い道徳心、社会貢献への強い意志を育てる教育を

学校説明会

9月21日（土） 10：00〜12：00
［授業見学可］ 11：00〜説明会があります。
10月12日（土） 10：00〜12：00
［体験授業］ 説明会のほかに体験授業があります。
11月 9日（土） 10：00〜12：00
［入試問題解説会］ 入試過去問題を用いた説明をいたします。
12月14日（土） 10：00〜12：00
［入試問題解説会］ 入試過去問題を用いた説明をいたします。
11／9と同じ内容です。

小学校4・5年生対象
説明会（体験授業）

12月14日（土） 13：30〜15：30
※説明会のほかに体験授業があります。

予約不要・スクールバス有り
※詳しくはホームページをご覧下さい。

春日部共栄中学校

〒344-0037 埼玉県春日部市上大増新田213
電話048-737-7611㈹ Fax048-737-8093
春日部駅西口よりスクールバス約10分 ホームページアドレス http://www.k-kyoei.ed.jp

創立108年

みらいは、私の中にある。

- 6ヵ年一貫システム
- 2人担任制(中1･中2で実施)
- 「みらい科」で未来をひらく
- 女性としての豊かな教養(華道と茶道の修得など)

●学校説明会(受験生･保護者対象)(※は同内容です。)

9 /13(金)10:30～ 授業見学あり※
10/27(日)10:30～
11/21(木)10:30～ 授業見学あり※

●入試説明会(全3回とも同内容です。)

12/ 7 (土)14:30～
1 /11(土)14:30～
1 /15(水)10:30～ 授業見学あり

●体験イベント([要予約]HP･FAX･電話にてご予約ください。)

体験学習………… 12/22(日)14:30～ 5年生以下対象

●入試模擬体験([要予約]HP･FAX･電話にてご予約ください。)

12/22(日) 9:00～ 5･6年生対象

●公開イベント

学園祭(葵祭)…. 9 /28(土)･29(日)10:00～16:00
※入試相談コーナーあり
※9/29(日)はミニ説明会あり

※校舎内は上履きに履き替えていただきますので、上履きをご持参ください。
※上記日程以外でも、いつでも校内見学ができます。ご希望の方は事前にご連絡ください。

KOJIMACHI GAKUEN GIRLS'

麴《こうじ》町《まち》学園女子 中学校 高等学校

Junior & Senior High School

〒102-0083 東京都千代田区麴町3-8 e-mail: new@kojimachi.ed.jp
TEL: 03-3263-3011 FAX: 03-3265-8777 http://www.kojimachi.ed.jp/

東京メトロ有楽町線……………………………… 麴町駅より徒歩 1分
東京メトロ半蔵門線……………………………… 半蔵門駅より徒歩 2分
JR総武線、東京メトロ南北線、都営新宿線………… 市ヶ谷駅より徒歩 10分
JR中央線、東京メトロ南北線･丸ノ内線…………… 四ッ谷駅より徒歩 10分

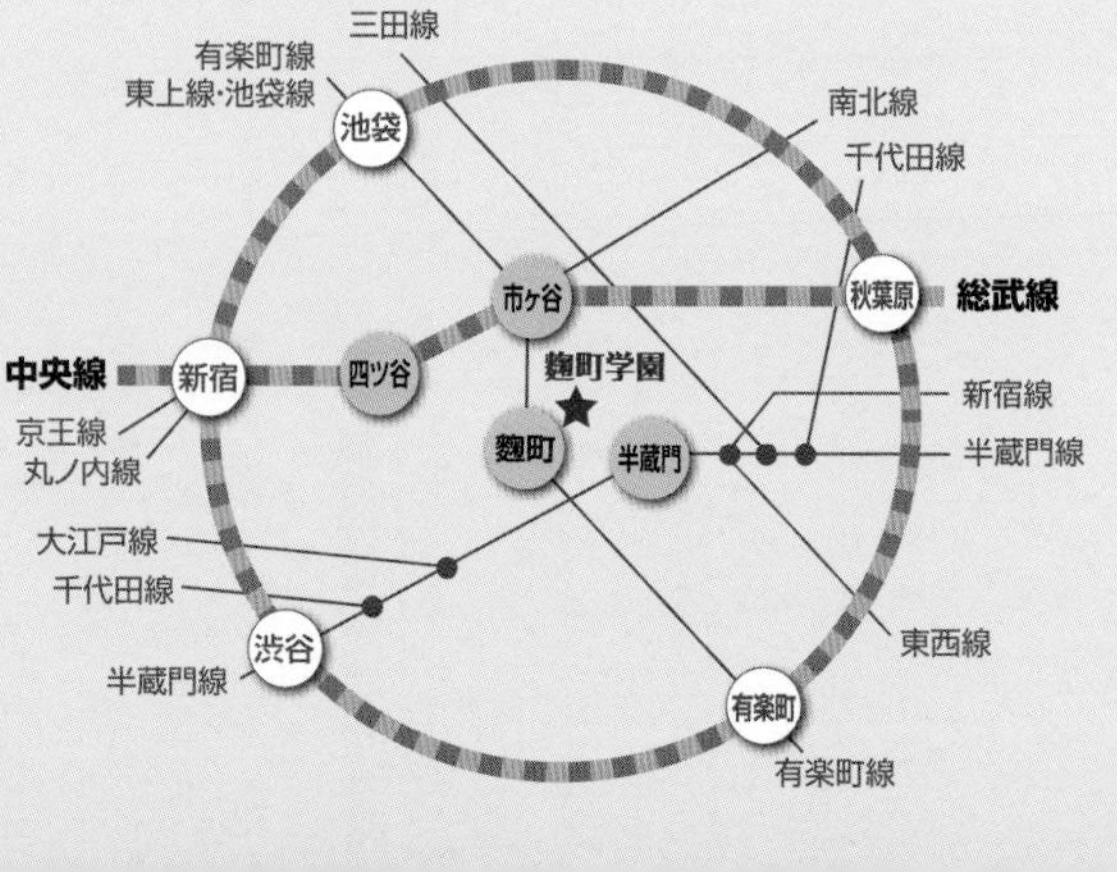

Kosei GAKUEN GIRLS' JUNIOR HIGH SCHOOL

難関大学合格実績

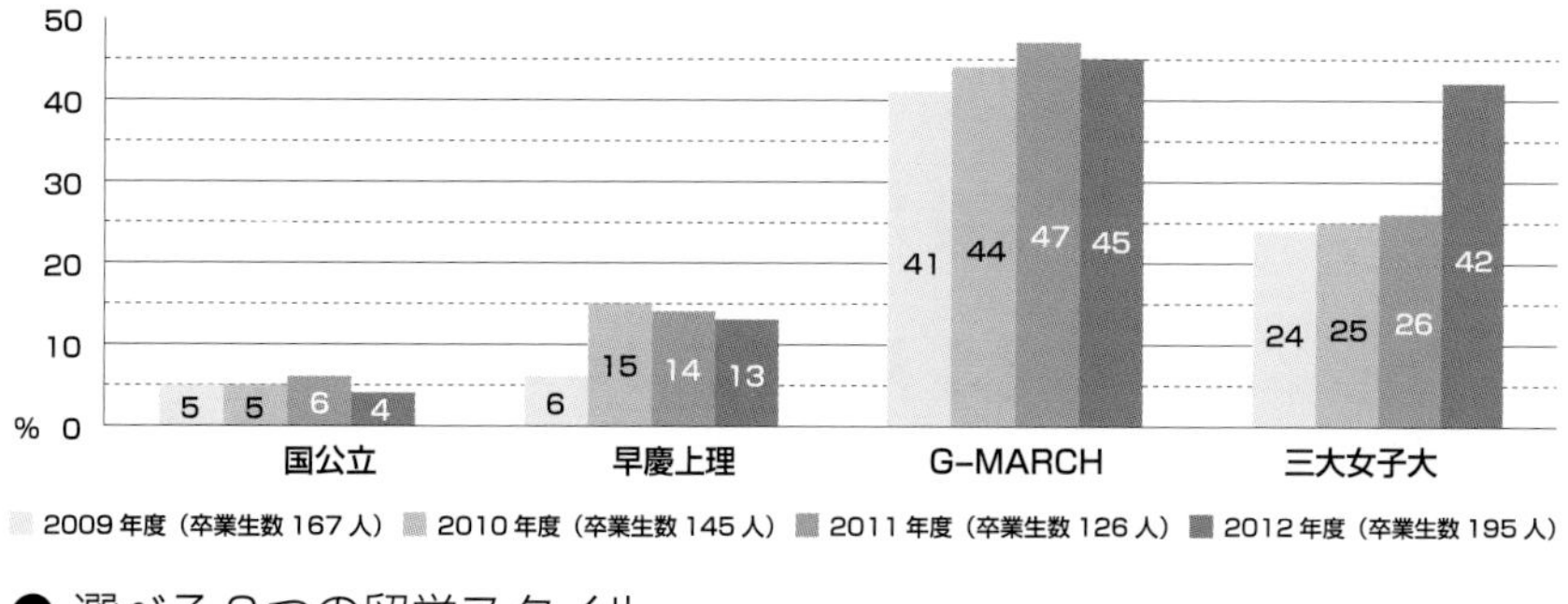

"Topics"

- 選べる３つの留学スタイル
  - 高校長期…まるまる１年間ニュージーランドで英語づけの日々
  - 高校短期…まるまる１カ月イギリス修学旅行を延長して現地校に滞在
  - 中学中期…まるまる３カ月ニュージーランド修学旅行を延長し現地校に滞在
- 英検１級合格やTOEICスコア950を育む豊かな英語学習環境
- 本年度はTOEFL対策を強化
- 中学音楽・美術は英語で学ぶイマージョン授業は12年前から実施
- 生きた「英語」を学び、団体戦で進路実現へ

学校説明会・オープンスクールのご案内等webでご確認下さい。

佼成学園女子中学校

〒157-0064　東京都世田谷区給田2-1-1　Tel.03-3300-2351（代表）www.girls.kosei.ac.jp

●京王線「千歳烏山」駅下車徒歩６分　●小田急線「千歳船橋」駅から京王バス利用約15分、「南水無」下車すぐ

学校説明会 in 五峯祭（文化祭）

9月15日（日） 11:00～11:30

オープンスクール（要予約：TEL/FAX/Mail）

9月21日（土）

11:00～12:45　授業見学（英会話）

※学食で在校生と同じ食事を用意しています。

学校説明会（保護者対象イブニング説明会）

会場：大宮学習センター

10月　9日（水）　11月22日（金）

18:30～19:00　【個別相談】19:00～20:00

入試問題学習会（要予約：TEL/FAX/Mail）

10月19日（土） 14:00～16:30
2科模擬入試と解説

11月14日（木） 10:00～12:30
4科模擬入試と解説

※11/14は、学食で在校生と同じ食事を用意しています。

入試説明会

12月　7日（土） 14:00～16:00
過去問題解説・傾向と対策

United Nations Educational, Scientific and Cultural Organization
UNESCO Associated Schools
ユネスコスクール加盟校

中高一貫部
国際学院中学校

QRコードで
簡単アクセス

〒362-0806　埼玉県北足立郡伊奈町小室10474　TEL：048-721-5931(代)　FAX：048-721-5903
http://js.kgef.ac.jp　E-mail　js@kgef.ac.jp

学校説明会　王子キャンパス本館

10月　5日(土)14:00～　11月　9日(土)13:00～
12月14日(土)　9:00～

◇説明会終了後、新田キャンパスを見学希望の方はスクールバスでご案内いたします。

オープンスクール　王子キャンパス本館【要予約】

【学習成果発表会】　9月26日(木)
【授業見学会】　10月　9日(水)
【弁論大会・読書感想発表会】　11月26日(火)
【英語レシテーション大会】　2月20日(木)

＊詳細は随時ホームページに掲載します。

生徒募集概要　【募集人員　男女80名】

入試区分	第1回		第2回		第3回
	A入試	B入試	A入試	B入試	A入試
試験日	2月1日(土)		2月2日(日)		2月5日(水)
募集人員	男・女25名	男・女15名	男・女20名	男・女15名	男・女 5名
試験科目	4科(国算社理)	2科(国・算)	4科(国算社理)	2科(国・算)	4科(国算社理)・2科(英語・算数)選択
集合時間	8:40集合	14:40集合	8:40集合	14:40集合	8:40集合

北斗祭(文化祭)
9月22日(日)　12:00～15:00
9月23日(月・祝)　9:00～15:00

順天中学校

王子キャンパス(京浜東北線・南北線 王子駅・徒歩3分)
東京都北区王子本町1-17-13　TEL.03-3908-2966
新田キャンパス(体育館・武道館・研修館・メモリアルホール・グラウンド)
http://www.junten.ed.jp/

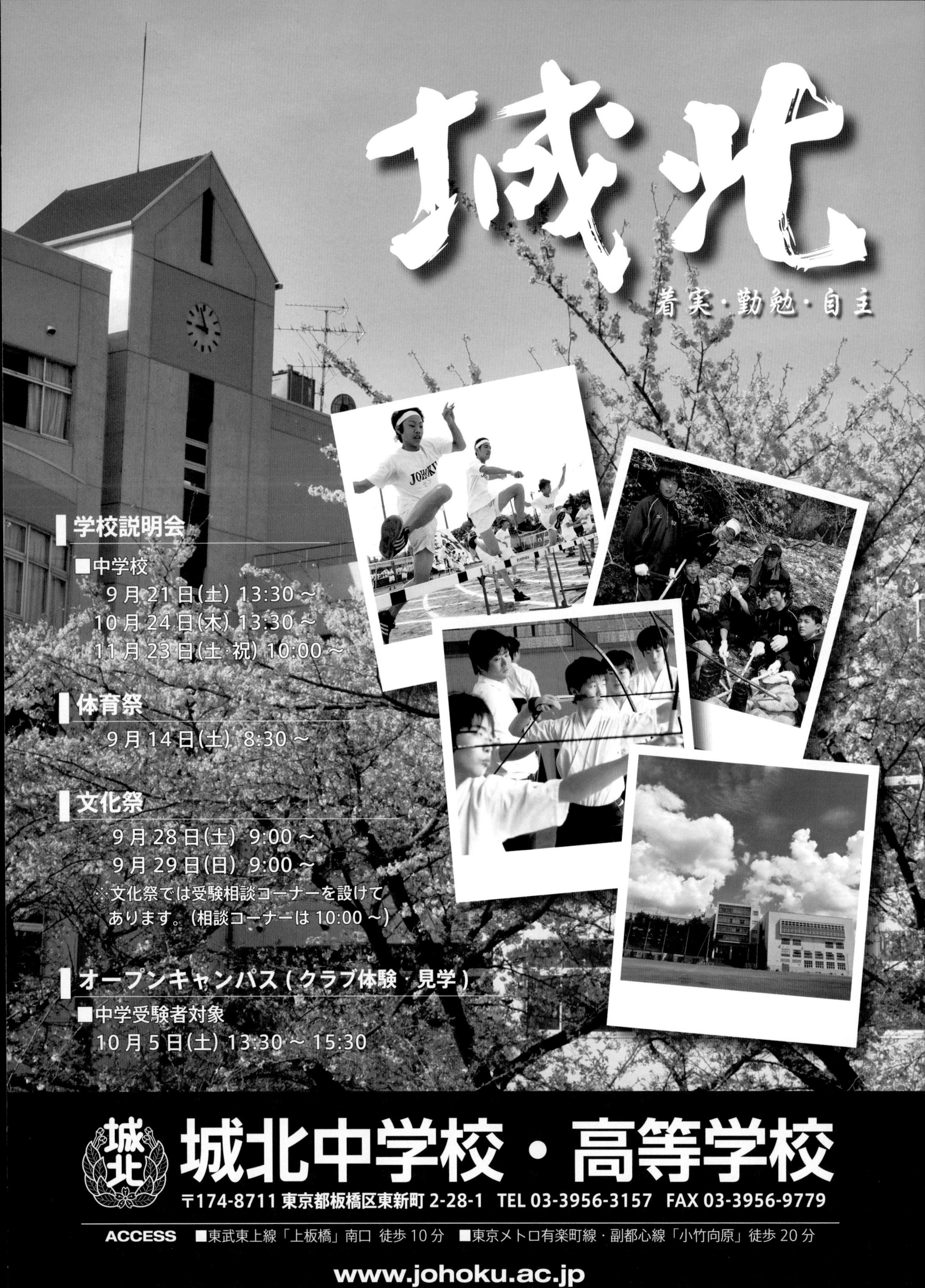
城北
着実・勤勉・自主
学校説明会
■中学校
9月21日(土) 13:30～
10月24日(木) 13:30～
11月23日(土·祝) 10:00～
体育祭
9月14日(土) 8:30～
文化祭
9月28日(土) 9:00～
9月29日(日) 9:00～
※文化祭では受験相談コーナーを設けてあります。(相談コーナーは 10:00～)
オープンキャンパス(クラブ体験・見学)
■中学受験者対象
10月5日(土) 13:30～15:30
城北中学校・高等学校
〒174-8711 東京都板橋区東新町 2-28-1 TEL 03-3956-3157 FAX 03-3956-9779
ACCESS ■東武東上線「上板橋」南口 徒歩 10 分 ■東京メトロ有楽町線・副都心線「小竹向原」徒歩 20 分
www.johoku.ac.jp

今を生きる。
It's now or never.
It's my time!
いよいよ
帰国生
募集開始!
詳細は
学校説明会にて

II類 最難関国公立大

I類 難関国公立私大

＜ すべての説明会に予約が必要です ＞

学校説明会 10:00～12:00
9月16日（月祝）

入試説明会 10:00～12:00
11月17日（日）
1月12日（日）
過去問チャレンジ 同時開催
※要予約

土曜ミニ説明会 10:00～12:00（授業見学ができます）
9月28日・10月19日・11月30日
12月 7日・ 1月18日・ 1月25日

イブニング説明会 18:30～20:00
12月20日（金）

柏苑祭（学園祭）
10:00～16:00 入場自由
10月5日（土） 10月6日（日）
個別相談コーナーを設けております

個別での
校内のご案内は
随時受け付けて
おります
※要電話予約

※説明会、柏苑祭とも上履きは不要です。 ※お車でのご来場はご遠慮ください。
※予約は、開催の1～2ヶ月前に学校ホームページでご案内いたしますので、ご覧の上お申し込みください。

入試日程

一般入試日程
2月1日（土）[午後]・2日（日）[午前]・4日（火）[午前]・6日（木）[午前]

帰国生入試日程
1月6日（月）

★ **募集要項配布中**（無料）
郵送でも受け付けておりますので、お気軽にお申し付けください。

★ **2/1午後入試(4科)約120名募集**
2/1・2・4・6全4回インターネット当日発表

★ **何回受験しても25,000円!**
1回分の受験料で5回（帰国生入試含む）まで受験可能。出願時に申し込まなかった回の受験もできます。

★ **手続締切2/8・12時**
第1回（2/1）含む全合格者に適用

★ **手続時費用50,000円!**
残りの費用は4月に納入していただきます。

東京都市大学
付属中学校・高等学校

アクセス
小田急線 成城学園前駅より徒歩10分
東急田園都市線 二子玉川駅よりバス20分

〒157-8560 東京都世田谷区成城1-13-1
TEL 03-3415-0104 FAX 03-3749-0265
お問い合わせはこちら e-mail:info@tcu-jsh.ed.jp

東農大三中

男女共学
90名募集

究理探新

本物に出会い、
本当にやりたい夢に近づく
6年間。

実学教育をベースに、学力・進路選択力・人間力を育てます。

2014年度入試は、
1月10日午前「総合理科」入試（1科目）を新設。

■**受験生・保護者対象　体験授業・説明会 等** ＊詳しくはHPをご確認ください。またはお問い合わせください。

日　時	内　容	会　場
9月17日（火）14：00～	説明会（予約不要）	所沢
10月 5日（土） 9：30～	授業公開・説明会（予約不要）	本校
11月 5日（火）10：00～	説明会（予約不要）	大宮
11月 8日（金）10：00～	説明会（予約不要）	熊谷
11月24日（日） 9：30～	入試模擬体験・説明会（HPより要予約）	本校
12月14日（土） 9：30～	説明会（予約不要）	本校

浪漫祭（文化祭）
9月21日(土)・22日(日)

東京農業大学第三高等学校附属中学校

〒355-0005 埼玉県東松山市大字松山1400-1
TEL:0493-24-4611
http://www.nodai-3-h.ed.jp

＊7駅よりスクールバス運行　東武東上線 東松山駅、JR高崎線 上尾駅・鴻巣駅・吹上駅・熊谷駅
西武新宿線 本川越駅、秩父鉄道 行田市駅

心を清め人に仕えよ
2014年度 学校説明会日程
第2回 9/9(月) 10:00〜11:45
第3回 10/22(火) 10:00〜11:45
第4回 12/14(土) 10:00〜12:30(要予約)
第5回 1/11(土) 10:00〜11:45
キャンパス体験
10/5(土) 10:30〜12:30
ナイト説明会(要予約)
12/6(金) 18:30〜19:30
シオン祭
11/4(月) 9:00〜16:00
2014年度 入試日程
帰国生入試 1/8(水)
A1日程 2/1(土)午前
A2日程 2/1(土)午後
B日程 2/2(日)午後
C日程 2/3(月)午後
YOKOHAMA EIWA
横浜英和女学院
中学高等学校
〒232-8580 横浜市南区蒔田町124番地 学院事務室…Tel.045-731-1901
中学校…Tel.045-731-2862 高等学校…Tel.045-731-2861 中学高等学校…Fax.045-721-5340
横浜英和メールマガジン配信
http://www.yokohama-eiwa.ac.jp

Wayo Kudan

イブニング説明会 予約制 19:00～
9月13日（金）

文化祭 9:00～
10月 5日（土） 10月 6日（日）

入試対策勉強会 予約制 10:00～
11月 9日（土） 国語・算数①
11月30日（土） 社会・理科①
12月 7日（土） 国語・算数②

プレテスト 予約制 8:40～
12月22日（日）

学校体験会 予約制 10:00～
9月21日（土）
※説明会・授業見学・ランチ試食・クラブ見学

ミニ説明会 予約制 10:00～
10月19日（土） 11月14日（木）
1月11日（土）

学校説明会 ※事前予約不要 13:30～
12月14日（土）

イベントの詳細は、HPをご覧下さい。 ※個別相談・個別校舎見学はご予約を頂いた上で、随時お受けします。※来校の際、上履きは必要ありません。

和洋九段女子中学校

〒102-0073 東京都千代田区九段北1-12-12 TEL 03-3262-4161（代）
■九段下駅（地下鉄 東西線・都営新宿線・半蔵門線）より徒歩約3分 ■飯田橋駅（JR総武線、地下鉄各線）より徒歩約8分 ■九段上・九段下、両停留所（都バス）より徒歩約5分

http://www.wayokudan.ed.jp 和洋九段 検索

学校法人
立教学院

立教池袋中学校

学校説明会

第2回　10月12日(土)14：30～
第3回　11月12日(火)14：30～（帰国児童入試説明会を含む）
対象　保護者
内容　本校の教育方針、入学試験について、質疑応答、施設見学、個別相談

個別相談〈R.I.F.（文化祭）開催日〉

11月2日(土)、3日(日・祝)12：00～14：00
（帰国児童入試についての相談も承ります）

代表
03(3985)2707
〒171-0021 東京都豊島区西池袋 5-16-5

- ●池袋駅(西口)　徒歩10分（JR線、東京メトロ丸ノ内線･有楽町線･副都心線、西武池袋線、東武東上線）
- ●要町駅(6番出口)　徒歩5分（東京メトロ有楽町線･副都心線）
- ●椎名町駅　徒歩10分（西武池袋線）

学校についてくわしくは、
ウェブサイトもご覧ください。　立教池袋　検索

2013年3月総合体育館竣工

2013年3月新教室棟竣工

☆学校説明会
9/28(土)　10/27(日)

☆入試説明会
11/24(日)　12/14(土)

☆入試体験
1/12(日)

☆直前説明会
1/26(日)

☆純花祭（学園祭）
9/15(日)・16(祝)

☆クリスマス会
12/21(土)

☆イブニング・ミニ説明会
10/11(金)　11/ 8(金)

充実した英語教育

ゆきとどいた少人数教育

サレジアン・シスターズ

目黒星美学園
中学高等学校

〒157-0074　東京都世田谷区大蔵2丁目8番1号
TEL 03(3416)1150(代)　FAX 03(3416)3899

学校説明会・学校見学・公開行事の詳細につきましては、
ホームページをご覧ください。

目黒星美学園　検索

http://www.meguroseibi.ed.jp

●最寄駅…小田急線「祖師ヶ谷大蔵」徒歩15分
「成城学園前」バス10分
（渋谷行・都立大学北口行・等々力/用賀行）
田園都市線「用賀」バス20分（成城学園前行）
「二子玉川」バス20分（成育医療センター行）

本質的な学び力を育て、東大を目指す安田学園

先進コースの数学の授業　解答を送ってください

自ら問題を発見し地球規模の問題を解決できる資質を養い、新しい時代に活躍できるグローバルリーダーを育てるために、東大などの最難関国立大を目指す「先進コース」を新設。今年度25名の新入生を迎えました。
まだ入学して1か月くらいの数学の授業をのぞいてみました。

なぜそうなるか、論理的に考える力をつける

安田学園中の先進コースの数学は担任でコースリーダーの柴沼先生が担当。教科書は体系数学ですが、生徒が予習で考えて授業に臨めるように予習プリントを冊子にして配布します。

定義や法則を丁寧に学習し、「なぜそうなるか」論理的に説明できる力、計算力をつけます。問題集で十分な問題練習を終えた後に、代数の時間に次のような特別課題（その4）が、先生から配布されました。

「AからFに1から9までの相異なる整数を補い、次の計算を正しくする方法は2通りある。（A ～ Fは、6桁の各位を表している。）AからFに入る数の組を2組答えよ。
ABCDEF×3=BCDEFA」（出典：広中杯）

「すごい虫食いになっているよ」「どうしよう」……みんなの眼がキラキラ輝き、真剣な表情で課題に取り組んでいました。
生徒「そうか、わかった」「できた」「あっていますか」。
先生「考え方が重要なんだよ」「どうしてそうなるかことばや式で書いてください」。
A君「できたよ」。
先生「素晴らしい才能開花ですね」……「だいぶ分かった人が出てきたようですね」「3倍しても6桁なんだから、Aは1～3だよね」「Aが1のときを考えよう」「Fを3倍して1の位が1になる場合はFが7のときだけだよね」「とするとBCDEFAのFAは71だから、そうなるためにはF×3が21だから、E×3の1の位は5が必要・・・と順次わかっていくよね」
「さっ、それでは次に行ってみよう」

みんなも考えてみよう

次の特別課題（その5）が配布されました。

特別課題（その5）
A君は1からnまでの自然数すべてを黒板に書きました。次にB君がその中の1個の数を消しました。
A君が残った（n-1）個の数の平均を計算したところ、590/17になりました。
B君が消した数を求めなさい。　　　　　（出典：広中杯）

先生「590/17だからといって、約分した結果だとすれば17個とは限らないよ」
「これは、土曜日までに考えてきてください」。

さて、小学生の読者のみなさんも考えてみませんか。どんな表現でもよいので、どうしてそうなるかことばや式で解答をつくり、下記の住所の「安田学園・入試広報室」宛てに、あなたの住所・氏名を添えて9月30日までに送ってください。

nという文字に抵抗のある人は△などの記号に置き換えて考えてみてください。

安田学園の数学科でコメントを添え、正解とともに返送させていただきます。

柴沼先生に、この特別課題の意図を聞きました。「いま、代数の授業で文字式の学習をやっているのですが、その文字を使ったやや抽象度の高い問題に取り組み、文字を使うことの利点を認識してもらうためです。さらに、それが物事を論理的に考える力につながると考えています」

東大入試では、本質を見抜く力、論理的に考えて自分のことばで表現できる力が求められます。これは、将来グローバル社会で活躍するためにも必要な力です。

そのような本質的な学びを安田学園は追求し続けます。

安田学園中学校　共学

〒130-8615 東京都墨田区横網 2-2-25
http://www.yasuda.ed.jp/　E-mail nyushi@yasuda.ed.jp
TEL 03-3624-2666　入試広報室直通 0120-501-528
JR 両国駅西口徒歩 6 分／都営地下鉄大江戸線両国駅A1 口徒歩 3 分

学校説明会
9/14（土）10:30 新中学棟&授業見学
9/29（日）9:30 同時開催:授業体験（児童対象・要予約）
10/19（土）14:30 新中学棟&授業見学

佼成男子

ここから、夢が始まる。

佼成学園中学校

〒166-0012　東京都杉並区和田2-6-29
TEL:03-3381-7227(代表)　FAX:03-3380-5656
http://www.kosei.ac.jp/kosei_danshi/

2014年度 説明会日程

学校説明会

9/28(土) 14:00-15:00
10/26(土) 14:00-15:00
11/15(金) 18:00-19:00
※11/30(土) 14:00-15:40
※12/15(日) 14:00-15:40
1/11(土) 14:00-15:00

※ 印の日は入試問題解説も実施します。

授業公開

9/28(土) 10:40-12:30

文化祭

9/21(土) 10:00-15:00
9/22(日) 10:00-15:00

※ 個別入試相談コーナーあり

世界の星を育てます

中学１年生から英語の多読多聴を実施しています。
また、「わくわく理科実験」で理科の力を伸ばしています。

学校説明会

第2回 9月 7日(土)
14:00～
[在校生とトーク]

第3回 10月12日(土)
14:00～
[明星の国際教育]

第4回 11月 9日(土)
14:00～
[小6対象模擬試験（要予約）]

第5回 11月22日(金)
19:00～
(Evening)

第6回 12月15日(日)
10:00～
[入試問題解説]

第7回 1月11日(土)
15:00～
[小6対象面接リハーサル(要予約)]

※予約不要
※小6対象模擬試験及び小6対象面接リハーサルの詳細は、
各々実施1ヶ月前にホームページに掲載されます。

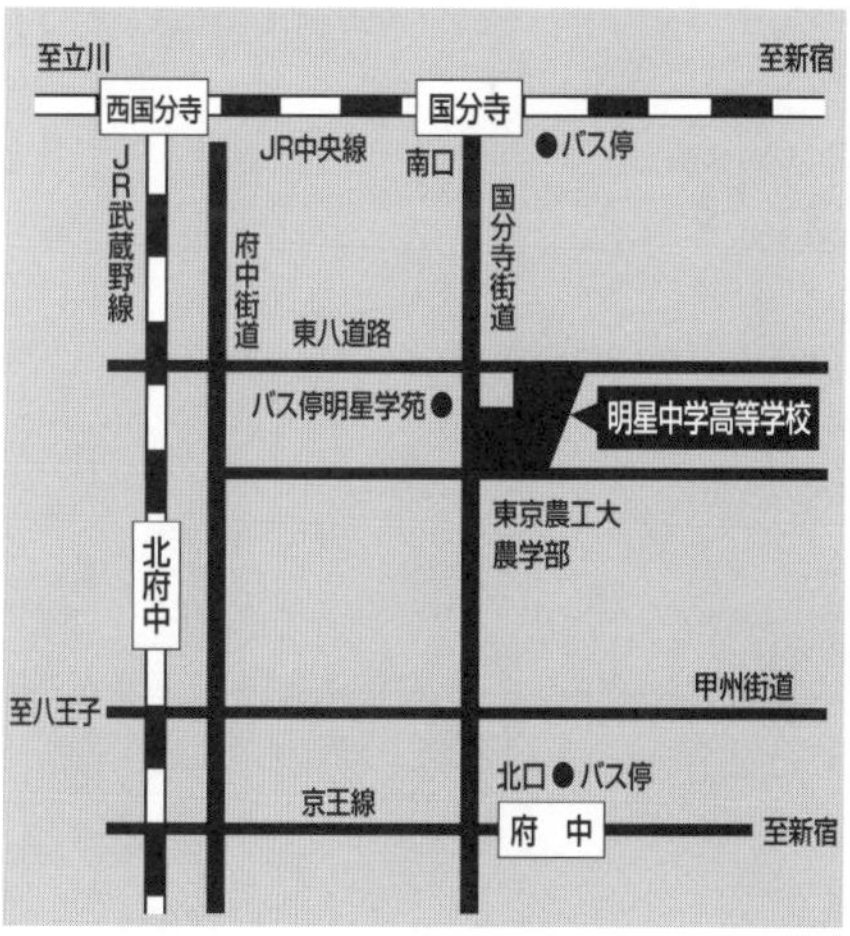

明星祭／受験相談室

9月21日（土）･22日（日）
9:00～15:00
※予約不要

学校見学

月～金 9:00～16:00
土 9:00～14:00

※日曜・祝日はお休みです。
※事前にご予約のうえ
ご来校ください。

ご予約、お問い合わせは入学広報室までTEL. FAX. メールでどうぞ

明星中学校

〒183-8531 東京都府中市栄町1－1 入学広報室
TEL 042-368-5201(直通) FAX 042-368-5872(直通)
(ホームページ) http://www.meisei.ac.jp/hs/
(E-mail) pass@pr.meisei.ac.jp
交通／京王線「府中駅」
JR中央線／西武線「国分寺駅」 ］徒歩約20分 またはバス（両駅とも2番乗場）約7分「明星学苑」下車
JR武蔵野線「北府中駅」より徒歩約15分

明治大学付属中野中学校

NAKANO JUNIOR AND SENIOR HIGH SCHOOL ATTACHED TO MEIJI UNIVERSITY

質実剛毅　　協同自治

＜平成 25 年度　説明会・公開行事日程＞

文化祭	9 月 21 日(土)　9：30 ～ 16：00 9 月 22 日(日)　9：30 ～ 14：00
説明会	10 月 4 日(金)　10：30
	10 月 8 日(火)　10：30

※　文化祭・説明会共、事前の申込み、及び上履きは必要ありません。

〒164-0003　東京都中野区東中野3-3-4

TEL.03-3362-8704

http://www.nakanogakuen.ac.jp/

JR中央・総武線／東中野駅から…［徒歩5分］　都営地下鉄大江戸線／東中野駅から…［徒歩5分］　東京メトロ東西線落合駅から…［徒歩10分］

淑徳SC中等部・高等部

Design the Future for Ladies

女性のためのキャリア教育

学校公開日 10:00～
10/ 5(土) 11/16(土)

なでしこ祭(文化祭)
11/ 2(土)・3(祝)

学校説明会日程 ＊予約不要

10/27(日)AM	11/17(日)AM・PM	11/23(土)AM・PM
12/ 1(日)AM・PM	12/ 8(日)AM・PM	12/15(日)AM
12/22(日)AM	1/12(日)AM	1/19(日)AM

本校の教育方針や募集要項、入試の傾向などについて説明いたします。
なお、説明会終了後に個別入試相談にも対応いたします。

AM：11時開始　PM：14時開始
＊AM・PMは1日2回開催
＊受付開始時間は30分前からとなります。

淑徳SC
中等部 高等部

〒112-0002 東京都文京区小石川3-14-3 ☎ 03-3811-0237
平成26年度 生徒募集受付 ☎ 03-5840-6301
URL：www.ssc.ed.jp info：info@ssc.ed.jp
【最寄り駅】東京メトロ 丸ノ内線・南北線 「後楽園駅」
都営 大江戸線・三田線 「春日駅」

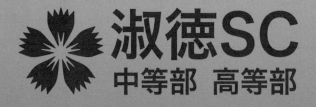

データから見る中学受験

首都圏

中学受験事情

■中高一貫教育の現状と展望
■2014年度の中学入試予測

森上教育研究所　所長 森上展安

中高一貫教育の現状と展望

変わる大学入試を推進する役割担う

　近年の中学受験は高校受験と比べて費用がかかることから景気の動向に左右されるので、受験率が高くなったり低くなったりする傾向がはっきり出ています。ただ、受験準備のための塾の費用や、授業料などの費用負担がかかる私立中受験がリーマンショック以降の沈静化を招いたのに対して、受験準備も入ってからの費用もかからない公立一貫校の中学受験は学校数増加もあって高止まりしていて高い人気を維持しています。

　現在の私立の中高一貫校は、その中学受験が最も加熱していた2008年の直前のじゅうぶんに高い人気のなかで進学した生徒が卒業を迎えていますし、公立中高一貫校へも都立を中心に開校ブームにわいたころに進学した生徒が大学へ向かいます。

　いわばおのおのの教育に高い期待を持って入学した生徒が大学に進学している時期にあたります。

　その好影響だと思いますが、公私いずれもかつてない大学進学実績をしめしています。

　一方で大学受験人口が少子化で大きく減少しているという背景もあって、私大有名校を中心に難易度が緩和する傾向もあり、より難関の国公立大学や、学部で言えば理数系、とくに医学部進学に人気が集まりつつある現状があります。同時にそれは高度専門職や大企業幹部、官僚など狭き門に進路をとる中学受験・中高一貫教育の3・6年制（筆者の造語）が担ってきた教育でもあります。

　おもに中学受験では通常の中学の1・2年課程の骨子を小学生の学び方でマスターし、私立中学1年次には英語や数学の代数以外は、じゅうぶんな下地ができている、というのが私立難関校や上位校の生徒たちです。公立一貫校もこうした受験生が併願するばかりでなく、実際に進学しつつありますから、成績上位層の実績は似た状態にあると考えてよいでしょう。

　そうした下地のある生徒に対して中高一貫教育は中・高での各3年間

のムダを省き、6カ年で体系的に学力をつけようとしますし、その学力もたんに大学受験（センター試験に要求される学力と言ってもよいかもしれません）に対処できる、というばかりでなく、当然大学教育につながる学力を養成しようとします。よく言われるのが幾何学で、現行を含めて戦後の中学教育では幾何学はほとんど削除されていましたが、旧制中学からの難関中学ではその指導を継続していて大学に入ってからの学習におおいに役立っています。

中学受験では選抜科目に入っていない英語において中高一貫校は大きな役割を果たしています。というのも語学学習は毎日トレーニングするのが上達の王道ですが、公立中学は週4時間でどうかすると行事などで実質的には週2・5時間を割ることも珍しくありません。大学入試における英語のウエイトは相当高く、これが私立中高一貫校のとりわけ女子生徒の大学実績を押し上げてきた大きな要因といっても過言ではありません。加えて、近年の大学入試英語も、さらには大学英語も「読む・聞く・話す・書く」の4技能のバランスのとれた高い水準を要求するようになっており、先日もTOEFLを大学入試の基準にしては、と政府の教育再生会議の提言にも盛りこまれました（ただし、最終的にはTOEFL等と「等」が入ったことで、あまりに高い基準設定ではなくなりそうです）。

英語については、そればかりではありません。文科省が進めるIB200校計画が仮にスムーズに実施されると、最速5年でIB校が少なくとも30校近くは公私立校で生まれる可能性があります。このIB（インターナショナルバカロレア）校がDP（ディプロマ＝卒業認定資格）をとれば、そのスコア次第では海外2000の大学に入学できることになります。グローバル進学校の誕生です。

現在は、文科省が音頭をとって、東大、京大、早慶などの副学長クラスを委員に日本の大学の入学選抜にもこのIBのディプロマが適用させるための障害はなにか、どうすれば適用しうるのかの、検討を始めている段階です。1年もすれば今後の見通しがしめされると言われています。

これとほぼ同時に政府で検討されているのが、センター入試に替わる新テストです。大きな方向はディプロマと同じく高校卒業認定に従い到達度テストの性格になることです。

つまり、英検や国家試験のように学力の質をはかるテストで、1点を争う相対テストではないことです。

当然そこには、到達度の大きなレベルがあります。イギリスではこれを大きくふたつに分け、アメリカや、イギリスを除くヨーロッパはスコアで表示します。一発入試でなく、高校在学時に1〜2度受けられるようにする方向で検討されています。

こうした方向は、いずれも中高教育が大学入試に必要なものだけ勉強するといった過度な適応を排除し、中等教育（中・高教育）本来の学習を充実させようとするものです。より中等教育の充実が求められます。

にちがく
SS特進入試（全入試）
明治大学と高大連携！！

明治大学は、4年連続受験者数日本一の難関大学です。この高大連携には「学力・人間力のある受験生を育ててほしい、また育てたい」という相互の強い思いが込められています。

- **学校説明会**（10:00〜11:30）
  9月13日（金）　12月 7日（土）
  12月20日（金）
- **オープンキャンパス**（要予約 10:00〜11:00）
  10月26日（土）
- **文化祭**（10:00〜16:00）
  9月28日（土）・29日（日）
- **理科実験教室**（要予約 10:00 〜 11:30）
  11月23日（土・祝）
- **入試体験**（要予約）
  1月12日（日）　8:30 集合

日本学園
中学校・高等学校

〒156-0043　東京都世田谷区松原2-7-34
TEL.03-3322-6331　FAX.03-3327-8987
http://www.nihongakuen.ed.jp
京王線・京王井の頭線「明大前」下車徒歩5分

2014年の中学入試予測

小6人口や不況などによる中学受験者数に対する影響

1 小6人口推移

　中学入試の受験者数予測を行うときに、考慮すべきファクターは複数ありますが、これまで最も影響があるファクターは、小学6年生の人口でした。

　少なくともリーマンショック前までは、小6人口の推移で受験者数を予測できました。前年よりも小6人口が多い年は受験者数も増加し、逆に少ない年は減少していました。

　リーマンショックは、2008年9月に発生し、翌年の2009年中学入試ではその影響が懸念されました。リーマンショックの影響はあったようですが、偶然にも2009年入試では小6人口が前年よりも大幅に増加したため、受験者数は微増となりました。実際には、増加したというよりも、2008年入試では小6人口が顕著に少なく、2009年入試で2007年と2008年の中間まで戻った程度です。

　2014年の中学入試を予測するうえでは、いま、「小6人口」よりも影響力が強い「不況」を重点的に調査したいと思いますが、その前に小学6年生の人口（卒業年で表示）の影響がどれだけあるかを見てみましょう。

　〈グラフ1〉は、2013年の小6人口（2013年の受験生）を100%として前後の年の小6人口の推移を%で表示しました。

グラフ1　首都圏の小6人口増減予測 2014年以降予測

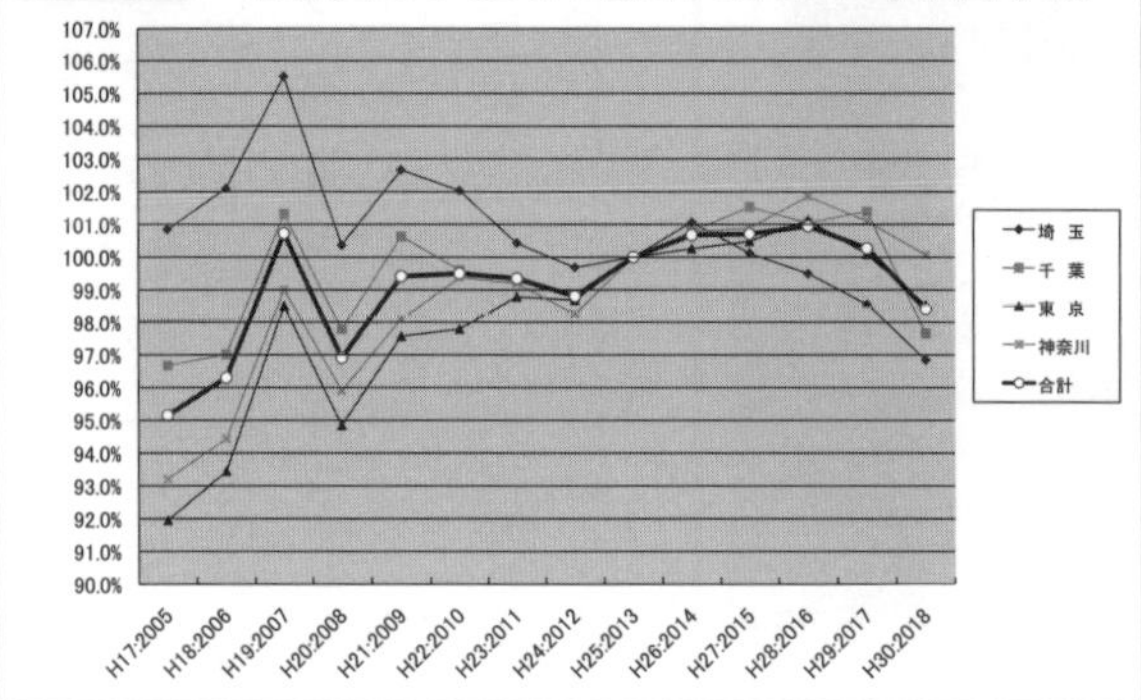

　2014年入試の小6人口は、首都圏全体では0・7ポイントほどの増加になります。各地域では多少差があり、埼玉＋1・1ポイント、千葉＋0・8ポイント、神奈川＋0・8ポイント、東京＋0・3ポイントとなります。しかし、この程度の小6人口の増加では、中学受験に影響を与えることはないので、2014年の受験者数予測に反映させる必要はないでしょう。

　〈グラフ1〉から、全体的な小6人口の推移を見ると、2005～2009年は増加傾向だった小6人口も2009～2013年は微減傾向となり、2013～2016年は微増傾向となり、2017年以降は減少傾向が明確になっていきます。とくに2017～2018年は1年間に2ポイントも減少し、首都圏においても少子化の影響が本格化するようです。

表1　小6人口予測の精度

地域	予測人数	実績人数	誤差
埼　玉	65,412	65,841	－0.651%
千　葉	56,135	55,920	0.385%
東　京	95,439	95,103	0.353%
神奈川	79,728	79,856	－0.160%
合　計	296,715	296,720	－0.002%

予測人数：2007年小6人口の実績から6年後の2013年小6人口を予想
実績人数：2013年小6人口の実績

　小6人口の予測は、東京・神奈川・千葉・埼玉の公立小1～小5の在籍生数に流入・流出率などの要素を加味し予想数を算出するのですが、比較的精度の高い予測ができます。〈表1〉のように、2007年の実績から6年後の2013年小6人口を予測して、2013年の実績人数と比較したところ、各県では1ポイント未満の誤差はありましたが、首都圏全体では、ほとんど誤差はありませんでした。

2 リーマンショック後の不況による首都圏中学受験者数推移

　受験生ひとりが複数の中学校を受験するため、実際の受験者数を掌握することはむずかしく、中学入試の分析を受験者数で行ううえで、大きな問題点でした。これは、年によってひとりが受験する学校数が異なるからですが、一定の日を決めて調査することはできません。たとえば、東京と神奈川における、入試開始日の2月1日（午後入試を除く）だけで調査すると、1月に入試を行う千葉と埼玉の中学校を分析できなくなるだけでなく、2月2日以降に入試を行う東京と神奈川の有力な中学校の入試も分析できません。

そこで、主たる入試を1校につきひとつ決めて、受験者数を分析することにしました。この方法は手間がかかりますが、比較的問題点は少ないため精度は高く、合理的な中学入試の分析を行うことができます。

もちろん、問題点もあります。最近は、受験者数が減少したことで、入試日を変更したり増やしたりする学校も多くなっており、少数ではありますがどの入試を主たる入試にすべきかが判断しにくい学校もありま

グラフ2　首都圏 小６人口と全体の主要入試の受験者数
（新規開校含む公／国／私立合計）

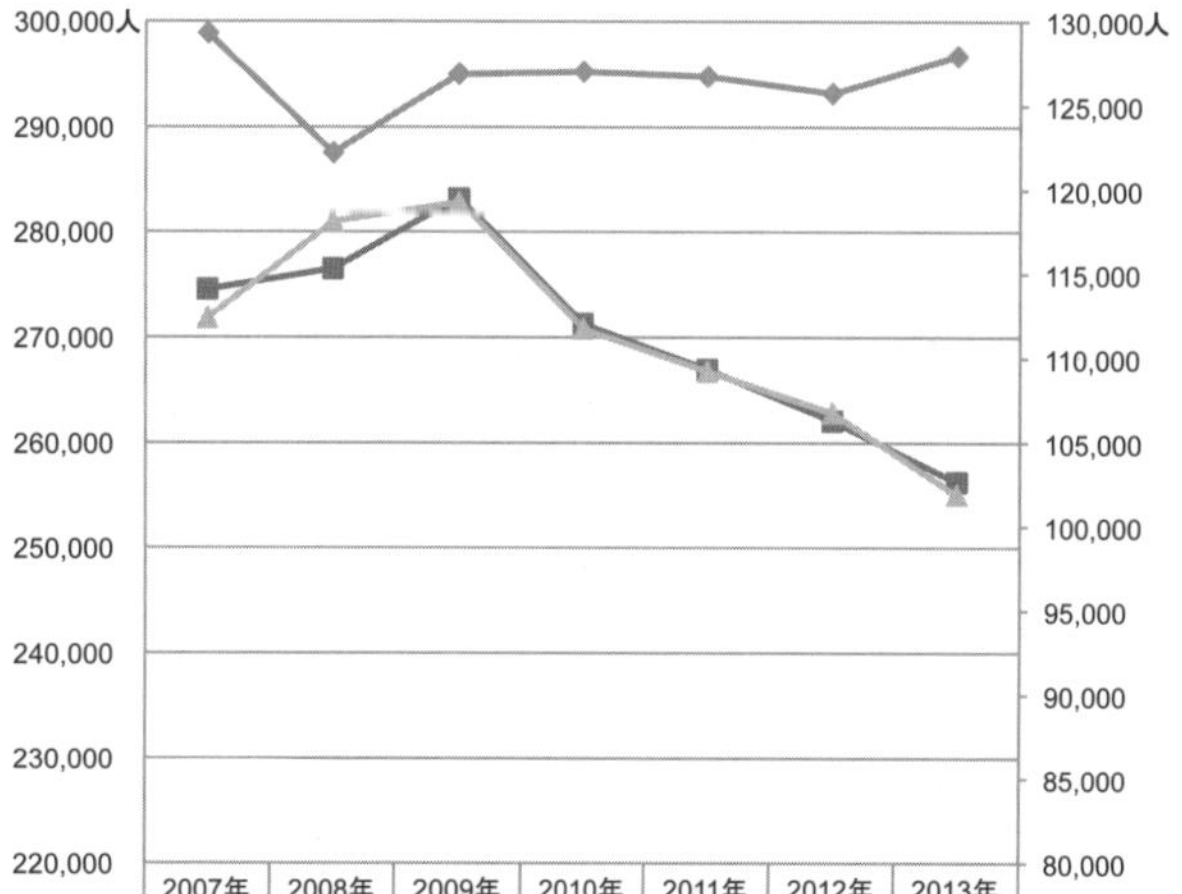

	2007年	2008年	2009年	2010年	2011年	2012年	2013年
小6人口（卒業年）左の軸	298,875	287,540	294,990	295,231	294,797	293,189	296,720
主たる入試の受験者数 右の軸	114,081	115,308	119,488	112,048	109,347	106,314	102,682
小6修正受験者数 右の軸	112402.441	118090.081	119280.539	111762	109228.464	106781.2	101905.943

グラフ3　首都圏 小６人口と主要入試の受験者数
（2007年以前から存在した国立私立中高一貫校）

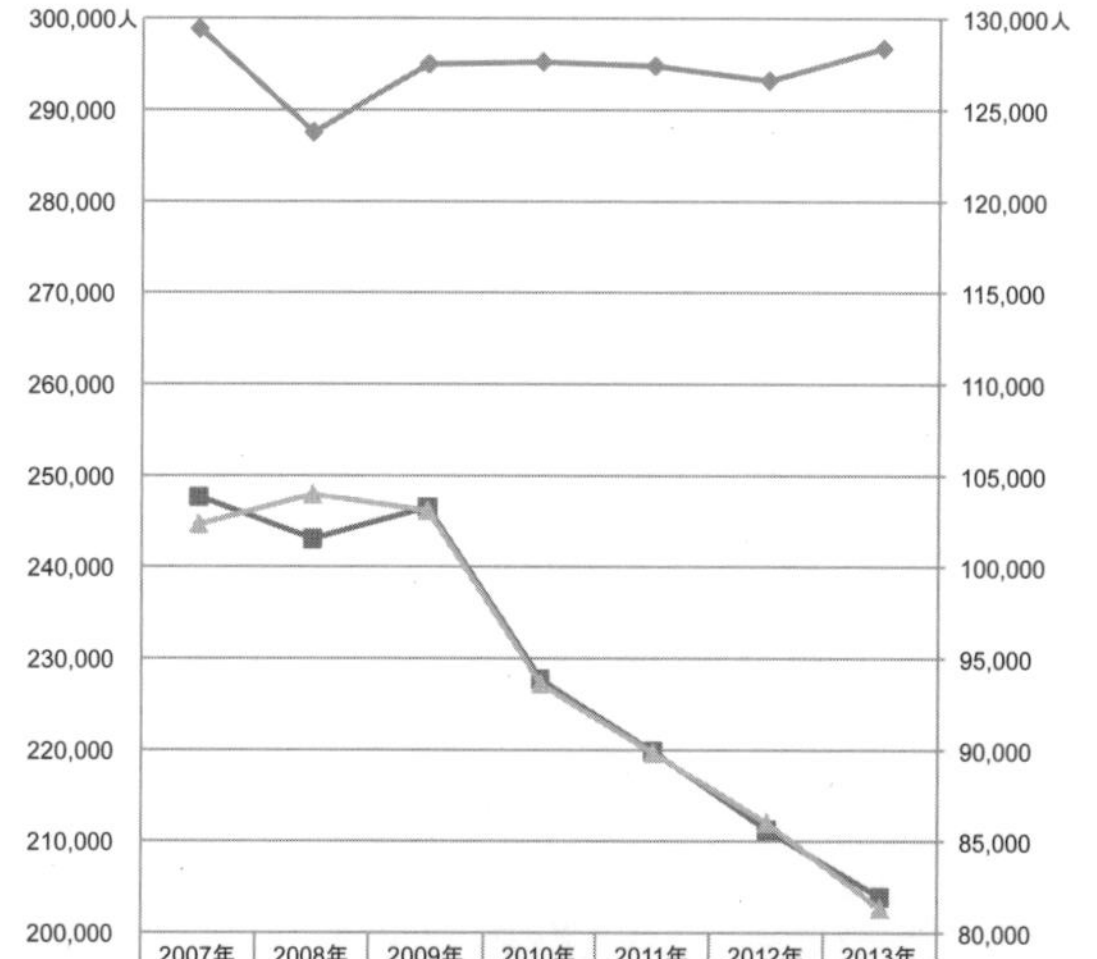

	2007年	2008年	2009年	2010年	2011年	2012年	2013年
小6人口（卒業年）左の軸	298,875	287,540	294,990	295,231	294,797	293,189	296,720
主入試の受験者数 右の軸	103,824	101,510	103,234	93,867	89,946	85,616	81,952
小6修正受験者数 右の軸	102296.36	103959.179	103054.782	93627.4063	89848.495	85992.2423	81332.6174

「自立心と自律心を育てる」

私たちの学校は平成20年4月に校名を変更し、女子を受け入れ、普通科を設置して、新たな体制でスタートをしました。今年度はいよいよ、新体制の1期生が卒業を迎える学年となりました。

多様な進路希望に向けた私たちの取り組みの結果、少しずつではありますが、大学進学を中心に、所期の目標に近づきつつあります。新体制でのねらいはひとつ、今まで以上に生徒ひとりひとりの多様な進路希望を懸命に支援してそれを達成させることにあります。

「自立・自律」は子どもから大人になる成長過程のキーワードです。中学２年から国語・数学・英語で習熟度別授業が展開されます。実力に適した授業を受けることで「わかる」ことに喜びを覚え、「伸びていく」実感が得られやすい。こういった経験を積んでいる生徒は、多少負荷がかかった課題に対してもやり遂げることができます。そして中学３年ではこれを一歩進めて、成績上位者の特進１クラスと標準２クラスの編成をします。そして高校に進学するとき、高校卒業後の進路を見据えてコース選択をします。コースは、難関大学への合格を目指す「特進コース」、学校生活と進路希望を両立させる「進学コース」、工業の基礎を活かしながら難関理系大学への進学を目指す「理数コース」の３つです。希望進路が実現できるよう懸命に応援します。

■学校説明会

9月14日(土) 文化祭 (日駒祭) 11:00～説明会
10月 6日(日) 13:00～校内見学 14:00～説明会
10月27日(日) 13:00～校内見学 14:00～説明会
11月10日(日) 13:00～校内見学 14:00～説明会
11月24日(日) 13:00～校内見学 14:00～説明会
12月 7日(土) 13:00～校内見学 14:00～説明会
1月12日(日) 13:00～校内見学 14:00～説明会

■オープンキャンパス【予約制】

10月27日(日) 9:00～12:00

■個別相談会【随時受付】

12月13日(金) 16:00～19:00
12月14日(土) 13:00～16:00

■プレテスト【予約制】

12月22日(日) 8:30集合 9:00開始

日本工業大学
駒場中学校

〒153-8508 東京都目黒区駒場1-35-32
TEL.03-3467-2160 FAX.03-3467-2256

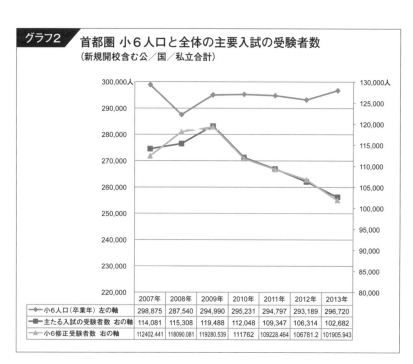

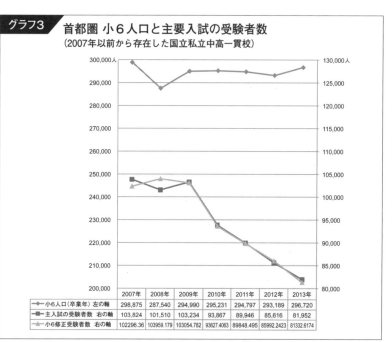

す。そのような場合は複数の入試日の合計を主たる入試とすることもあります。

◆小6人口の影響を排除した場合

〈グラフ2〉を見ると、2007年から2009年までは、小6人口の増減に対応し、「主たる入試の受験者数」も増減していることがわかります。

このグラフではわかりませんが、2006年以前も、小6人口の増減に「主たる入試の受験者数」は対応していました。そこで小6人口の影響を取り除き、「小6修正受験者数」を算出してみました。

「小6修正受験者数」のグラフを見ると、小6人口が減少した2008年の受験者数も中学受験ブームに乗って順調に増えていたことや、2010年からはリーマンショックにより受験者数は減少に転じ、2009年で中学入試ブームは終わったことがわかります。

さらに、2010〜2013年は、小6人口は横ばいになっているので、「主たる入試の受験者数」と「小6修正受験者数」は同じ数値になることがグラフからわかります。

2009年以降は、小6人口は横ばいになっていますが、受験者数は減少傾向となっています。これは、明らかに不況の影響と考えられます。また、2013年は、小6人口が多少増加したにもかかわらず、受験者数は減少傾向のままでした。

◆公立中高一貫校と2008年以降の新規開校の受験者数を排除した場合

今回の分析ではありませんが、公立中高一貫校を含む中高一貫校の受験者数データを分析したなかで、極端なデータが見つかったときには、かならずと言ってよいくらい公立中高一貫校のデータでした。そのことからも、受験者数の増減は、小6人口のほかに、公立中高一貫校や公立・私立の新規開校の受験者数が大きく影響していると思います。

〈グラフ2〉では、2009年は受験者数が増加したように見えましたが、受験者数の増加は、小6人口の増加だけでなく神奈川県立相模原、神奈川県立平塚、東京農業大学第三などの受験者数が多い新規開校中高一貫校も影響しています。

そこで、公立中高一貫校と2008年以降の新規開校中高一貫校の受験者数を除いた「2007年以前から存在した国立私立中高一貫校」だけの受験者数推移がわかる〈グラフ3〉を作成しました。

〈グラフ3〉と〈グラフ2〉を比べると、2009年の「小6修正受験者数」は、〈グラフ2〉では微増でしたが、〈グラフ3〉では微減であったことがわかります。また、グラフのかたちからも、2010年以降、「2007年以前から存在した国立私立中高一貫校」は受験者数減少が急激に進んでいることがわかります。

つまり、〈グラフ2〉では「2009年の受験者数は増加しており、リーマンショックによる影響はなかった」と思われがちですが、公立中高一貫校と2008年以降の新開校中高一貫校の受験者数を取り除いた「2007年以前から存在した国立私立中高一貫校」だけの〈グラフ3〉では、リーマンショックの影響で受験者数が減少したことがよくわかると思います。

また、〈グラフ3〉でも〈グラフ2〉と同様、2013年の受験者数は減少傾向のままでした。

3 学校種類別の受験者数推移

〈グラフ3〉で取り除いた、公立中高一貫校や新規開校した中高一貫

学力・人間力向上宣言!
豊かな教養と充実した体験を刻む6年間
Yokohama Soei Junior High School

学校説明会 □対象：受験生と保護者 HPから予約が必要
10/27(日) 10:00〜 体験授業(国・算)
1/11(土) 10:00〜 出題傾向と入試要項

トワイライト説明会 □対象：保護者 HPから予約が必要
11/1(金) 19:00〜20:00

模擬入試 □対象：小学6年生 科目：2科4科選択可 HPから予約が必要
12/15(日) 8:30集合 9:00開始

公開行事(創英祭)
9/28(土)・29(日) 9:00〜15:00 入試相談コーナー開設 予約不要

※授業見学については9月より随時実施します〈事前TEL予約〉

男女共学 横浜創英中学校
併設／横浜創英高等学校 横浜創英大学
http://www.soei.ed.jp/
〒221-0004 神奈川県横浜市神奈川区西大口28番地 tel.045-421-3121 fax.045-421-3125
JR横浜線「大口駅」下車徒歩8分、京浜急行本線「子安駅」下車徒歩12分、東急東横線「妙蓮寺駅」下車徒歩17分

グラフ4　主要入試 受験者数推移 学校別 積みあげグラフ

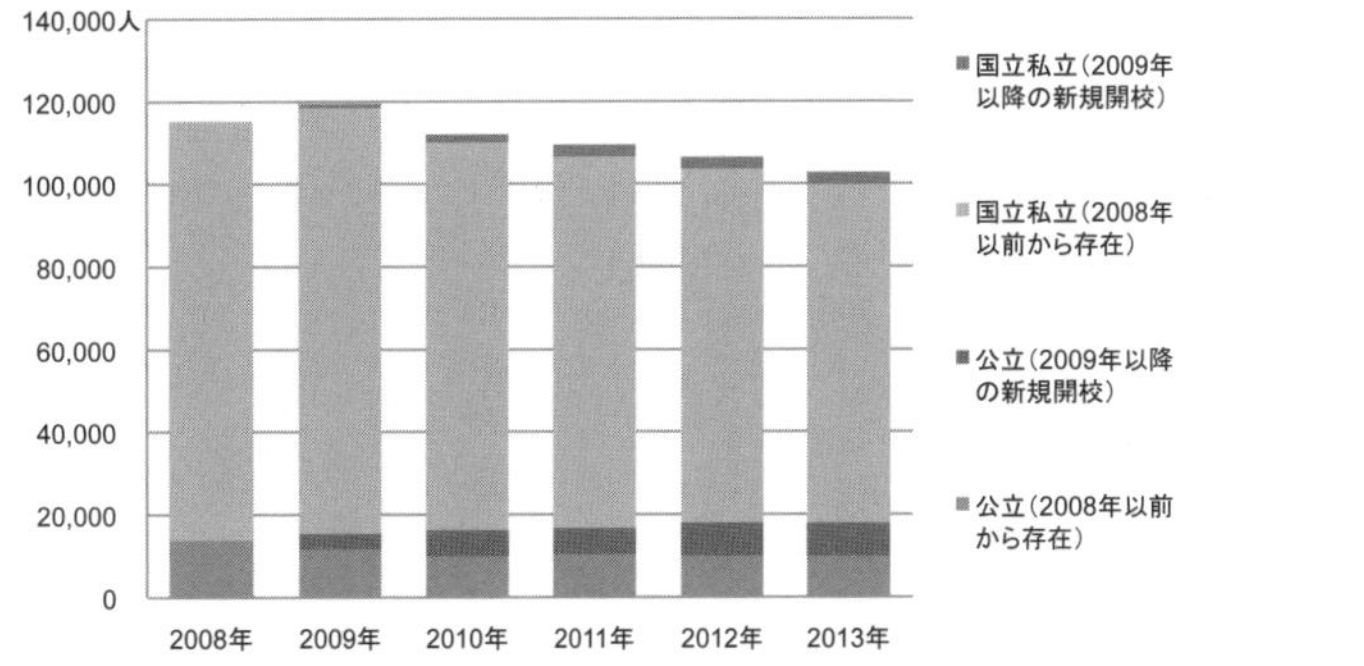

グラフ5　主要入試 受験者数推移 学校別 折れ線グラフ

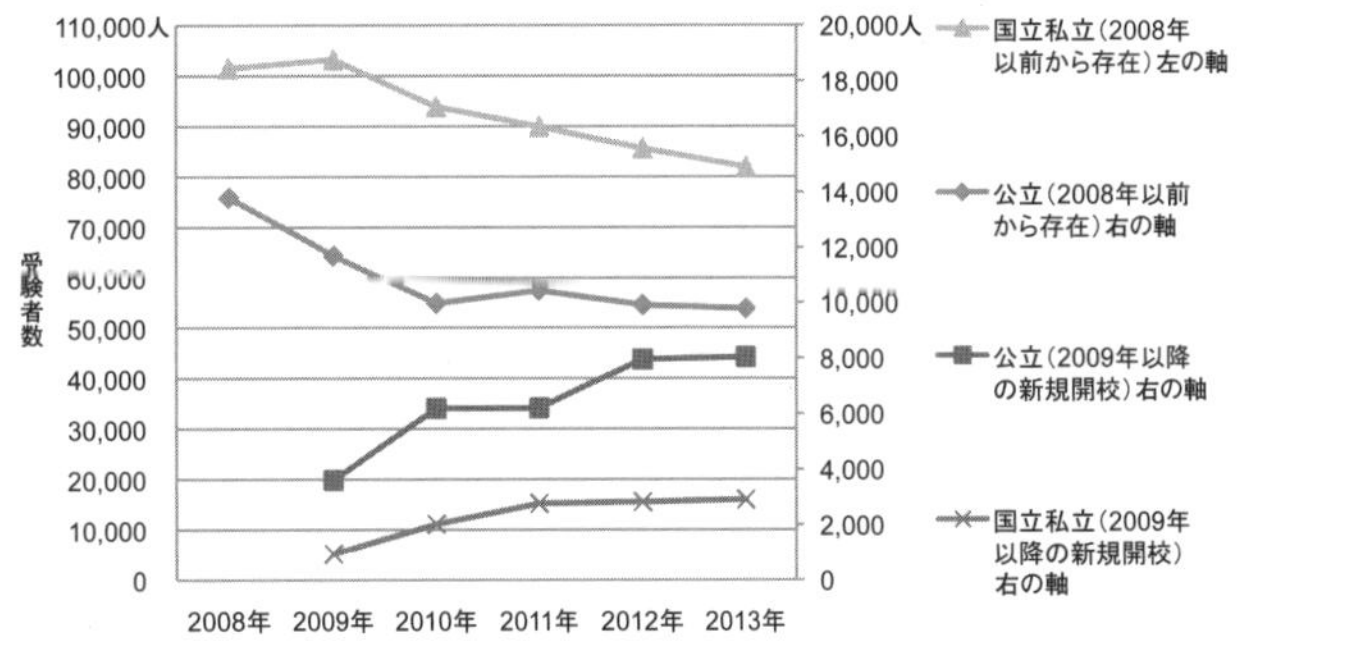

校の受験者数は、全体に対してどれだけの影響があったのでしょうか。

とくに、公立中高一貫校の受検者層は入試問題が異なるため、国立私立中高一貫校を受験する層とちがうので、両方の中学校を同時に受ける受験生は少なく、国立私立と公立の受験者数は別々に分析すべきでしょう。

また、毎年数校ずつですが、新規開校する私立中高一貫校や公立中高一貫校があります。〈グラフ3〉では新規開校を２００８年以降に新設された学校としましたが、公立中高一貫校は歴史が浅いため、２００８年以降では新規開校数が多くなり過ぎるので、〈グラフ４〉〈グラフ５〉では、２００９年以降の新規開校としました。

〈グラフ４〉では、首都圏中高一貫校を国立私立中高一貫校と公立中高一貫校の受験者数の推移を、さらに、「２００８年以前から存在していた中高一貫校」と「２００９年以降に新規開校された中高一貫校」に分けてみました。

全体では２００９年をピークに減少しつづけていますが、〈グラフ５〉を見ると、原因は公立校を含む「２００８年以前から存在していた中高一貫校」受験者数の減少であることがわかります。

〈グラフ４〉から、２００９年以降に新設された私立校の受験者数はわずかで、国立私立校全体としても受験者数は減少傾向にあるとわかり

YAMATE
学校説明会
第１回 10/19(土) 10：00～
第２回 11/16(土) 10：00～
木曜説明会［要予約］
11/7(木) 10：30～
土曜ミニ説明会［要予約］
第１回 12/7(土) 10：00～
第２回 1/11(土) 10：00～
山手祭［予約不要］
10/5(土)・6(日) 10：00～
※入試相談コーナー有り
WEBでもっと山手学院を知ろう!!
山手学院 検索
説明会、行事の詳細はWEBをチェック
http://www.yamate-gakuin.ac.jp/
山手学院中学校・高等学校
〒247-0013 横浜市栄区上郷町460番地
TEL 045(891)2111

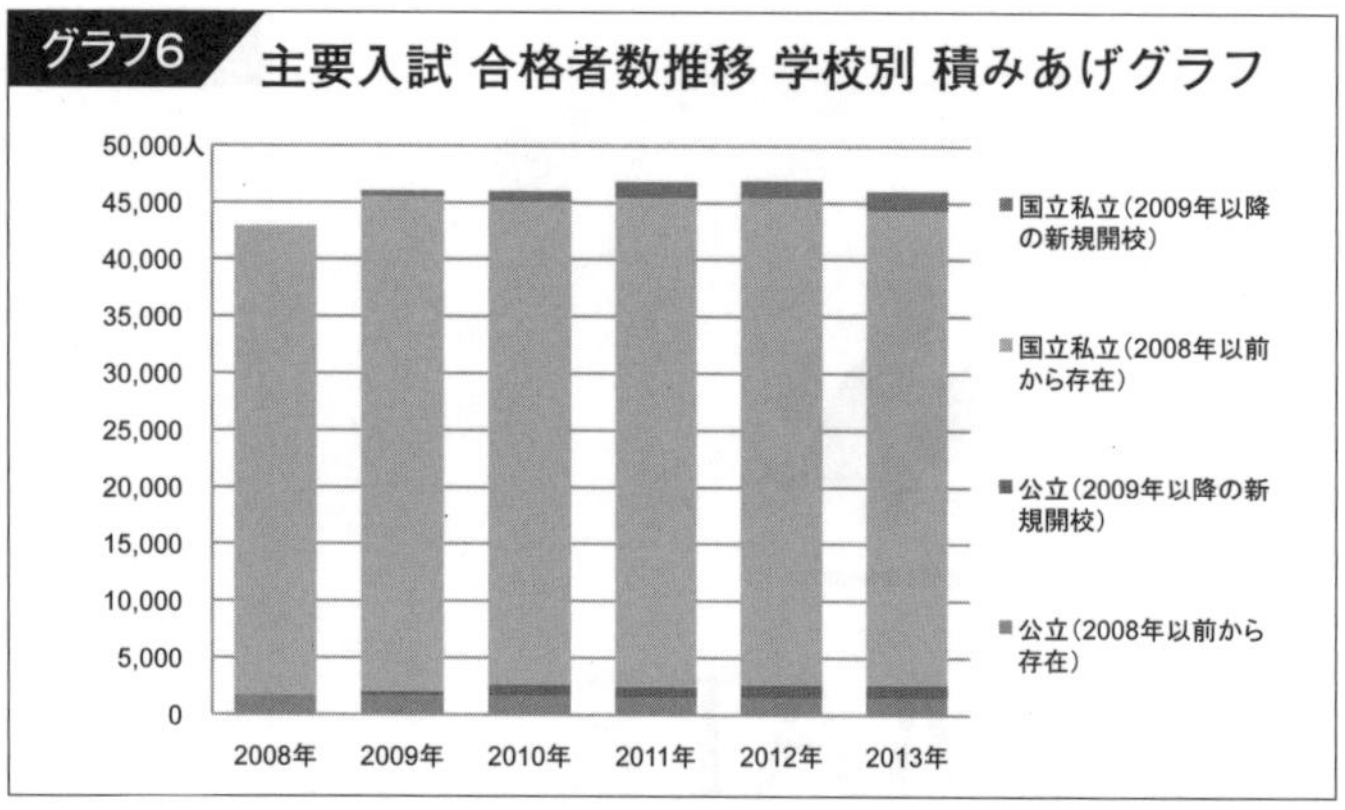

グラフ6　主要入試 合格者数推移 学校別 積みあげグラフ

ます。〈グラフ5〉で、新設された学校の受験者数が増加しているように見えるのは毎年新設校があるためで、そのぶんの受験者数が加わるからです。

2011年以降は、新設された私立中高一貫校の受験者数は横ばいとなっています。これは、新設された学校の多くは2008年以前から存在していた学校と同様、受験者数が減少傾向にある場合が多く、毎年新設される学校の受験者数を加えても横ばいとなっているのです。

〈グラフ4〉を見ると、公立中高一貫校全体の受検者数は増加しています。しかし、〈グラフ5〉を見ると、「2008年以前から存在していた公立中高一貫校」の受検者数は、国立私立と同様、2010年までは減少し、以降は横ばい傾向にあります。公立で受検者数が増加している印象が強いのは、「2009年以降に新設された学校」の受検者数が急増しているからですが、公立の新設校も私立と同様、受検者数が減少傾向の場合が多く、とくに新設の翌年は大幅に受検者数が減少していることが多いのです。

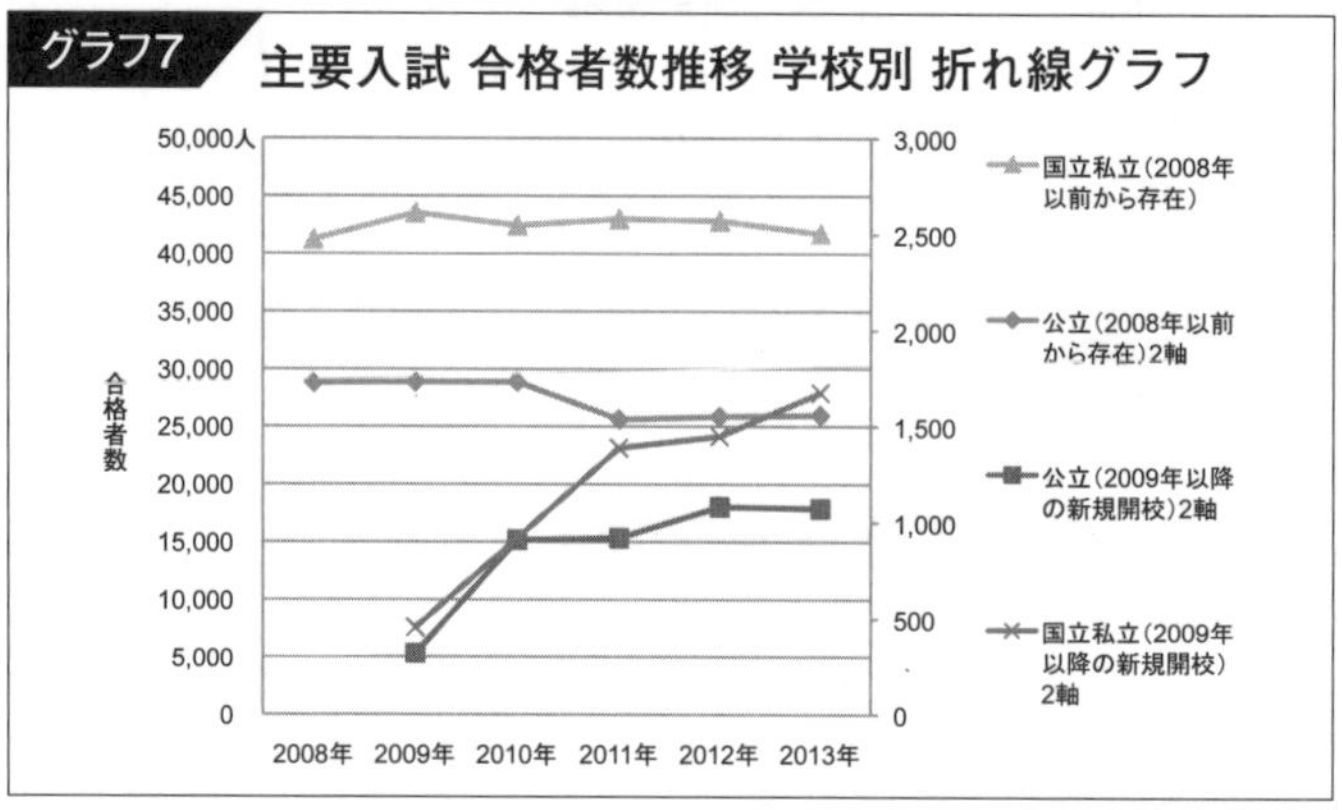

グラフ7　主要入試 合格者数推移 学校別 折れ線グラフ

〈グラフ5〉を見ると、「2008年以前から存在していた中高一貫校」は公立でも私立国立でも受験者数は、同様に減少傾向にありますが、両者には大きなちがいがあります。私立国立では、2009〜2012年で継続的に減少しており、今後も減少するかもしれません。しかし、公立は合格倍率10倍以上の学校が敬遠されて、2010年には減少しましたが、合格倍率が6倍程度になった学校が多い2011年以降は、受検者数は横ばいとなっています。

2009年に受験者数が減少した

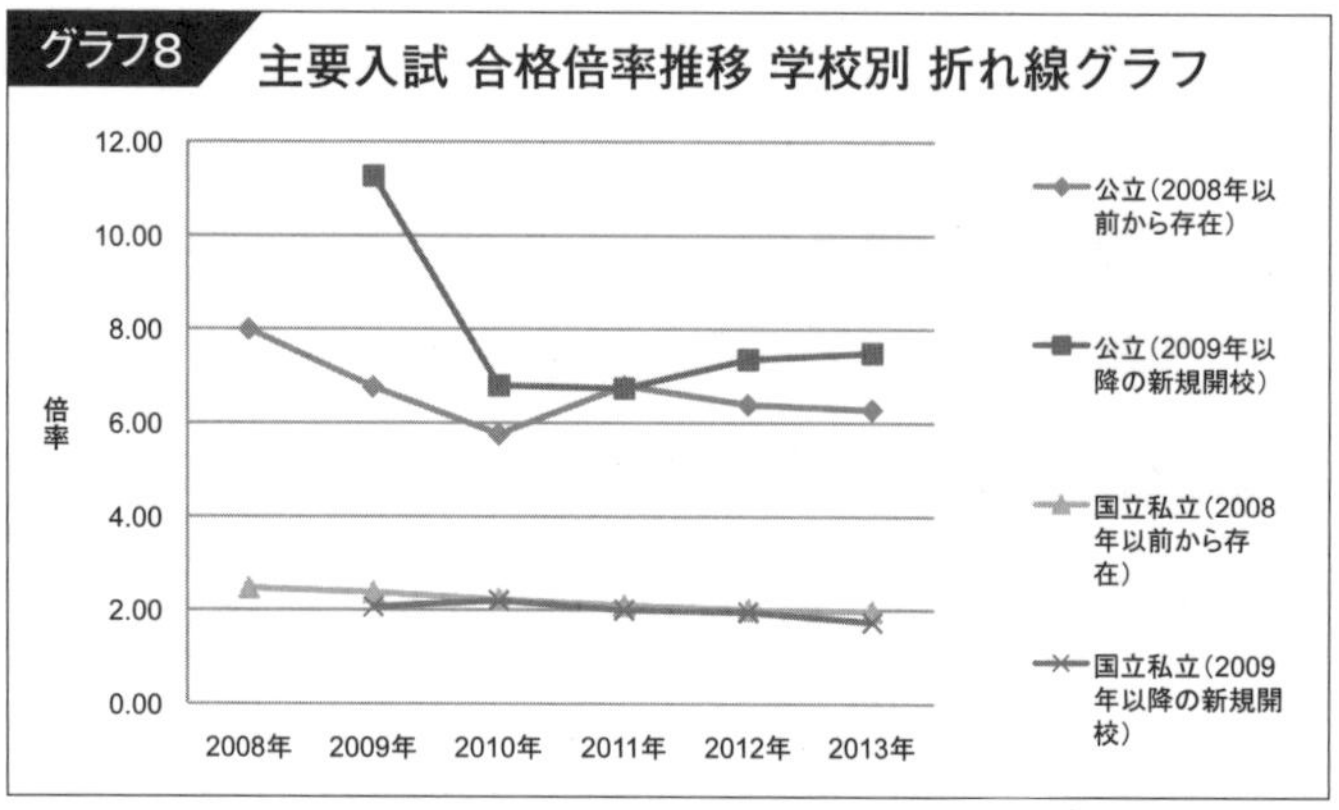

グラフ8　主要入試 合格倍率推移 学校別 折れ線グラフ

―キリスト教に基づく人格教育―

学校説明会［予約不要］
第2回　9月21日（土）　14:00〜16:00
第3回　10月19日（土）　14:00〜16:00
第4回　11月 9日（土）　14:00〜16:00
第5回　11月27日（水）　※10:30〜11:45
※説明会終了後授業見学可能
第6回　1月11日（土）　14:00〜16:00

ヘボン祭（文化祭）
11月 2日（土）・4日（月・振休）
10:00〜
※ミニ学校説明会あり
※予約不要

学校見学
日曜・祝日・学校休日を除き毎日受付。

※お車でのご来校はご遠慮下さい。
※詳細はホームページをご覧下さい。

明治学院中学校
〒189-0024　東京都東村山市富士見町1−12−3
TEL　042−391−2142
http://www.meijigakuin-higashi.ed.jp

グラフ9 公立校・新規開設校を含む全体の中高一貫校の受験者数
実績と予想 2014年以降予測

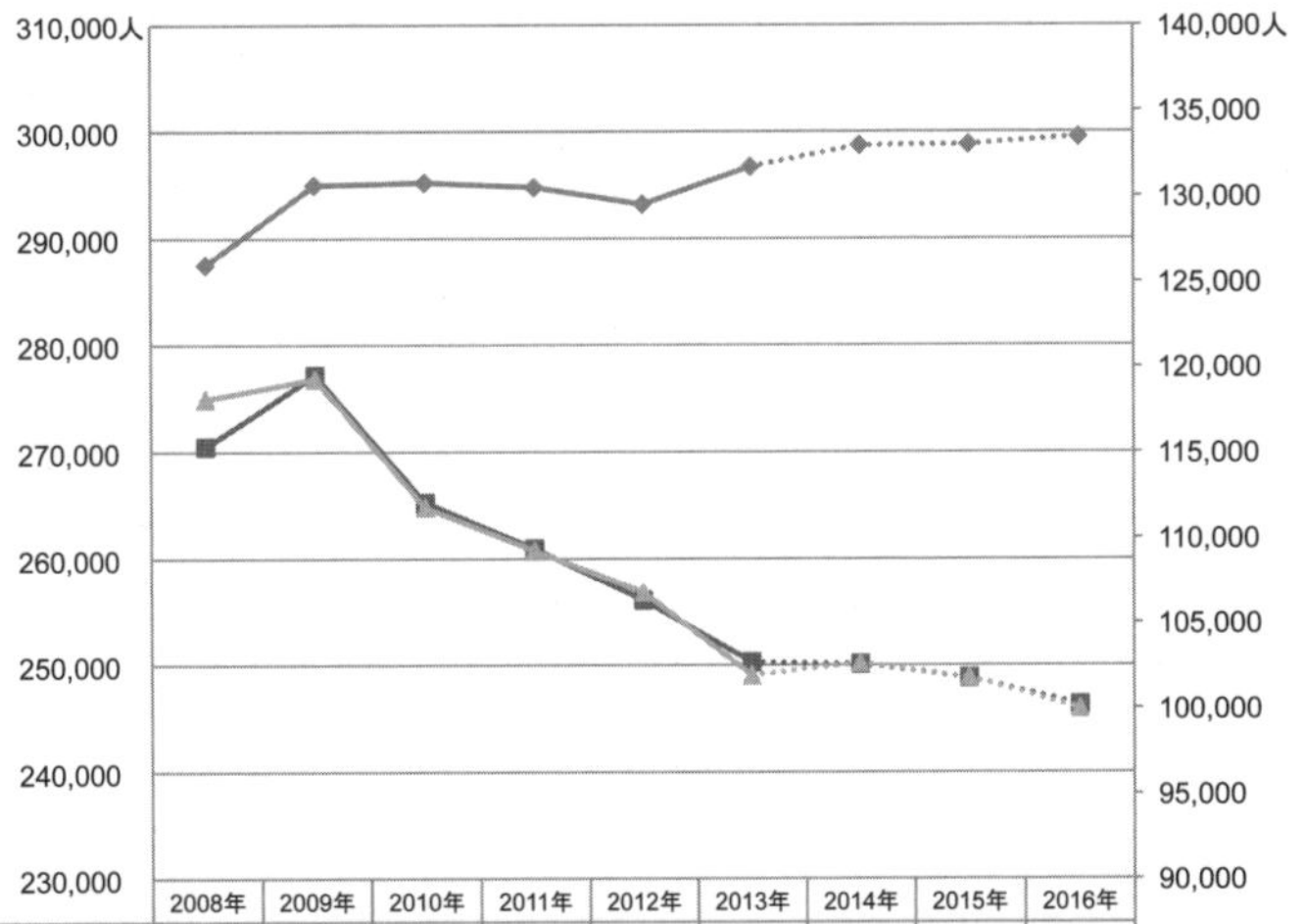

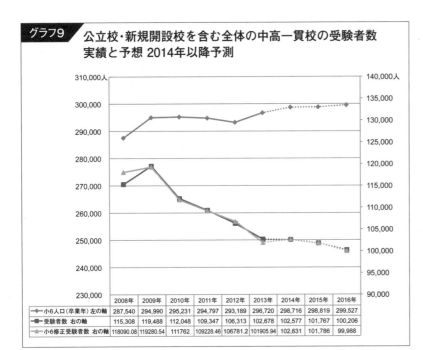

	2008年	2009年	2010年	2011年	2012年	2013年	2014年	2015年	2016年
小6人口（卒業年）左の軸	287,540	294,990	295,231	294,797	293,189	296,720	298,716	298,819	299,527
受験者数 右の軸	115,308	119,488	112,048	109,347	106,313	102,678	102,577	101,767	100,206
小6修正受験者数 右の軸	118090.08	119280.54	111762	109228.46	106781.2	101905.94	102,631	101,786	99,988

グラフ10 2008年以前から存在した国立・私立中高一貫校の受験者数
実績と予想 2014年以降予測

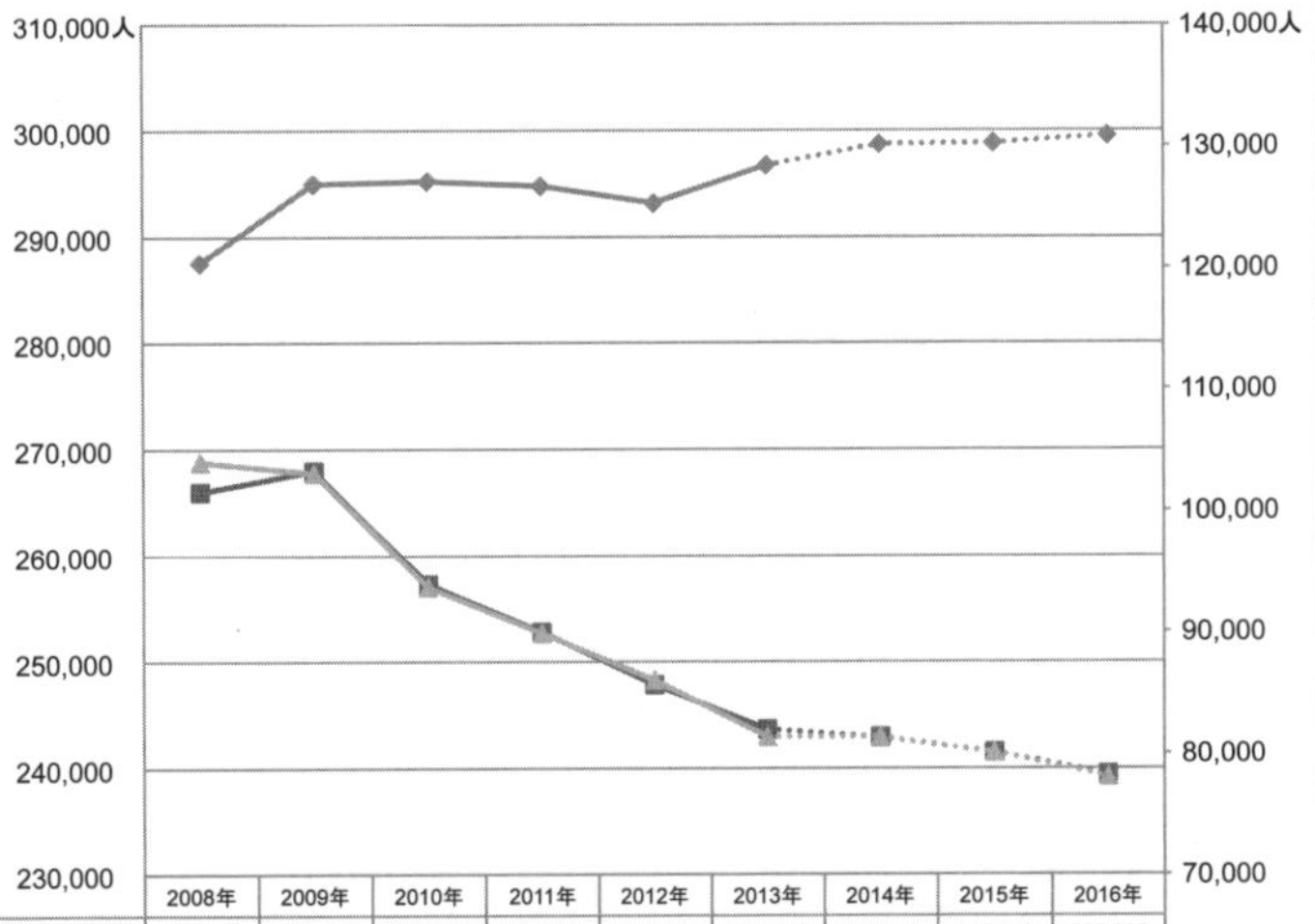

	2008年	2009年	2010年	2011年	2012年	2013年	2014年	2015年	2016年
小6人口（卒業年）左の軸	287,540	294,990	295,231	294,797	293,189	296,720	298,716	298,819	299,527
受験者数 右の軸	101,510	103,234	93,867	89,946	85,616	81,952	81,305	80,058	78,249
小6修正受験者数 右の軸	103959.179	103054.782	93627.4063	89848.495	85992.2423	81332.6174	81,348	80,073	78,079

原因を調べてみると、２００８年に新設された学校の合格倍率が高すぎて敬遠されたようで、２０１０年の受験者数の減少原因も同様と考えられます。公立中高一貫校では、高い合格倍率が受験者数減少の原因となり、不況にはむしろ受験者数増加の原因となっています。

また、２０１３年の、国立私立と公立中高一貫校の「２００８年以前から存在していた中高一貫校」と「２００９年以降に新設された中高一貫校」の受験者数はこれまでの傾向とほぼ同じであることがわかります。

4 学校種類別の合格者数推移

受験者数だけではなく、合格者数についても調べてみましょう。受験者数と合格者数の関係を知ることで、受験者数の理解が深まります。合格者がすべて入学するわけではありませんので、合格者数は募集定員を上回るのがふつうです。ここでは、受験者数の増減傾向が、合格者数にどのような影響を与えているかを分析します。

〈グラフ６〉は首都圏の合格者数推移を〈グラフ４〉と同様の分類でグラフにしたものです。合格者数全体の推移は、２００８〜２００９年は受験者数と同様で増加していますが、２００９年以降は受験者数とは逆に微増傾向となっています。受験者数が減少し、合格者数が増加することで、中学受験全体では入学しやすくなっていると言えます。

〈グラフ７〉で詳しく増減を確認してみましょう。最も占める割合が大きい「２００８年以前から存在していた国立私立中高一貫校」の合格者数は、ほぼ横ばい傾向で推移していますが、受験者数は減少傾向が顕著であることから受験が易化している大きな要因となっています。

〈グラフ７〉を見ると、公立で合格者数が増加するのは、受験者数と同様、毎年新設校があるためとわかります。公立では２０１１年にいくつかの学校が募集定員数を減らしたので合格者数は減少していますが、その後は横ばいです。

２００９年以降の新規開校による公立校の合格者は、２０１０年に都立の４校が開校したので増加していますが、その後は微増となっています。

〈グラフ８〉の合格倍率（＝受験者数÷合格者数）を見てみます。公立の合格倍率は、開校時は10倍を超える学校も多かった記憶があります。

「２００９年以降の新規開校」がやや高いようですが、合格倍率が６〜８倍弱程度に収束してきました。やはり、あまりに合格倍率が高いと敬遠されるようです。また、国立私立では、2倍程度で推移しています。

小6人口や不況などによる2014年中学受験者数予測

森上教育研究所では、バブルの崩壊以降の中学受験者数動向をもとに、今回のリーマンショックによる受験者数への影響をシミュレーションし、「公立校・新規開校を含む全体の中高一貫校」と受験生の占める割合が大きい「2008年以前から存在していた国立私立中高一貫校」で2014年の中学入試予測を作成しました。

〈グラフ9〉と〈グラフ10〉を比べても、前に述べたように2008～2009年の受験者数のちがいだけで、2010年以降はほとんど同じ推移です。小6人口もほぼ横ばいで、受験者数と小6人口修正受験者数はほぼ一致しています。

昨年の2013年入試の予測は、バブルの崩壊時は、受験者数減少傾向から横ばいに転ずる時期が、バブル崩壊後5年であったことがひとつの根拠になりました。

というのも、バブルの崩壊時も同様でしたが、リーマンショックが起きた翌年の2009年1～3月は、4月から小学4年生になる入塾者数が少なかったということでした。

中学受験では小学4年生から入塾する生徒の割合が最も多く、小学校3年生以前に入塾する割合は少ないことから、バブルの崩壊時は崩壊5年後以降の受験者数が横ばいになったのです。

リーマンショックでも同じことが起こることを予測に組みこみました。リーマンショックのつぎの年は、小4入塾者数が急回復することはないにしても、それ以上、減少したということもなかったようです。

ということは、2013年入試では、その学年が受験生となると考えて、受験者数前年対比は横ばいになると予想したわけです。

来年の2014年入試の予測は、2013年同様、バブルの崩壊のときのデータに最近の景気が回復し始めた状況も加味して算出しました。受験者数も、そろそろ横ばいまたは増加傾向になりそうな雰囲気もあります。7月の大手模試の志願者数前年対比が男子は横ばい傾向（女子はわずかに減少）となっていることも裏付けになっています。

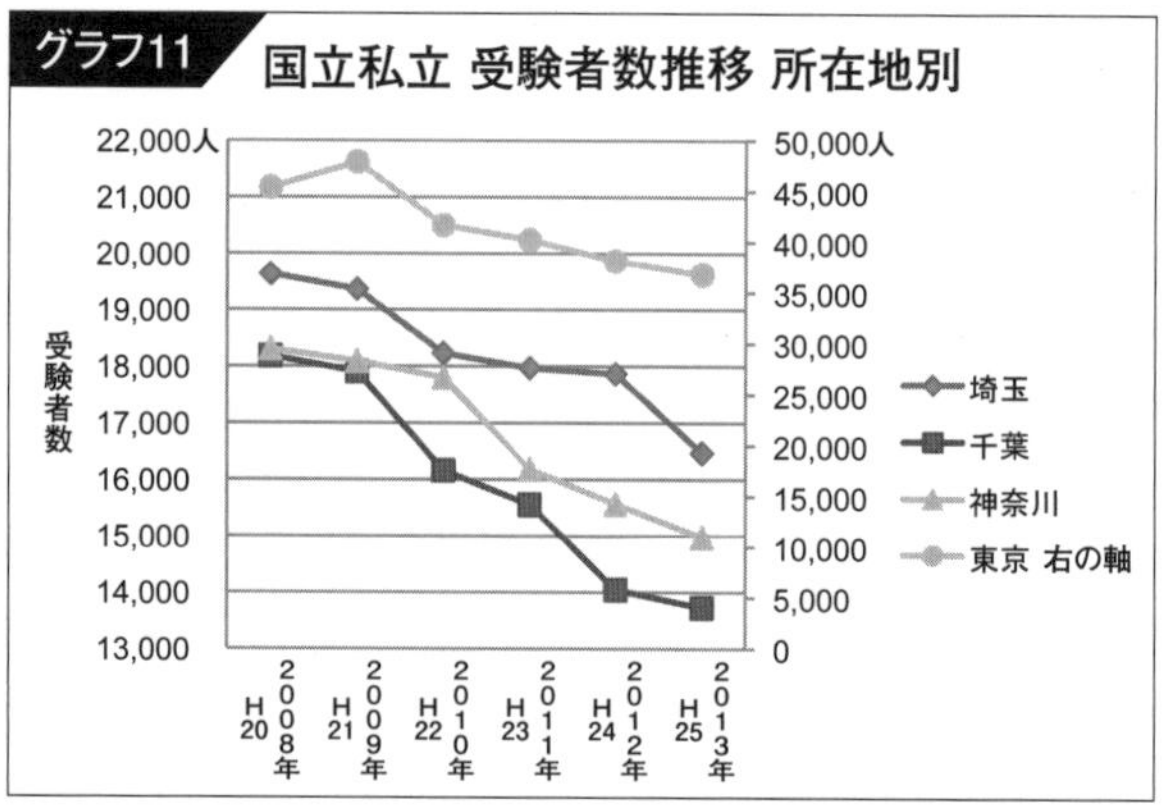

グラフ11 国立私立 受験者数推移 所在地別

受験者数が横ばいになるということは、全般的には中学入試はやさしくなった状況がつづくことになり、受験生にとっては実力よりも上位の学校がねらえるチャンスとなる可能性があります。もちろん、学校の所在地・学校種別（男子校・女子校・共学校）・学校ランクによってもちがいはあり、逆に受験者数が増加する可能性もあると思いますので、よく検証する必要があります。

2008～2013年受験者数の詳細分析による予測の検証

2013年入試では、分類項目の学校の所在地・学校種別（男子校・女子校・共学校）・学校ランクによっては、受験者数が増加している学校もあれば顕著に減少している学校もありました。

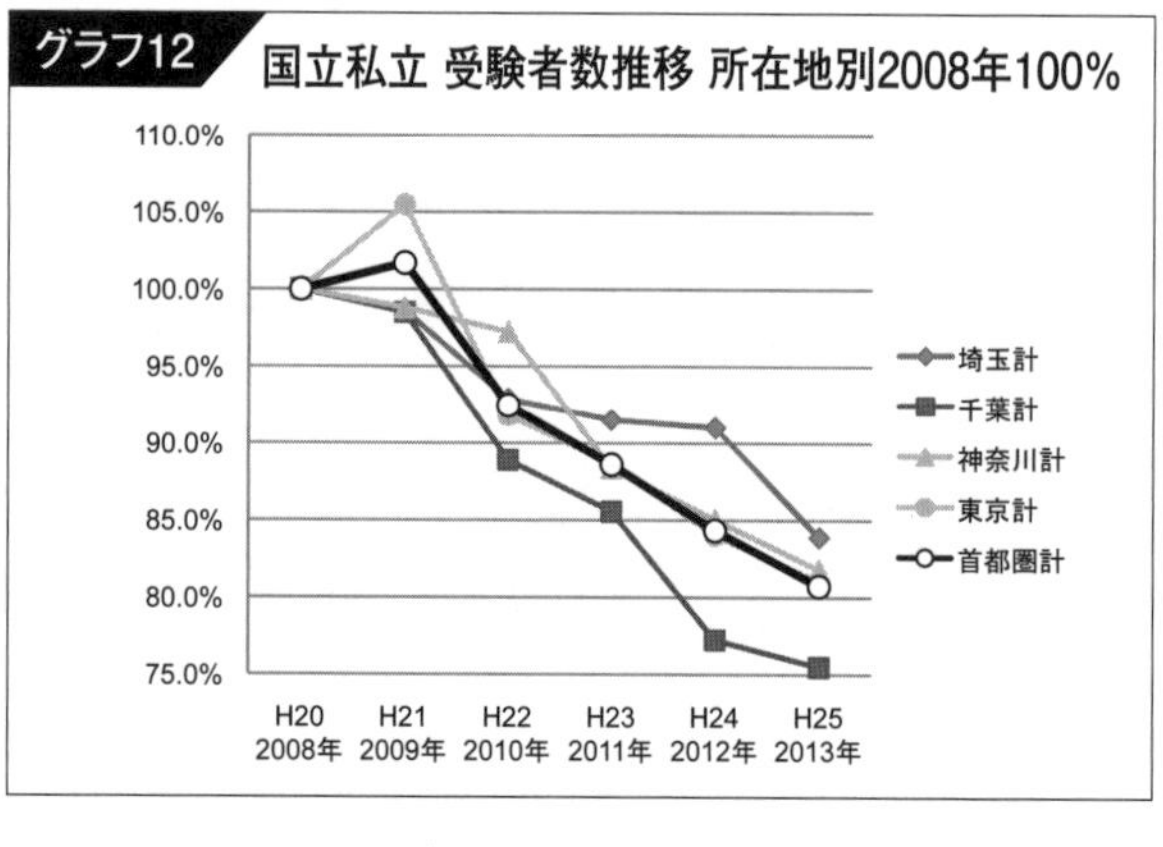

グラフ12 国立私立 受験者数推移 所在地別2008年100%

2014年入試の受験者数は、2013年と同じ傾向であると考えれば、2014年の予測のためには、これまでの推移を分類項目で詳細に分析する必要があります。

分析は、「2008年以前から存在していた国立私立中高一貫校」の小6人口で修正しないデータを使用します。理由としては、公立校や新規開校のデータを入れると分析しづらいことや小6人口が一定で修正の必要がないためです。

A-1 所在地

1 受験者数推移

〈グラフ11〉をみると、東京の2009年を除き2008年から5年間受験者数が減少していることがわかります。

しかし、所在地によって減少傾向が異なっているようで、グラフのかたちが異なっています。神奈川だけが2008～2010年まではそれほど大きな減少はなく、2011年に急激な減少が見られます。東京は他の3県の2倍以上の受験者数があるため右側の軸でしめしましたが、2007年に約4万7000人の受験者数が2013年には約3万7000人となり、1万人もの減少になっています。

2 2008年を100%としたときの受験者数推移

〈グラフ12〉は2008年を100%としたときの受験者数推移です。

2013年の受験者数減少率は、首都圏計が2008年対比80・7%で、5年間に約20ポイントの受験者数減となっています。最も受験者数が多い東京が2008年対比81・0%と同程度です。埼玉が2008年対比83・9%で最も減少率が低く、神奈川が2008年対比81・8%でつぎに減少率が低くなっています。最も減少率が高いのは千葉で2008年対比75・5%となっています。

リーマンショック直後の2009年では、東京だけに受験者数の増加が見られましたが、他の3県では減少しました。2011年以降は、東京と神奈川は平均と同じ割合で減少していますが、埼玉は平均よりも減少率は高く、千葉は平均よりも減少率が低くなっています。2013年では埼玉と千葉が平均に近づいているのがわかります。

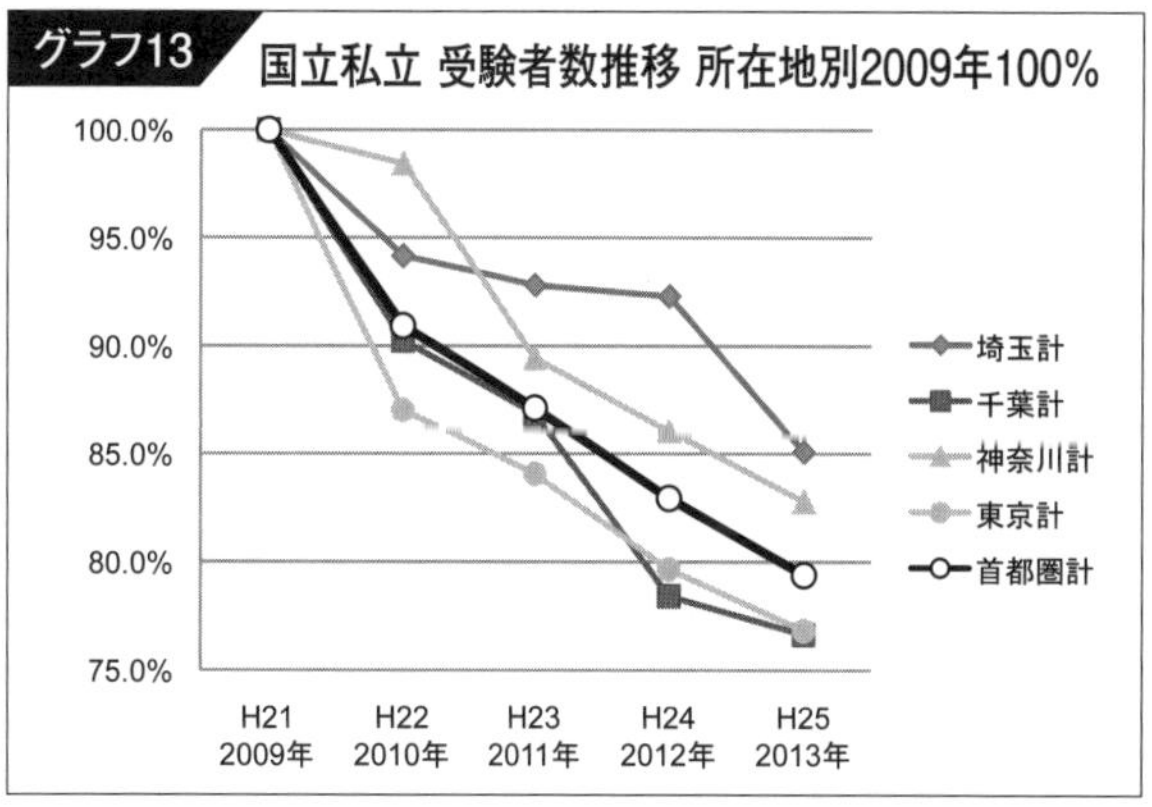

グラフ13 国立私立 受験者数推移 所在地別2009年100%

2014年入試では、景気の回復で全体として首都圏計の受験者数は横ばいになるにしても、地域における中学入試を取り巻く環境に変化はないので、千葉は増加、東京・神奈川が横ばい、埼玉は減少となることが考えられます。

3 2009年を100%としたときの受験者数推移

〈グラフ13〉では、リーマンショックの影響を探るために、受験者数がピークとなった2009年の受験者数を100%として分析します。

2010年の受験者数は、最も減少率が低い神奈川で1・6ポイントの減（2009年対比98・4%）に対し、最も減少率が高い東京は13・0ポイントの減で大きな差がありました。2011年は、2010年に最も減少率が低かった神奈川が大幅な減となり、埼玉の減少率は緩和しました。

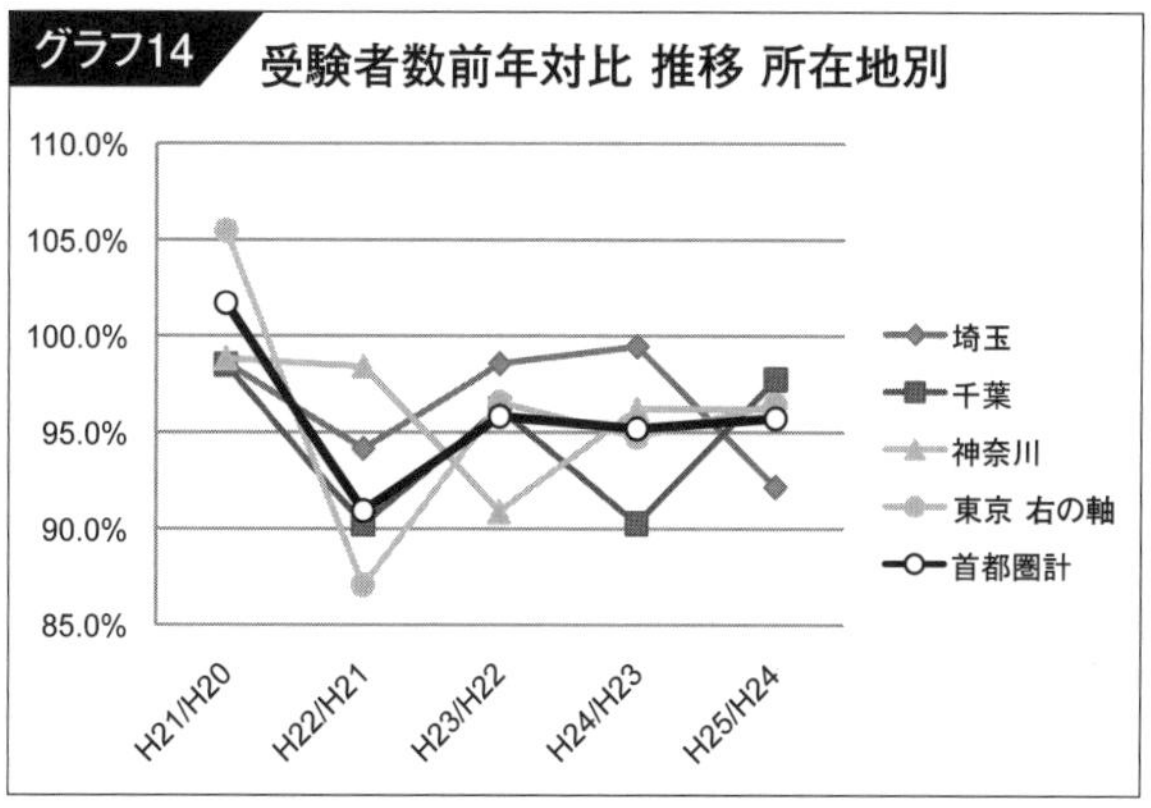

グラフ14 受験者数前年対比 推移 所在地別

そして、2012年は埼玉の減少率が前年に引きつづき低く推移し、2011年の大震災の影響もあって千葉の減少が顕著となりました。

そして2013年は、これまで大きな減少がなかった埼玉で大きな減少となりました。偶然とは思いますが、関東地方を反時計回りに顕著な受験者数の減少となっています。

大震災の影響の千葉を除くと、2009～2013年の5年間でリーマンショックの影響を最も受けたのが東京と千葉で、受験者数が約23ポイントも減少しました。影響が少なかったのが埼玉で、受験者数の減少は約15ポイントでした。

4 受験者数前年対比 推移

〈グラフ14〉を見ると、全体的にグラフがジグザグになっている所在地が多いことがわかります。東京を例に説明すると、リーマンショック直後の2009年（H21）では、そ

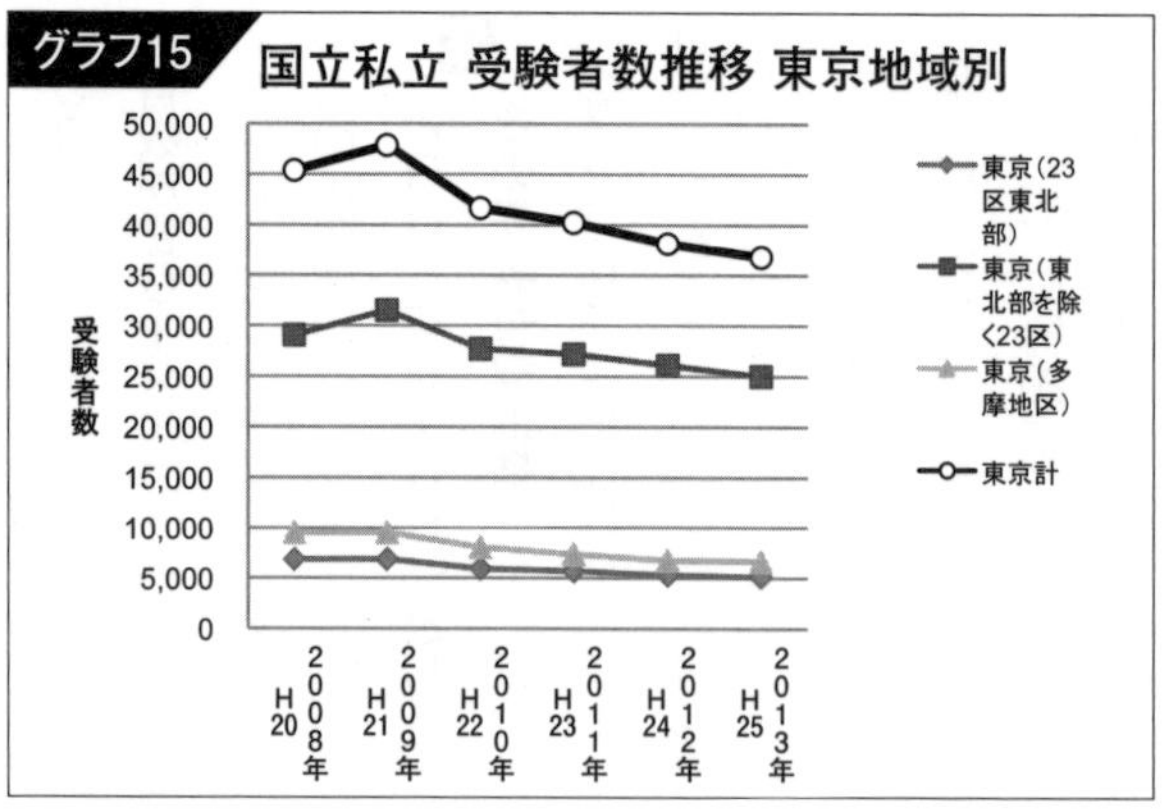

グラフ15　国立私立 受験者数推移 東京地域別

の影響をあまり受けなかった東京は前年対比100%以上となっています。

　本格的な影響があったのは2010年（H22）で、前年の受験者数前年対比の増加の反動で他の所在地に比べても大きな減少となりました。次の年の2011年（H23）は、前年の受験者数前年対比の減少の反動で前年を上回る100%以上にはなりませんでしたが、95%程度と緩和されました。

　このように、受験者数の推移は、大きな変動があると受験者数が大きく増減し、そのつぎの年は逆に受験者数が増減する傾向があります。こ

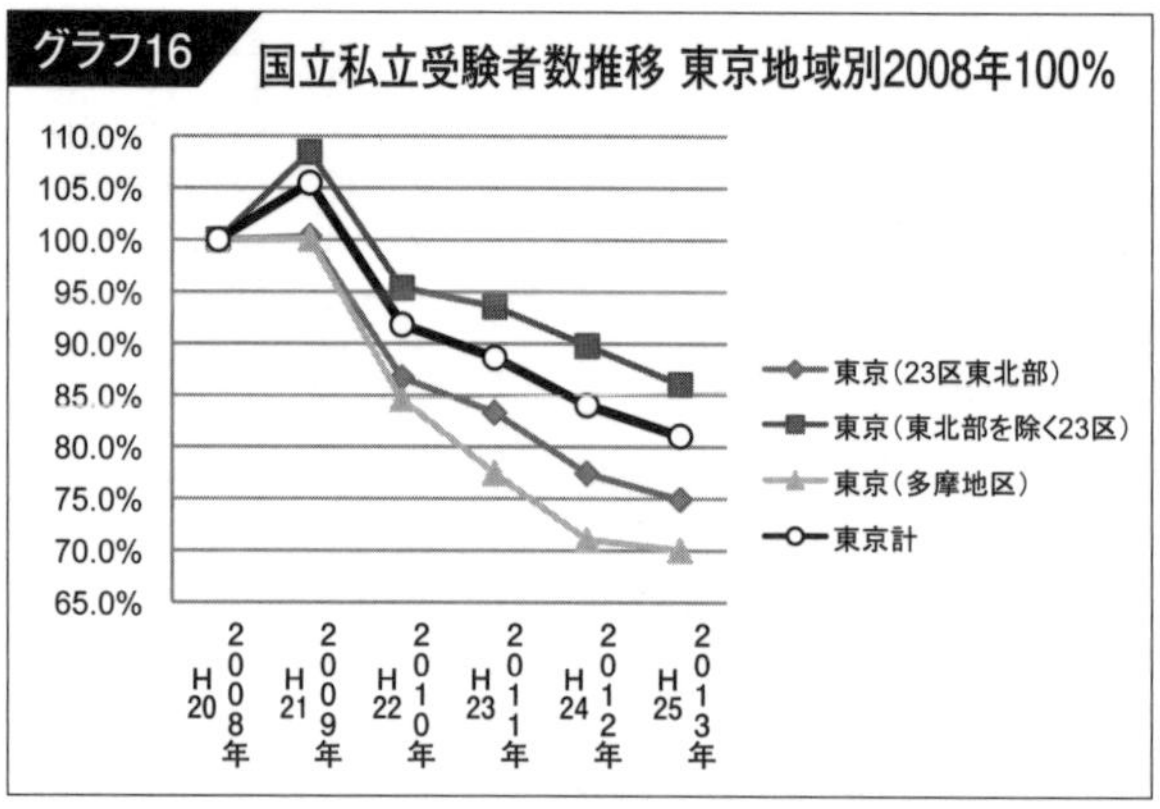

グラフ16　国立私立受験者数推移 東京地域別2008年100%

のような傾向は、学校単位でも起こり、受験者数の隔年現象と呼ばれています。つまり前年対比で100%を上回るとつぎの年は下回ることを繰り返します。

　しかし、今回のリーマンショックのように影響があまりにも強く、全体として前年の受験者数が減少しつづける場合は、**〈グラフ14〉**のように、100%以上にはならず、減少率が顕著な年と減少率が緩和された年が交互に来る隔年現象になります。

　首都圏計では、2008年（H20）以降、受験者数の前年対比は隔年現象で増減しながら、減少傾向となっています。リーマンショック直

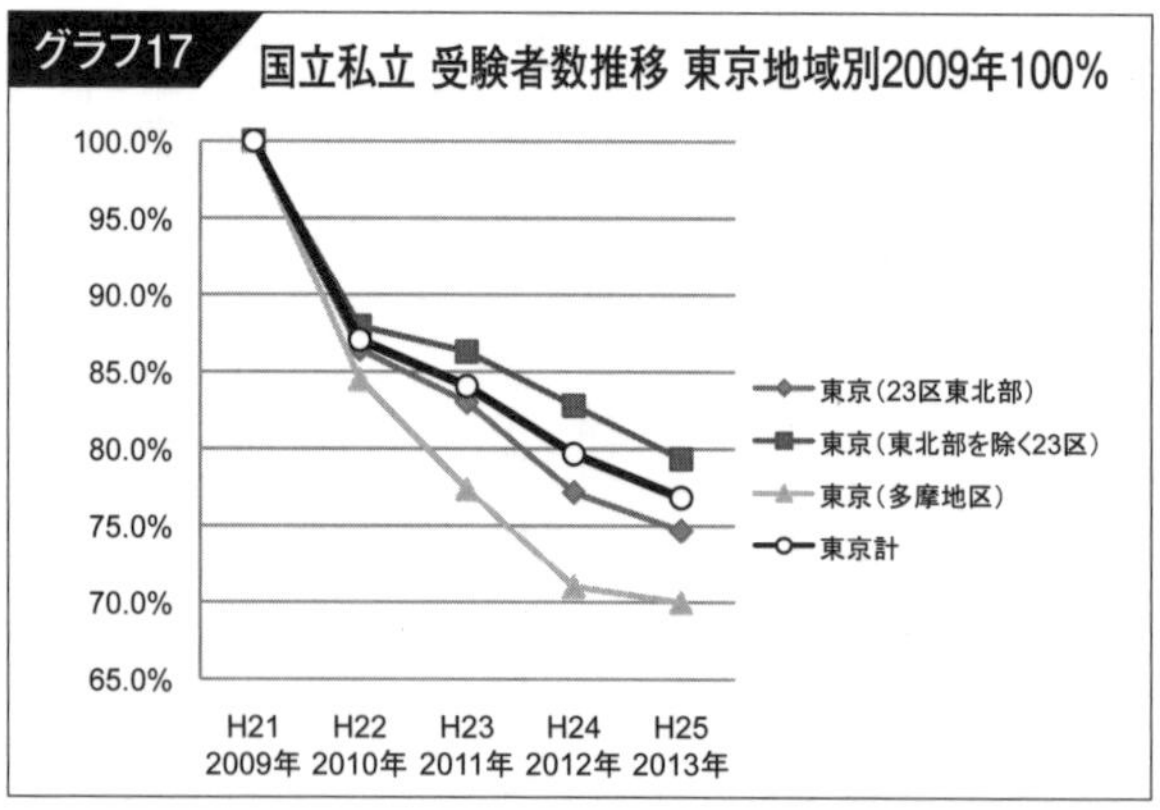

グラフ17　国立私立 受験者数推移 東京地域別2009年100%

後の2009年（H21）入試に注目すると、首都圏計では受験者数前年対比はプラス2%程度で、予測に反してマイナスにはなりませんでした。

　原因のひとつは、**〈グラフ3〉**で述べた「小6人口の影響」で、もうひとつは受験者数が多い東京ではリーマンショックの影響をすぐには受けなかったことです。

　そのなかで、受験者数前年対比の山と谷が各所在地と逆になっているのが神奈川で、最も受験者数前年対比の減少が大きかった2010年（H22）にはプラスにこそなりませんでしたが、2ポイント程度の減少

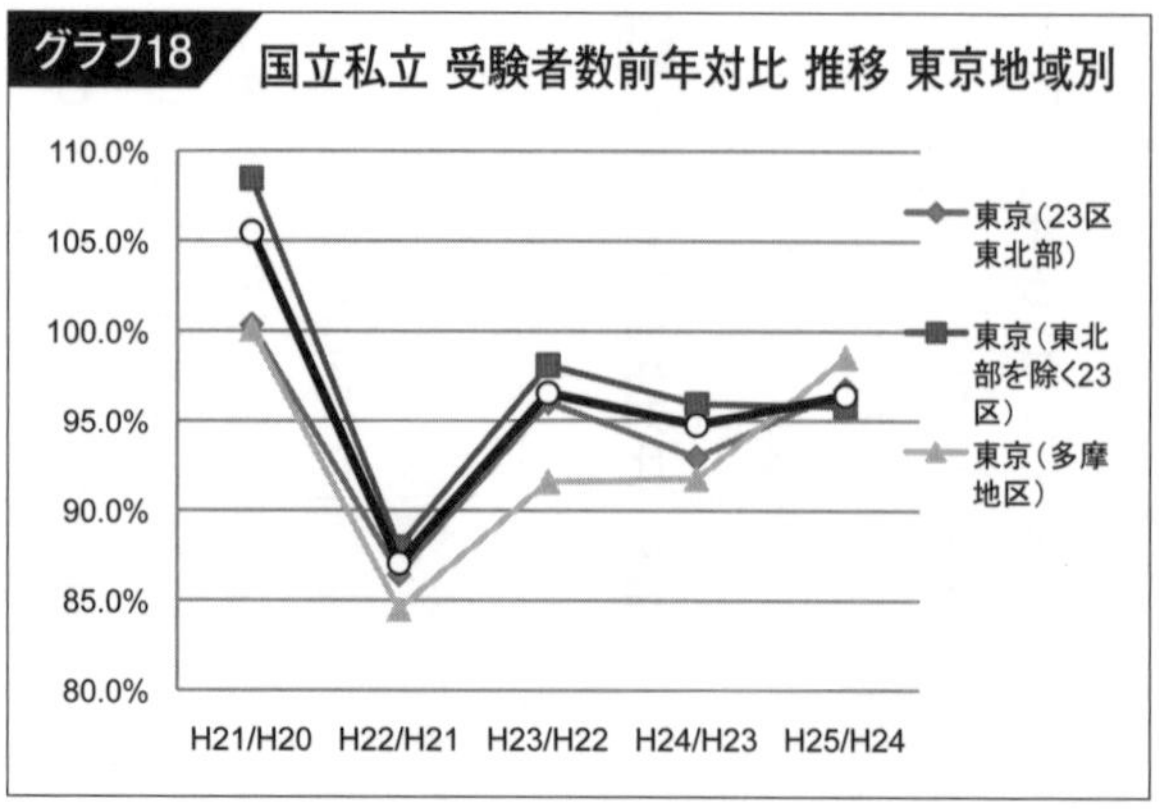

グラフ18　国立私立 受験者数前年対比 推移 東京地域別

と最も少なかったことがわかります。

　しかし、翌年の2011年（H23）の他の所在地では、受験者数前年対比の減少が小さかった局面で神奈川だけが大幅に減少しました。隔年現象を考えると、神奈川は2012年（H24）の受験者数前年対比が山となって、受験者数の減少が少なくなることが予測でき、実際にそうなりました。

　2013年（H25）の受験者数前年対比は、東京、神奈川、埼玉、千葉とも平均に近づいてきて、隔年現象も収束しつつあります。これらのことから、2014年（H26）の受

験者数前年対比は、東京、神奈川、埼玉、千葉とも100%前後になることが予測されます。

このように、隔年現象は受験者数の予測にも加味する必要があります。今回のリーマンショックの影響もバブルの崩壊のときと同じように、そろそろ収束する時期なのかもしれません。そのように考えると、2014年の受験者数は、2013年よりも上回ることはあっても顕著に減少することは考えにくいのです。

A-2 東京都の詳細

1 受験者数推移

東京は首都圏でも最大の受験生を抱えており、多摩地区と23区内では受験生・保護者のニーズにもちがいがあります。

また、23区内でも東北部とその他の地域でちがいがあるので、東京を「23区東北部」「東北部を除く23区」「多摩地区」に分けて分析します。

〈グラフ15〉を見ると、東京の各地域のグラフは同じようなかたちで、受験者数は2008年から2013年まで、2009年を除き継続的に減少しています。「東北部を除く23区」は受験者数が「23区東北部」と「多摩地区」に比べ顕著に多く、2009年は「東北部を除く23区」で受験者数が増加した結果、「東京計」も受験者数が増加したことがわかります。

2 2008年を100%としたときの受験者数推移

東京で2009年に受験者数が増加したのは、「東北部を除く23区」での増加が原因であったことを確認してみましょう。

〈グラフ16〉では、2008年の受験者数を100%として、「23区東北部」「東北部を除く23区」「多摩地区」に分けて2013年までの受験者数の推移をしめしています。2009年には、「23区東北部」と「多摩地区」では横ばいで、「東北部を除く23区」で明らかに受験者数が増加していることがわかります。「東北部を除く23区」は、「23区東北部」や「多摩地区」よりも5倍も受験者数が多く、「東京計」に影響を与えやすいので、2009年に東京が受験者数の増加した原因となったのです。また、〈グラフ16〉を見ると、各地域のグラフが2009年から2013年に向けて広がっているようなかたちをしています。

各地域では同様に受験者数の減少傾向が見られますが、「多摩地区」「23区東北部」「東北部を除く23区」の順に減少率が高くなっています。各所在地の2009~2012年の減少率の差は年々大きくなり、グラフが広がっているように見えるのです。2013年には、減少率の最も高い「多摩地区」で2008年対比が70・0%で、最も低い「東北部を除く23区」で86・1%と、同じ東京でも16・1ポイントも差がついてい

新たな100年を歩み始めました

森村学園は2010年に創立100周年を迎え、これまでの伝統を重んじていきながら更に進化し続けます。広大な土地に豊かな自然、新たな校舎という充実した教育環境の中で生徒たちの夢の実現をしっかりとサポートしていきます。完全なる中高一貫教育の中で生徒たちは豊かな創造力と高い志を育み未来に躍進していきます。

学校説明会

10月20日(日) 10時30分～12時30分
11月15日(金) 10時30分～12時30分
12月 1日(日) 14時～16時 入試問題解説会
◎10月20日の説明会では、在校生による「パネルディスカッション」を予定しています。

学校見学会

◎日程は当ウェブサイトでご確認ください。
◎室内履きと下足袋をご持参ください。

文化祭(みずき祭)

9月22日(日) 正午開場・17時閉場
9月23日(月・祝) 9時開場・15時閉場
いずれも時間は予定です。

森村学園
中等部・高等部

〒226-0026 神奈川県横浜市緑区長津田町2695
TEL：045-984-2505 FAX：045-984-2565
Eメール：koho@morimura.ac.jp
http://www.morimura.ac.jp

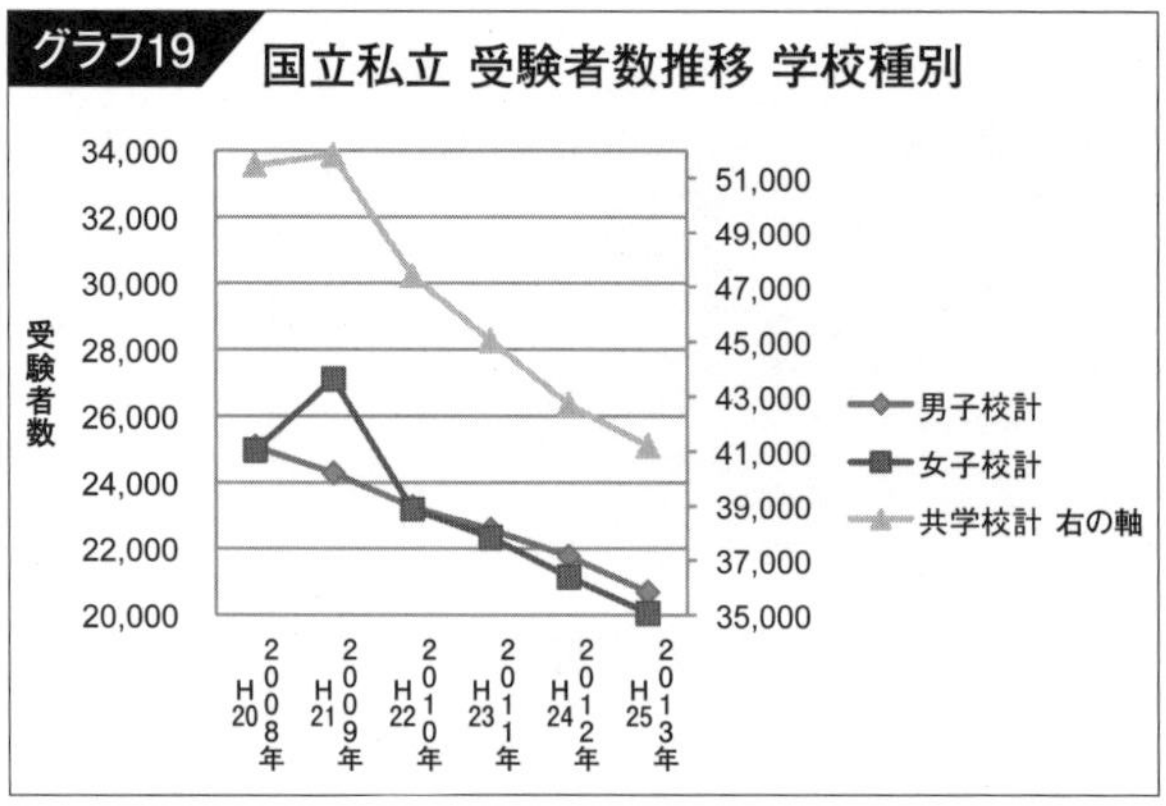

グラフ19　国立私立 受験者数推移 学校種別

ます。

3　2009年を100%としたときの受験者数推移

〈グラフ17〉では、2009年を100%とすることで、リーマンショックの影響がどれだけあったかを分析します。

〈グラフ16〉同様、「23区東北部」や「東北部を除く23区」よりも「多摩地区」の減少率が顕著に高いことがわかります。リーマンショックの影響は、首都圏では東京が大きく、そのなかでも多摩地区で最も大きかったのです。

しかし、その多摩地区でも2013年の受験者数増減率は、やや減少率が緩和してきており、2014年では横ばいになる可能性があります。

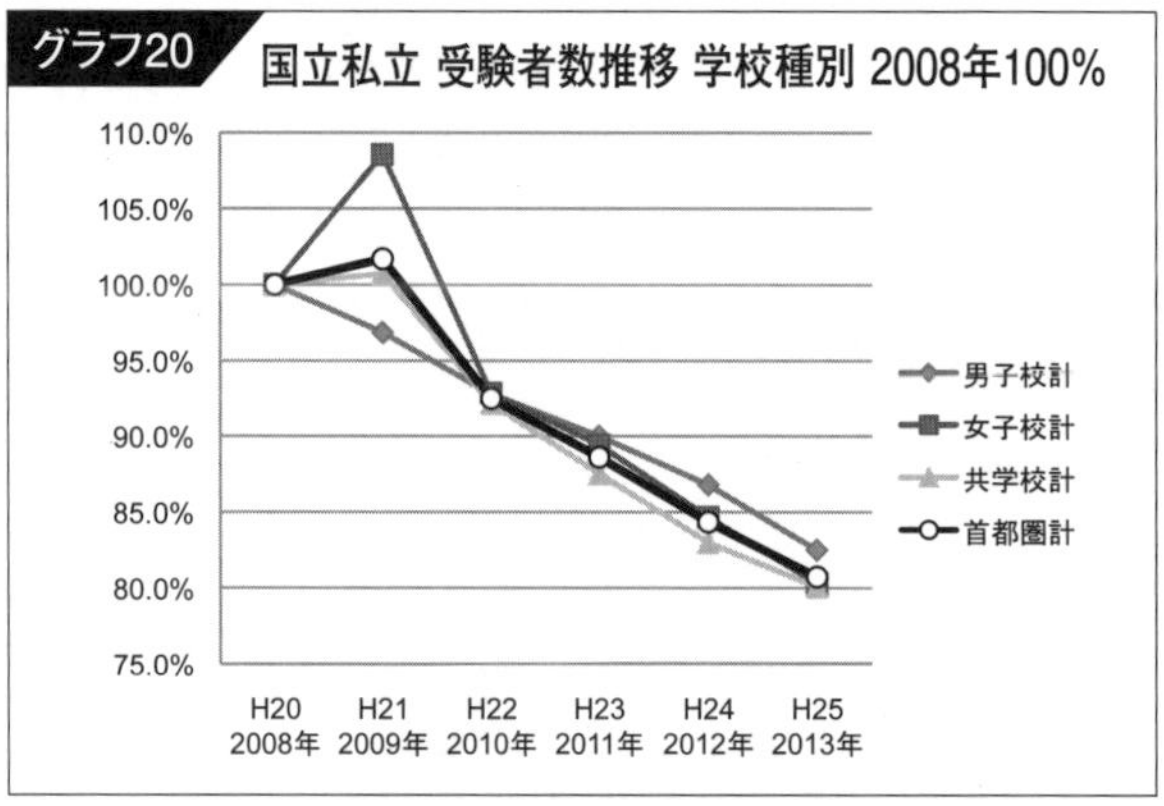

グラフ20　国立私立 受験者数推移 学校種別 2008年100%

4　受験者数前年対比　推移

〈グラフ14〉を見ると、東京計の受験者数前年対比の推移は、首都圏計と比べ、各年の増減が同じで、しかも%の値がそれほどちがわないことがわかります。

また、〈グラフ18〉を見ると、東京地域内では、ほかの首都圏と比べ、同じような受験者数の増減割合になるということが言えます。首都圏各所在地の受験者数前年対比は、所在地ごとに異なっていますが、東京各地域の受験者数前年対比は、ほぼ同じ傾向となっていて、「東北部を除く23区」と「多摩地区」の中間的な%が「23区東北部」になることがわかります。

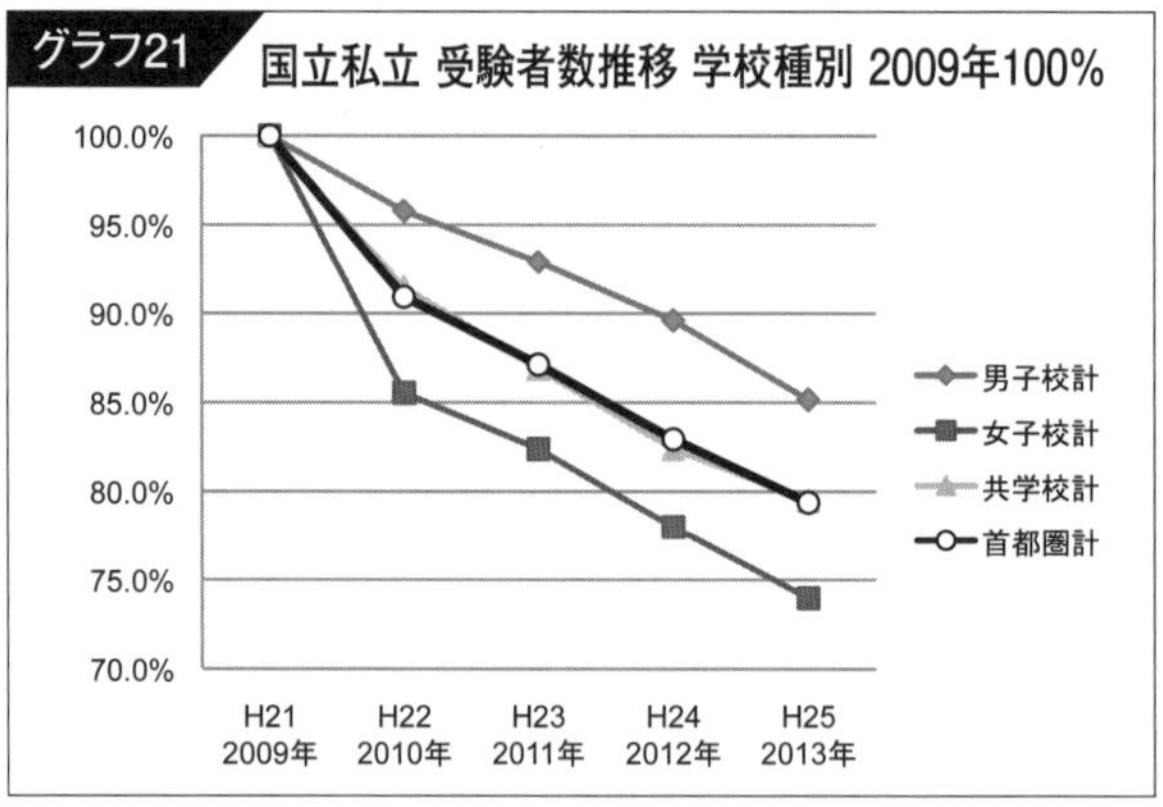

グラフ21　国立私立 受験者数推移 学校種別 2009年100%

また、「東北部を除く23区」では、リーマンショックの直後の2009年でも、約9ポイントの受験者数の増加があり、東京全体を約5ポイントの増加に押しあげていました。

しかし、「23区東北部」と「多摩地区」では、ほぼ横ばいでした。その後も、2013年を除き、「東北部を除く23区」は受験者数前年対比が「23区東北部」や「多摩地区」よりも高い傾向があります。

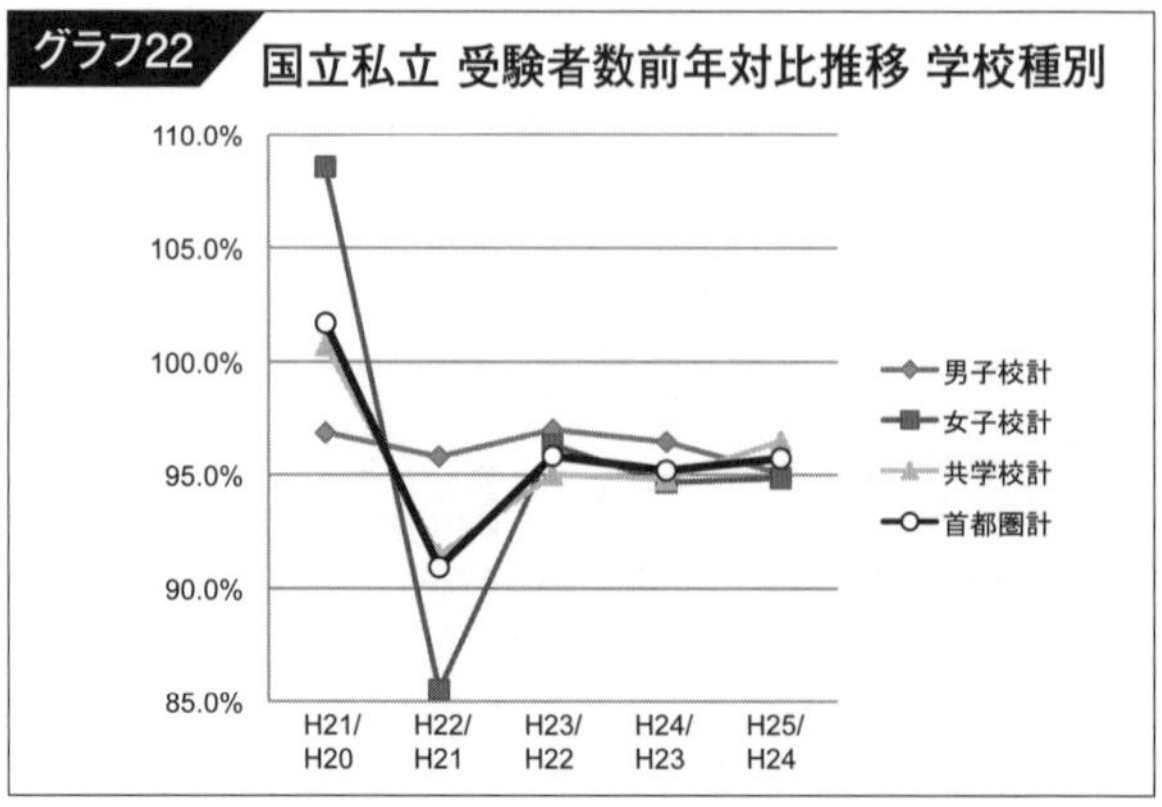

グラフ22　国立私立 受験者数前年対比推移 学校種別

B　学校種別

1　受験者数推移

〈グラフ19〉では、2008年～2013年で、男子校・女子校・共学校とも受験者数が減少しています。減少の仕方は、女子校と共学校の2009年を除くとほぼ一直線になっています。減少数も大きく、とくに共学校では2008年には約5万人だった受験者数が、2013年には約4万人と1万人も減少しました。

しかし、2009年に女子校と共

学校で、受験者数が増加しています。これは、学校の所在地では、東京の「東北部を除く23区」で２００９年にリーマンショックの直後に受験者数が増加したことと一致します。つまり、２００９年に北東部東京以外の23区の女子校で受験者数が増加したことになります。

その原因には、サンデーショックが考えられます。2月1日が日曜日となり、人気のあるキリスト教系の女子校が入試日を変えたため、ひとりの受験者がその年だけは複数の人気のある学校を受験することができたのです。

しかし、これは、受験回数が増加しただけで、実質的な受験者の増加ではありません。

2 ２００８年を１００％としたときの受験者数推移

〈グラフ20〉を見ると、２００８年を１００％としたときの受験者数推移は、学校種別では所在地別とは異なり、２００９年を除き、男子校・女子校・共学校ともほぼ同じ減少率となっています。２００９年は、男子校はキリスト教系の学校が少ないのでサンデーショックの影響は少ないはずで、グラフでもリーマンショックの影響で受験者数が減少していることが分かります。

２０１０～２０１３年は男子校・女子校・共学校とも減少率はほぼ同じで推移しています。男子校・女子校・共学校によって不況の影響の強弱はないことがわかります。

3 ２００９年を１００％としたときの受験者数推移

〈グラフ21〉では、２００９年を１００％とすることでリーマンショックの影響がどれだけあったかを分析します。

共学校のグラフがないように見えますが、じつは、「計」とほとんど同じ値で、重なって隠れています。共学校の受験者数推移が「計」と同じ傾向になるのは、共学校の受験者数が男子校や女子校に比べ大きいことと、男子校の減少率が比較的低く、女子校が高く、共学校は男女がいるので中間となって合計値と一致することが考えられます。２００９年のリーマンショックの影響は、女子校に顕著にでており、男子校には緩和されています。

そして、共学校には、男子校と女子校の中間となっています。

4 受験者数　前年対比推移

受験者数の前年対比は、隔年現象になることが多いです。〈グラフ22〉を見ると、女子校、共学校、首都圏計ではH21／H20～H23／H22では隔年現象が見られますが、H24／H23とH25／H24で横ばいとなって隔年現象が見られません。男子校は、H21／H20～H25／H24で、ほぼ横ばいとなっていて、隔年現象が見られません。

受験者数の隔年現象は数値に大きな影響を与える事件が起きて、受験者数が大幅に増加（または減少）し、

わたしを、
咲かせよう。

お互いを磨きあい、
光り輝く個性を
引き出し伸ばしていきます。

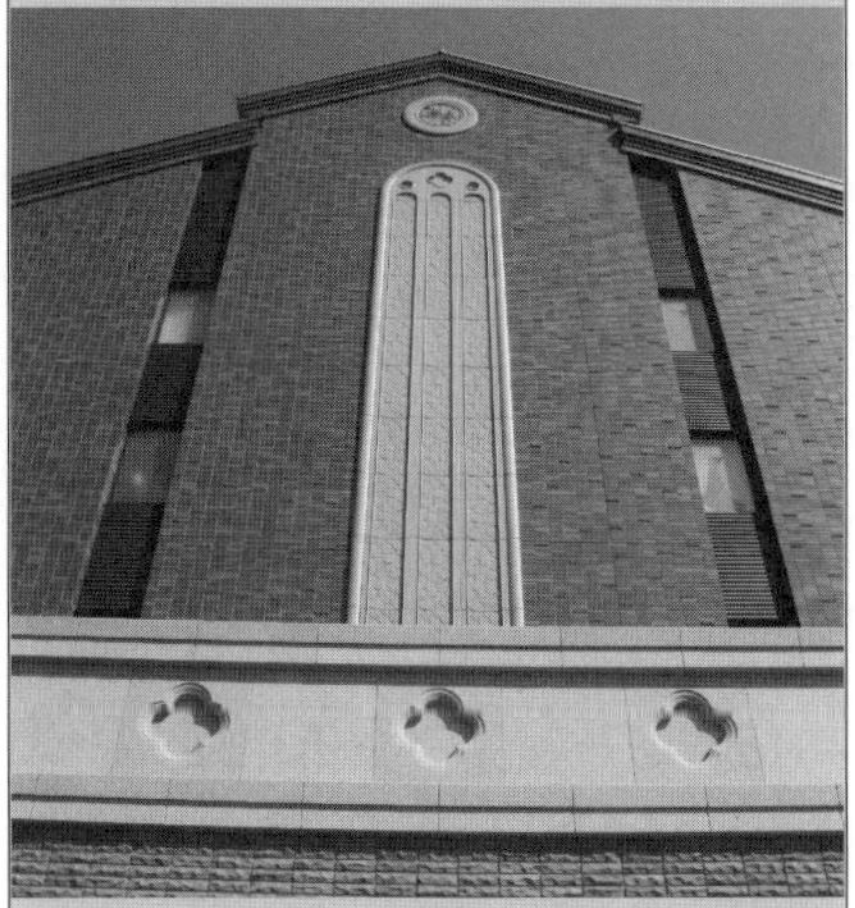

学校説明会等（予約不要）

〈第2回学校説明会〉
10月5日（土）
5年生以下　14:00～
6年生　15:30～
〈第3回学校説明会〉
11月30日（土）
5年生以下　14:00～
6年生　15:30～
※詳細は本校ホームページをご覧ください。

八重桜祭

11月3日（日・祝）／11月4日（月・振休）
「入試等に関する質問コーナー」開催
13:00～15:00

学習院女子中等科

〒162-8656　新宿区戸山3-20-1
03-3203-1901　http://www.gakushuin.ac.jp/girl/

地下鉄副都心線「西早稲田」駅徒歩3分
地下鉄東西線「早稲田」駅徒歩10分
JR山手線・西武新宿線「高田馬場」駅徒歩20分

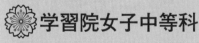

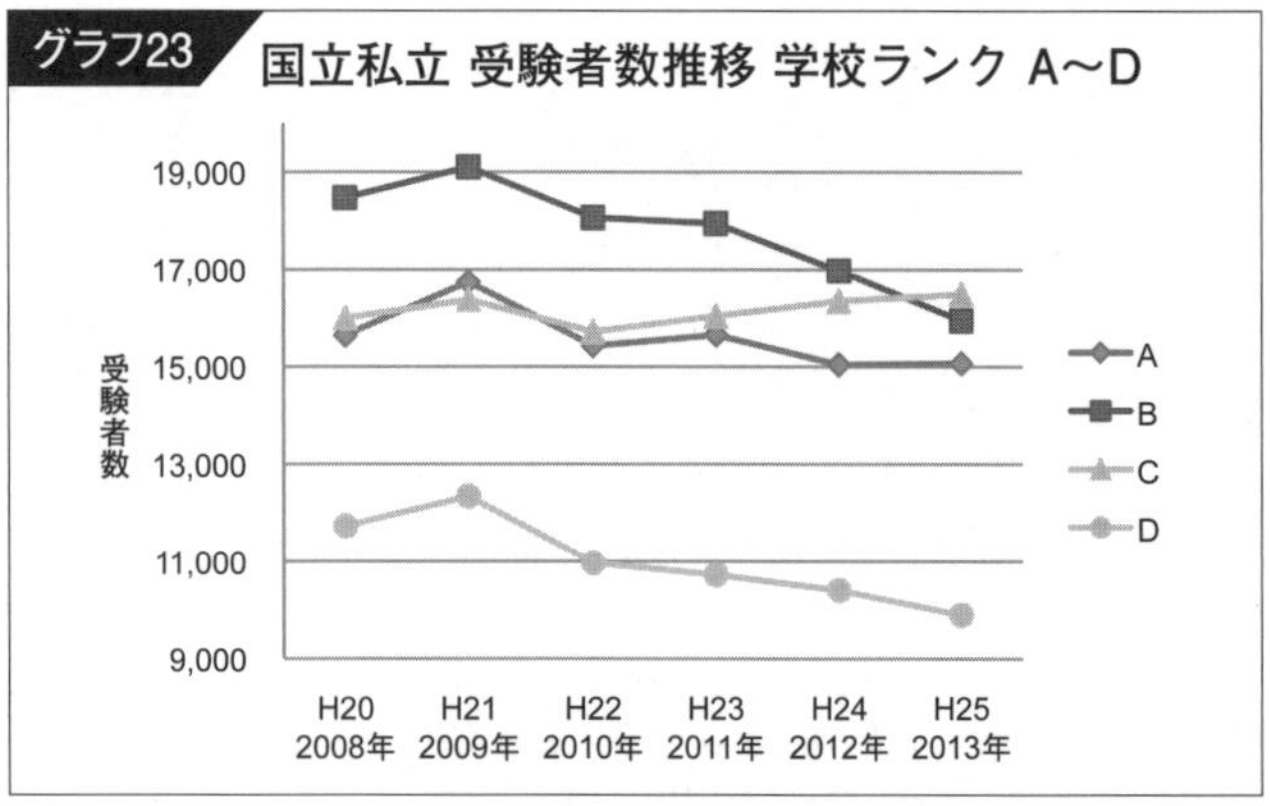

グラフ23 国立私立 受験者数推移 学校ランク A～D

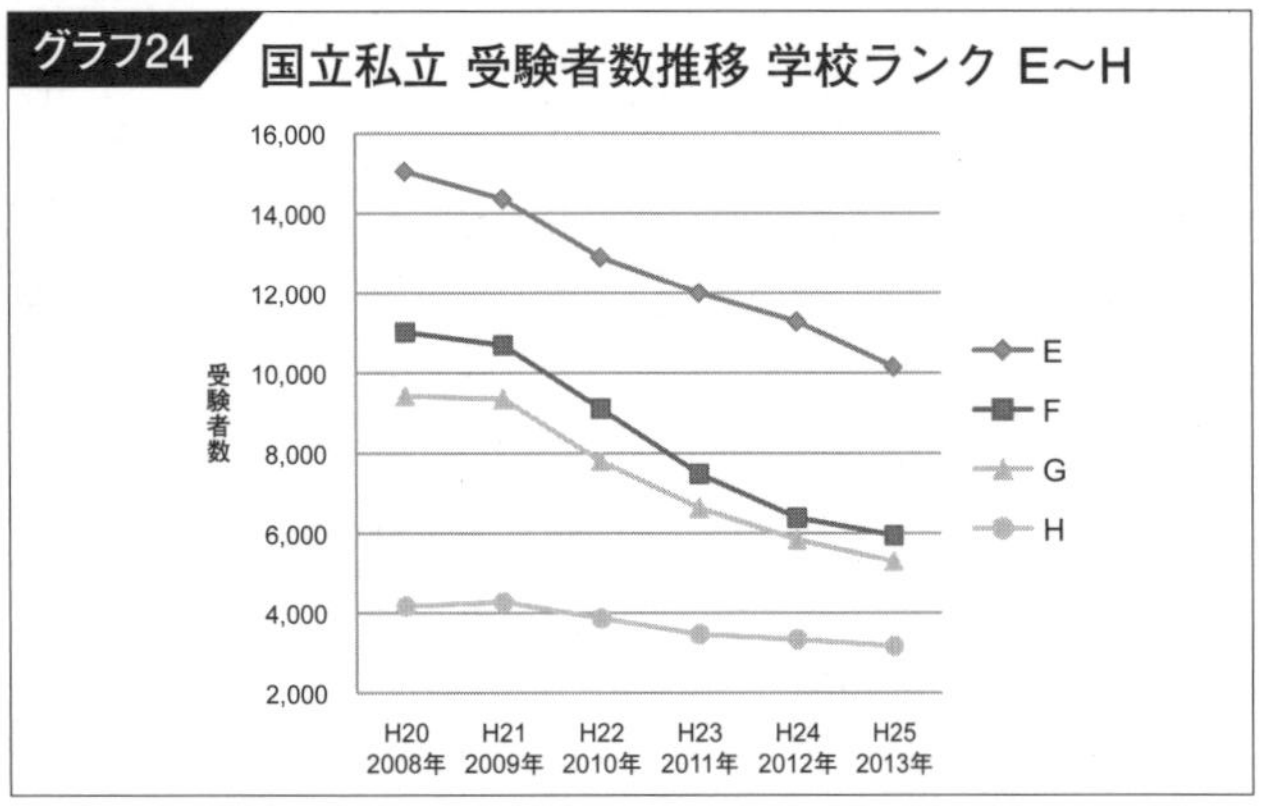

グラフ24 国立私立 受験者数推移 学校ランク E～H

翌年は逆に減少（または増加）します。そして、翌々年は増加（または減少）しますが、振れ幅は少しずつ小さくなって最終的には横ばいとなります。

もちろん、隔年現象だけが受験者数に反映しているわけではありません。今回の隔年現象は、男子校については起きていないので、サンデーショックが原因と考えられます。

2013年の入試では男子校・女子校・共学校とも、前年対比が100%に近いところまで戻る予測をしましたが、サンデーショックによる女子校と共学校の隔年現象はすでに2012年の時点で収束していたと考えたからです。

結果として、予測は外れましたが、そろそろ受験者数は減少から、横ばいまたは増加に転ずる時期となったことが考えられます。

C 学校ランク

（A～H・四谷大塚80％の学校偏差値でA65以上、B64～60、C59～55、D54～50、E49～45、F44～40、G39以下、H非エントリー校）

不況による受験者数の影響は学校ランクに最も顕著に表れています。

ここでは、2014年入試の受験者数予測も考えながら分析を行います。

1 受験者数推移

全体の受験者数の傾向は、2009年に増加したあとは、毎年のように減少してきました。

しかし、ここで興味深いのは、学校ランクごとの受験者数には傾向があることです。

〈グラフ23〉を見ると学校ランクA～Hでグラフのかたちがちがうことがわかります。A～Dランクでは2009年のサンデーショックの影響で明確に受験者数が増加しましたが、E～Hランクでは、減少、または横ばいで、その影響はほとんどないと思われます。リーマンショックによる不況の影響は2010年以降の受験者数に現れますが、A・B・Dランクでは受験者数の減少は少なく、Cランクでは受験者数は増加しています。

しかし、E～Gランクでは受験者数の減少は顕著です。全体としては、ランクの高い学校は受験者数の減少があっても少なく、低い学校は受験者数の減少が顕著になっています。

Hランクは四谷大塚のランクでは、

未来に向かって
大きくはばたけ

●学校説明会【予約不要】
14：00～15：15
9月28日（土）　11月30日（土）
10月26日（土）　12月 7日（土）

●文化祭
10月 5日（土）・6日（日）9：30～
入試相談コーナーあり

●体育祭
9月22日（日）9：00～

千葉日本大学
第一中学校

http://www.chibanichi.ed.jp

〒274-0063
千葉県船橋市習志野台8-34-1
電話 047-466-5155（代）

グラフ25 国立私立 受験者数推移 学校ランク A~D 2008年100%

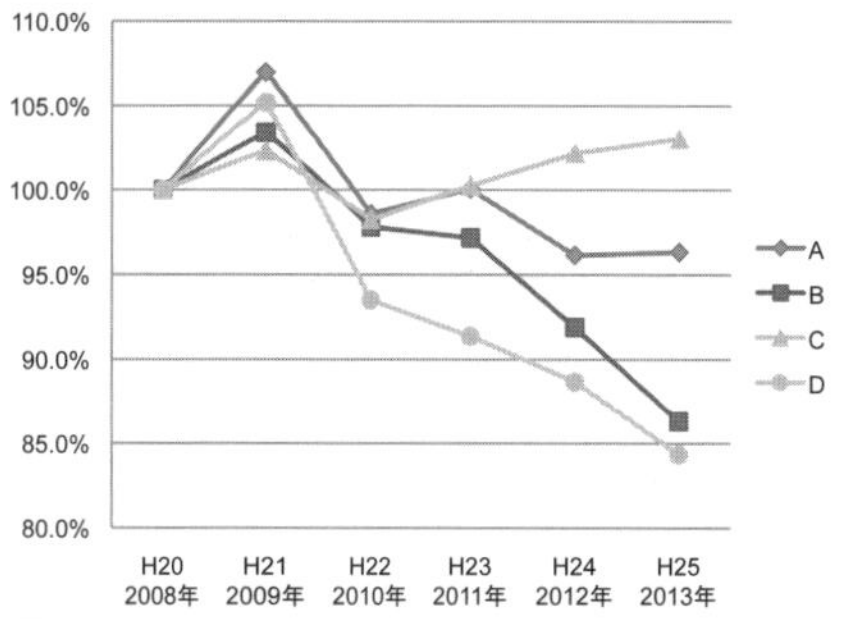

グラフ26 国立私立 受験者数推移 学校ランク E~H 2008年100%

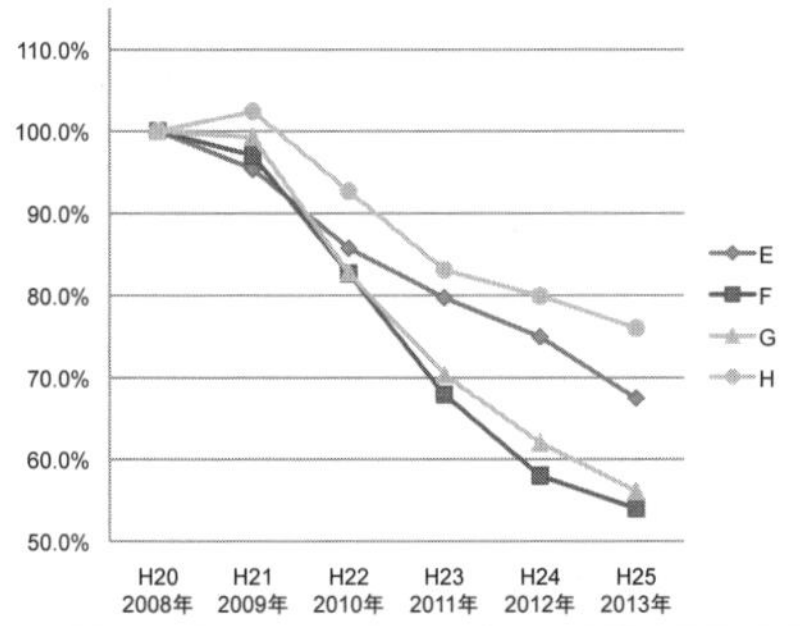

偏差値がつけられない非エントリー校という定義なので、ランクの高低にはあてはまりません。Hランクは受験者数が極端に少ない学校で特色のある学校も多く、生徒募集でも工夫をしているせいか、多少ではありますが2009年入試では受験者数は増加し、リーマンショックの影響は少なかったようです。

受験者数減少の原因となったリーマンショックは2008年9月に起こりましたが、翌年の2009年入試では、すでに何年も受験勉強を行ってきた難関校・上位校を志望校とする生徒は受験を諦めなかったということです。また、2009年は小6人口が前年よりも増加する年で全体的に受験者数は増加するはずでした。

2009年入試では、A～Dランクではリーマンショックの影響は少なかったようですが、E～Gランクでは受験者数が減少または横ばいで、リーマンショックの影響がありました。

2010年入試ではA～Hのどのランクでも受験者数は減少しました。

2011年入試では学校ランクの高いA～Cランクの受験者数は増加または横ばいで、D～Hランクは減少しました。受験者数が減少し、全般的に入試がやさしくなったことから、ランクの高い学校を志望校にした受験生・保護者が多かったことが考えられます。

2012年入試では、2011年で増加したA・Bランクの受験者数が隔年現象で減少しました。A・Bランクを敬遠した受験生がCランクに集まったのではないかと思われます。さらに、Cランクが増えた理由として、2012年入試では従来のD～Hランクの受験者がCランクに志望校を少しランクアップしたことも考えられます。

2013年入試では、2010年入試以降の傾向とほぼ同じで、B・D・E・Hランクの受験者数の傾向はこれまでと同じように減少し続けていますが、F・Gランクの減少幅は少なくなっており、A・Cランクは増加傾向でした。2011年までの減少傾向とは違ってきたようにも思えます。

2014年入試では、受験者数は景気の回復が明確になれば、受験者数は横ばいまたは微増となると思いますが、これまでのランクの傾向はつづき、難関・上位ランクは増加し、中下位ランクは減少する二極化の傾向は残ると考えられます。

2 2008年を100%としたときの受験者数推移

リーマンショック直前の2008年を100%として、2008～2013年の5年間に受験者数がどれだけ減少したかを**〈グラフ25〉〈グラフ26〉**で見てみましょう。

2013年の全体の計では84・3%で2008年の受験者数よりも約16ポイント減少しています。学校ランクごとでは、A96%、B86%、C103%、D85%、E68%、F54%、G56%、H76%と学校ランクが高いほど受験者数の減少は緩和され、学校ランクが低いほど減少が顕著になる傾向があります。

例外として、Cランクが2008年時よりも受験者数が増加しています。また、Hランクは、受験者数が極端に少ない入試や特殊な入試を行うために偏差値をつけられないのでランクの分析から除外します。

2009年の受験者数は、明確にランクの高い学校が増加し低い学校は減少する傾向が出ました。ランクの高いA～Eランクで増加しましたが、ランクの低いF・Gランクでは減少しました。

グラフ27 国立私立 受験者数推移 学校ランク A～D 2009年100％

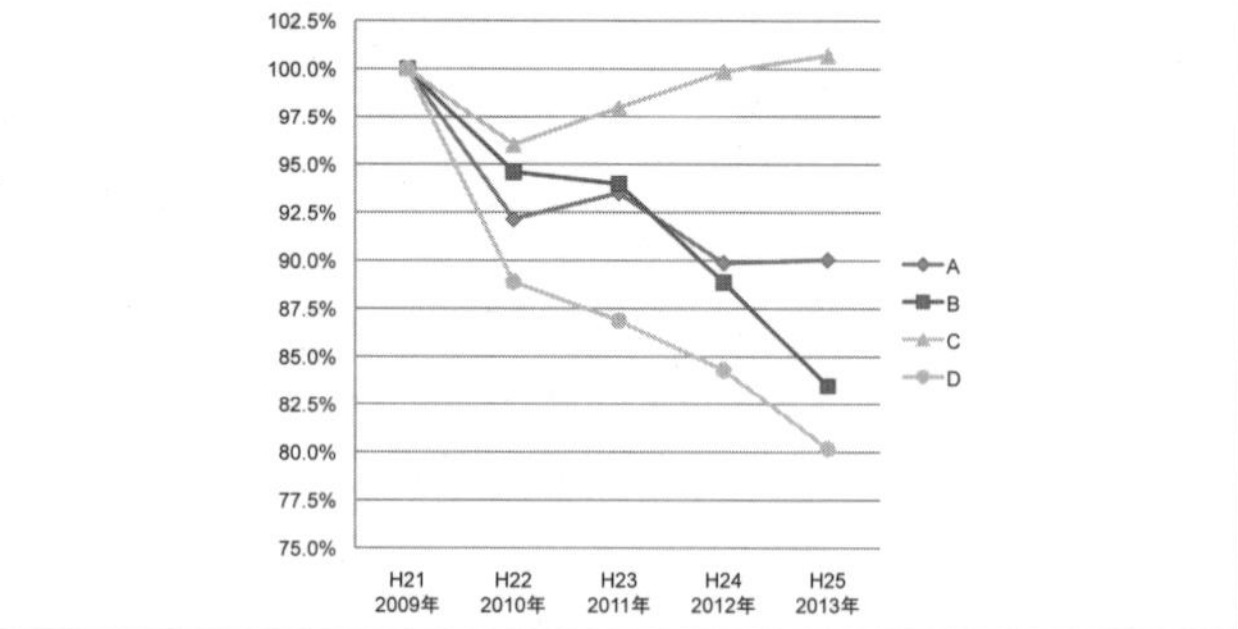

グラフ28 国立私立 受験者数推移 学校ランク E～H 2009年100％

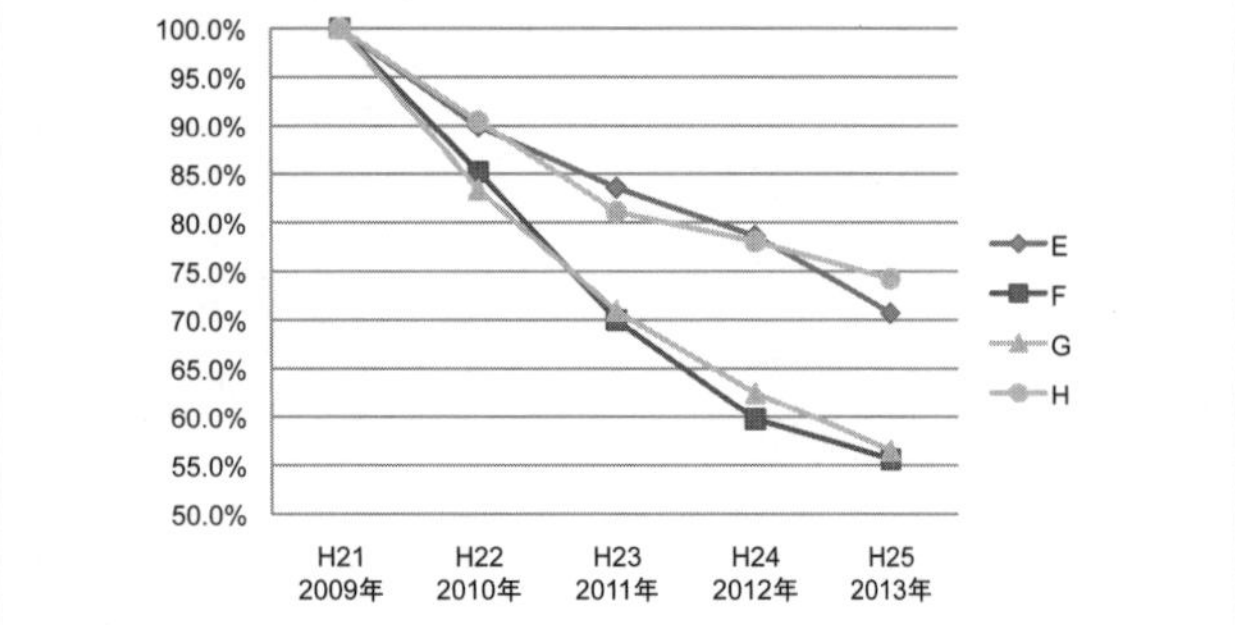

２０１０年は、不況の影響ですべてのランクで受験者数が減少しました。

２０１１年は、不況の影響がつづくなかでAランクとCランクに人気がでて受験者数が増加しました。

２０１２年は、不況の影響がつづくなか、Cランクだけが受験者数を増やす結果となりました。

２０１３年は、２０１２年よりも受験者数の減少傾向が緩和されました。

3 ２００９年を１００％としたときの受験者数推移

リーマンショック直後の２００９年を１００％として、２００９～２０１３年の４年間に受験者数がどれだけ減少したかを〈グラフ27〉〈グラフ28〉で見てみましょう。

２０１３年の全体の計では79％で２００９年の受験者数よりも21ポイント減少しています。学校ランクごとでは、A90％、B84％、C１０１％、D80％、E71％、F56％、G57％、H74％でした。

全体では17ポイントの受験者数の減少でしたが、FランクとGランクでは40ポイント以上も受験者が減少したことになります。

２０１４年入試では、全体の受験者数が横ばいまたは微増となる予測がありますが、ランクによる受験者数の二極化はさらに進む可能性も高いと思います。

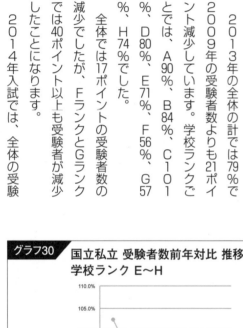

グラフ29 国立私立 受験者数前年対比 推移 学校ランク A～D

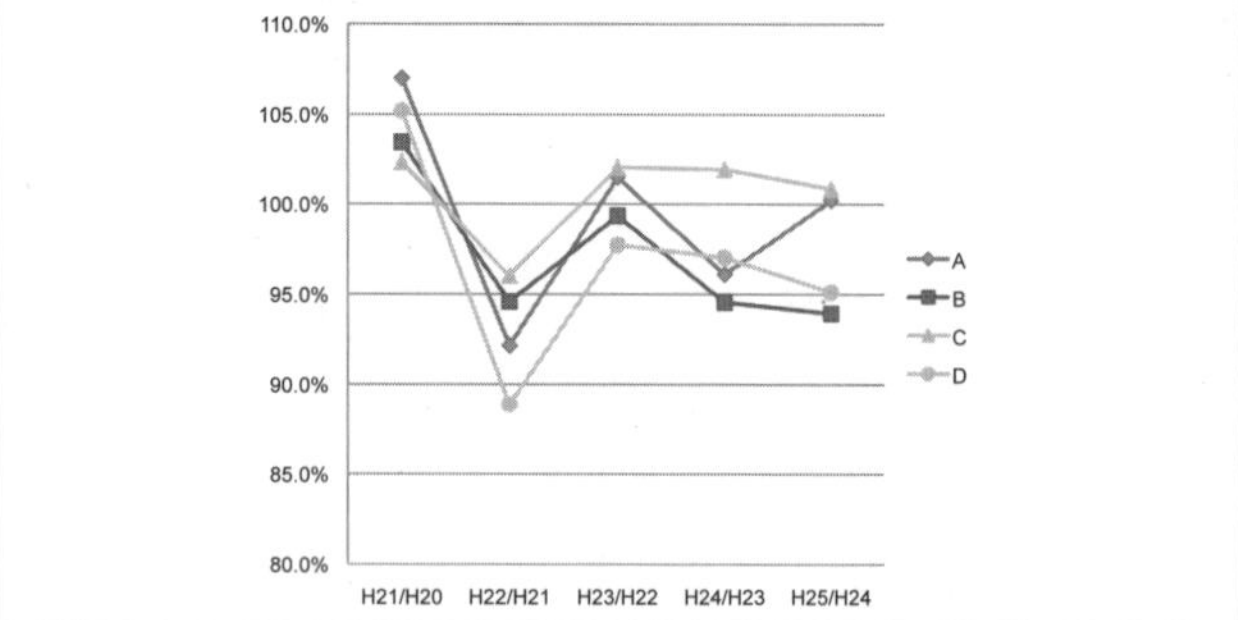

グラフ30 国立私立 受験者数前年対比 推移 学校ランク E～H

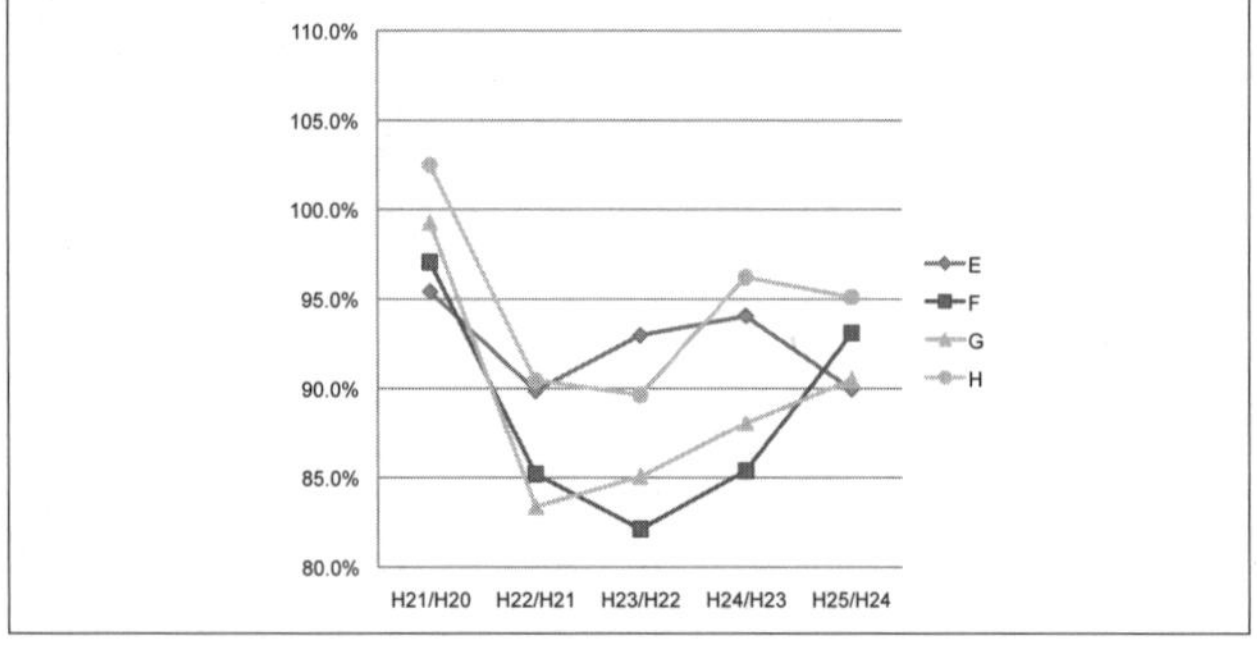

4 受験者数　前年対比推移

〈グラフ29〉〈グラフ30〉を見ると、Aランクには隔年現象があるようですが、E～Hランクにはないようです。B～DランクはH23／H22までは隔年現象が見られましたが、H24／H23では増減幅が少なくなって、隔年現象が無くなりつつあります。

難関・上位校には、隔年現象がある学校が多いとわかっている塾の先生でも、前年に合格倍率があがっている学校はすすめにくいそうで、つい合格倍率の下がった学校をすすめてしまうそうです。そのような志望校選択が多いため、結果として隔年現象となるわけです。

また、受験者数の減少は継続していますが、H22（２０１０年）に大幅な減少になってからは、H23（２０１１年）～H25（２０１３年）の前年対比は緩和され、H25（２０１３年）の前年対比は、A・Cランクが１００％、BとD～Hが90％～95％となり、２０１４年の受験者数前年対比が横ばいまたは微増となる根拠のひとつになっています。

◇◇◇◇◇◇◇◇◇◇◇◇◇◇◇◇◇◇◇◇◇◇◇

最後に

◇◇◇◇◇◇◇◇◇◇◇◇◇◇◇◇◇◇◇◇◇◇◇

この数年間は、リーマンショックに起因する不況の影響で、受験者数が減少しつづけています。

これまで、中学入試には不況はあまり影響しないと考えられてきましたが、バブルの崩壊で受験者数が減少したように、今回のリーマンショックでも同様に減少しました。しかも、受験者数が減少している学校は、学校所在地・学校種別（男子校・女子校・共学校）・学校ランクなどによって、減少する度合いが異なります。

もちろん、バブルの崩壊の例から考えても、このまま受験者数が減少しつづけるとは思えません。昨年の受験者数の分析からも、リーマンショックの影響が緩和される時期に来たというのがひとつの根拠です。その予測に矛盾点はないかを、所在地・学校種別（男子校・女子校・共学校）・学校ランクによる分析でも検証できました。

２０１４年入試では受験者数が減少傾向から横ばい傾向になるターニングポイントになることが考えられます。

昨年の受験者数予想では、２０１３年入試は、リーマンショックの影響から抜けだし、受験者数は横ばいになると考えました。というのも、不況の影響で受験者数が激減した「バブルの崩壊」時でも５年後に受験者数は横ばいになっていることや、２０１２年入試の分析で受験者数は減少から横ばいになる前兆も見られたからです。

しかし、２０１２年に起きた欧州危機や中国経済の低迷の影響でしょうか、２０１２年10月の大手模擬試験で志望校志願者数を分析した結果、受験者数は約３ポイントの減少となりました。

そして、２０１３年入試は、景気の悪化を懸念して、首都圏全体の受験者数前年対比は95・７％と受験者数は引きつづき減少する結果となりました。

首都圏の２０１４年入試は、どのようになるのでしょうか？　２０１４年入試では、公立小学校卒業生数が微増程度で影響は少ないので、受験者数の増減は、景気の動向によると思われます。景気が悪化すれば、受験者数は、さらに減少し、景気がよくなれば、受験者数は、増加に転じます。最近は景気が回復しているという報道がありますが、このままであれば、受験者数の減少は収束する前兆が昨年より多くでていることから、横ばいまたは微増になる可能性が高いでしょう。

しかし、急激な増加になることはありません。なぜなら、中学受験は２〜３年程度の準備期間が必要です。景気がよくなったからといって、急に、受験をしようというわけにはいきません。

http://www.toko.ed.jp

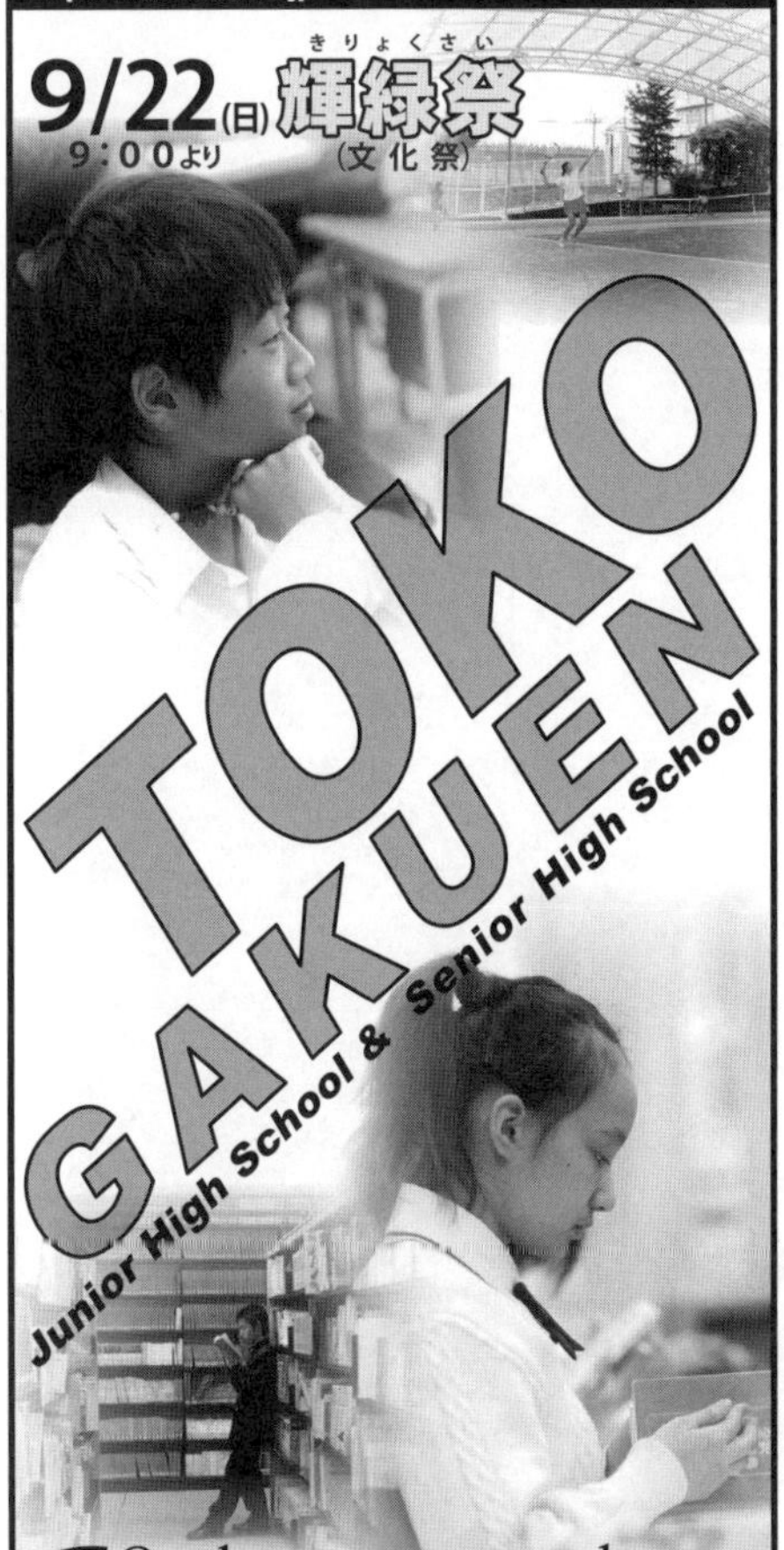

On the way to your dreams
桐光学園
中学校・高等学校
〒215-8555 川崎市麻生区栗木3-12-1
TEL.044-987-0519
●小田急多摩線栗平駅より徒歩約12分
●小田急多摩線黒川駅よりスクールバスにて約5分
●京王相模原線若葉台駅よりスクールバスにて約10分

平成25年度 中学校 学校説明会日程

第3回
10/11(金)
10:00〜11:20

入試説明会
11/16(土)
13:30〜14:50

帰国生対象入試説明会
12/7(土)
13:30〜14:50

平成25年度 中学校 生徒募集要項

	帰国生	一般 第1回	一般 第2回	一般 第3回
試験日	1/5(日)	2/1(土)	2/2(日)	2/4(火)
募集人員	男子若干名 女子若干名	男子 70名 女子 60名	男子100名 女子 50名	男子 50名 女子 30名
試験科目	国・算・英から2科目選択 面接	4科目(国・算・社・理)		

※指定校推薦枠が早稲田大学・慶應義塾大学等多数あります。
また、特待生制度や奨学生制度も充実しています。
詳細については、本校ホームページなどをご覧下さい。

明　正　強

「明るく、正しく、強く」

創立から80余年変わらない本校の校訓です。
約4万人の卒業生に脈々と流れる伝統を礎に、
今それを「明確に正義を貫く強い意志」ととらえ、
本校の教育の基本方針に据えました。
生徒たちと、次の10年そして100年にむけて、
“あたらしい「め」をひらき”大樹に育てていきます。

●学校説明会

10月26日（土）　在校生による学校紹介・施設案内
11月30日（土）　出題者による入試問題の傾向と対策、ワンポイントアドバイス
1月11日（土）　いまから間に合う説明会

※時間はいずれも13：45～15：15
※予約・上履きは必要ありません。

●三黌祭（文化祭）

9月28日（土）・29日（日）

※ミニ説明会（視聴覚室）・個別相談（図書室）あり
※予約・上履きは必要ありません。

[平成26年度入試要項]　特待生制度開始

	第1回	第2回
日程	2月1日（土）	2月2日（日）
募集人数	男女166名	男女100名
試験科目	国・算・社・理 各50分　100点	
発表	2月1日（土） HP・掲示	2月2日（日） HP・掲示
手続き	2月7日（金）正午まで	

アクセス

JR横浜線・小田急線「町田駅」、京王線・小田急線・多摩都市モノレール「多摩センター駅」、JR横浜線「淵野辺駅」の各駅から直行便および路線バス（急行・直行バスは登下校時のみ運行）

日本大学第三中学校

〒194-0203　東京都町田市図師町11−2375
電話 042−789−5535　FAX 042−793−2134　URL　http://www.nichidai3.ed.jp/

Nihon University Buzan Girls' Junior High School

日本大学豊山女子中学校

*豊山女子のポイント
☑日大付属校で 唯一 の女子中学校 礼儀作法・茶道 など特色ある女子教育
☑さまざまな経験ができる 校外学習 を 年6回 実施
☑高校に 都内唯一の理数科 を設置
伝統ある理系女子教育により 医療系に高い合格実績
☑14学部87学科を有する総合大学 日本大学へ推薦制度 あり
夢見るチカラが
育つ場所

入試日程

			募集人数	試験科目
第1回	平成26年	2月 1日（土）	70名	4科または2科 (国·算·社·理)(国·算)
第2回 (午後入試)	平成26年	2月 2日（日）	20名	2科 (国·算)
第3回	平成26年	2月 3日（月）	50名	4科または2科 (国·算·社·理)(国·算)
第4回	平成26年	2月 5日（水）	20名	4科または2科 (国·算·社·理)(国·算)

※ 詳細は募集要項でご確認ください。

秋桜《コスモス》祭（文化祭） ● 9:00～15:00

平成25年 **9月21日(土)・22日(日)**

※ 入試コーナーを両日開設（10:00～14:00）※予約不要

学校説明会 ● 10:00 本校 保護者·受験生対象

平成25年 **10月26日(土)・11月23日(土)**

12月 7日(土)

平成26年 **1月11日(土)**

※ 説明会終了後に個別面談・施設見学ができます。 ※ 予約不要・上履不要
※ 学校見学は随時受け付けています。事前に電話予約をお願いします。

〒174-0064 東京都板橋区中台3丁目15番1号 TEL·03-3934-2341

http://www.buzan-joshi.hs.nihon-u.ac.jp/ 日大豊山女子 検索

access
● 東武東上線「上板橋」駅下車 ………… 徒歩15分
● 都営三田線「志村三丁目」駅下車 …… 徒歩15分

赤羽·練馬より スクールバス運行
赤羽駅 ←→ 本校バスロータリー 15分
練馬駅 ←→ 本校バスロータリー 20分

富士見の教育
～考え、学び、成長する日々～

「生きる力」を身につける

本校では1989年に選抜クラスを設けましたが、生徒たちの人間関係がぎくしゃくするなど、弊害が目立つようになりました。そこで、2003年にフラットなクラス編成に戻したところ、「みんなで頑張ろう」という空気が生まれ、進学実績もかえって向上し、生徒達も明るく元気になりました。

本校ではこのフラットなクラス編成が一定の成果を上げたもとの判断し、昨年度から学習システムそのものを見直しました。その大きなポイントは、新学習指導要領に合わせ、一人ひとりの進路希望を満たせるようなカリキュラムにしたことです。

高1までの4年間はすべての生徒が同じカリキュラムで学びますが、中学校では英数国の三科をより充実させながら、芸術科目の時間数も増やしました。教養を幅広く、自分のものにすることで、人としての基礎、土台を広く強くし、真の意味での「生きる力」を身につけてもらいたいのです。そして文・理を選択する学年を、これまでの高1から高2に引き上げました。これにより教養をしっかり身につけ、自分の将来の目標がより明確になると考えています。

人間としてより大きな成長を

富士見は選抜コースを設けることなく、ごく普通の学校らしい学校でありたいと考えています。それは、行事やクラブ活動、委員会活動を通して生徒達が活躍する場面がたくさんあること、そして生徒達が「今を精一杯生きる」ことを原動力として「未来へのモチベーション」を高めていくところにあると考えています。

体育祭の閉会式では生徒全員が肩を組み、校歌を大きな声で歌うのも富士見の伝統です。生徒と共に教員も一緒に行事を楽しみます。体育祭や競技会では複数の教員チームが生徒とリレーで競います。校長や教頭も走ります。

また成人の日には学年の8割もの生徒が母校に集まってきます。学校が招待しているのではなく、卒業生から自然と幹事が名乗りをあげ、自分たちで企画します。こんなところにも、生徒の一体感と富士見生の母校への愛着を感じ取っていただけると思います。

生徒達は多感な中高生時代に様々な成功体験や失敗体験を積んで成長していきます。自己肯定感を育みながら自分の未来像を描いていきます。勉強もやるけど、クラブや行事にも精一杯取り組む、それが富士見生であり、富士見の教育です。

School Data

富士見中学高等学校

〒176-0023
東京都練馬区中村北4-8-26
Tel 03-3999-2136
Fax 03-3999-2129
http://www.fujimi.ac.jp

燃えよ！価値あるものに

Be inspired

学校見学会・説明会日程

内容	日付	時間	対象
オープンスクール	11月 9日(土) ※予約優先	14:00〜17:00 ※時間内いつでもどうぞ	児童・保護者
薔薇祭(文化祭)	9月28日(土) ※相談コーナー+校内案内ツアー	10:00〜15:00	児童・保護者
	9月29日(日) ※相談コーナー+校内案内ツアー	9:00〜15:00	児童・保護者
学校説明会	9月14日(土)	14:00〜16:00	児童・保護者
10:00からの回では給食の試食(有料)ができます。	10月19日(土)	10:00〜12:00	児童・保護者
	11月 1日(金) ※夜の学校説明会	19:00〜20:30	児童・保護者
中学見学会	11月16日(土)	14:00〜15:30	児童・保護者
	12月21日(土)	14:00〜15:30	児童・保護者
	1月18日(土)	14:00〜15:30	児童・保護者
帰国生のための説明会	10月 5日(土)	14:00〜16:00	帰国生・保護者
入試説明会 両日とも同じ内容です	11月27日(水)	10:00〜12:00	児童・保護者
	12月15日(日)	10:00〜12:00	児童・保護者
	12月15日(日) ※適正検査型入試説明会	14:00〜16:00	児童・保護者
入試体験会	1月11日(土)	14:00〜16:00	児童・保護者

各回とも、本校の概要や授業の特色、入試についての説明を行います。回により受験生には、体験授業を用意しています。説明会内容や体験授業のメニューは、ホームページでご確認ください。事前予約・お問い合わせは電話・FAX・Eメールのほか、ホームページからも受け付けます。

文化学園大学杉並中学校

〒166-0004 東京都杉並区阿佐谷南3-48-16 TEL.03-3392-6636 FAX.03-3391-8272
www.bunsugi.ed.jp E-mail:info@bunsugi.ed.jp

15 海《かい》城《じょう》中学校

新しい紳士を育成する
グローバル教育部の取り組み

2012年、グローバル化に対応できる力を高める教育を充実させるため、海城中学校にグローバル教育部が新設されました。教育改革を進めてきた海城中学校が、これまでの教育をさらに進化させたグローバル教育部の活動について、グローバル教育部部長春田裕之先生、副部長岡崎行則先生にお話しをうかがいました。

次代の要請に応えるグローバル教育部

海城中学校では、85名の高校募集を停止する代わりに2011年度から帰国生入試を導入しています。帰国生は1学年30名の受け入れです（定員320名）。海城の共生教育の理念のもと、一般の入学生と同等に8クラスに振り分けられ、英語を含めた同一の授業を受けることになります。

昨年、そうした帰国生への学習支援のために設立された「帰国生支援室」を発展させるかたちで「グローバル教育部」が開設されました。

「グローバル教育部」の使命は、これまでの帰国生の支援だけにとどまらず、一般入試での入学生にも海外に目を向けさせ、グローバル社会で活躍する人材を育成することです。そんな「グローバル教育部」の取り組みについて見ていきます。

1　帰国生の支援

帰国生入試で入学してくる生徒は多様なバックグラウンドを持っています。そうした生徒たちの現状把握とバックアップのため、中学1・2年生では頻繁に面談が行われています。生徒本人には、必要に応じて随時面談が行われ、保護者とも年に2回の面談が設けられています。

2　海外研修の充実

現在、海城の海外研修制度には、中学3年生でアメリカ・バーモント州の姉妹校を訪れる約10日間のものと、高校1・2年生が約2週間イギリス・モーバンを訪れるものの2つがあります。どちらも希望制で30名の定員ではありますが、中学校の方で70名以上、高校の方でも100名以上の応募があるほど、大変人気を博しています。

この海外研修が生徒の知的好奇心を大いに刺激しているそうです。

「将来アメリカの大学に進学したいという生徒や、高校在学中に留学したいという生徒のほとんどが、この海外研修を経験した子どもたちです。こうした海外での経験が相当な刺激になるようです。このため、同様の機会拡充を検討しています」（春田先生）

グローバル教育部　部長
春田 裕之 先生

3　在学生の留学支援

昨年から、在学生の留学を支援する制度が新しく設けられました。これまでは1年間の留学をした場合、休学扱いとなり、日本に帰ってきても、また元の学年に戻る必要があったのですが、1年の留学にかぎり、留学中に取得した単位（36単位）を認定し、帰国後進級した学年に戻ることができるようになりました。

ただ、だれもがこの制度を利用できるわけではないところに海城の厳しさがあります。学習状況が芳しくなければ、留学自体も認められません。また、現地での成績によっては、原級留置措置となることもあります。

この制度を利用し、昨年8月から留学し、戻ってきた生徒もいます。

4　海外大学進学の支援

近年、海外の大学への進学を志望する生徒が出てきたことから、グローバル教育部でも早急に支援態勢を整えています。

「海外の大学への進学者数を強引に増やそうという気持ちはありませんが、社会情勢がそのようになってきています。希望する生徒のために、書類の作成などを含めてできるだけ協力していくということです」（春田先生）

「日本の大学とは違い、海外の大学に進学するためには、社会との接点を持った活動をしているということが重要になってきます。つまり、これまでどんなことをしてきたかが問われますし、推薦状にはそうしたことを書きます。今年アメリカの大学に進学する生徒は、高1～2の間に模擬国連に参加していました。

そうした活動への参加機会を与えるようなことも今後行っていきたいと思っています」（岡崎先生）

今年の2月に開かれた、中1～高2までを対象にした海外大学進学講演会では、20～30人の参加者を想定していたそうですが、300人もの親子が参加したそうで、海外の大学進学に対する注目度の高さが現れています。

グローバル教育部　副部長
岡崎 行則 先生

5　英語教育の充実

中学生の希望者を対象にしたネイティブ教員が行う英語の特別講座が行われています。これは英検準一級レベルの生徒に対し、英語を使って理科や社会の勉強を週1回80分で行うものです。

「学年で曜日を分けて行っています。英会話のように、ただあいさつをするのではなく、英語で自分の考えを発信する力を維持、発展させるというのがコンセプトです」（岡崎先生）

また、今年から、中2の希望者を対象に菅平でネイティブ教員による2泊3日の英語漬けの合宿が行われます。10人のグループにひとりのネイティブ教員がつき、すべて英語で生活するほか、簡単なスキット（寸劇）を作り、自分たちで発表することを最終目標としています。

そのほか、高3のライティングの授業はネイティブ教員とチームティーチングで行われ、ただ日本語を英語に訳すのではなく、自分の考えを英語の論理構造を持って表現できるように指導が行われています。

6　国際的な視野の育成

リベラルアーツ教育の推進として、今年度は外務省職員による講演会や、アジアを中心に海外展開をしている企業の人事担当者による講演などが予定されています。また、国際バカロレア校や、教育再生実行会議で話題となっているスーパーグローバルハイスクール（仮称）などの新しい動きに対しても積極的に情報収集し、研究を行っています。

「今後、学校のなかでの帰国生の割合が増えてきます。海外大学への進学も増えてくるでしょう。それに対して、まだ我々の対応は不十分ですから、組織として専門的に指導できるような体制を整えていきます」（春田先生）

こうした海城の教育は、いま新たなステージへとさらなる進化を続けています。

海城中学校
東京都新宿区大久保3-6-1
TEL　03-3209-5880
URL　http://www.kaijo.ed.jp/

説明会日程

《一般入試》

日程	時間	定員	予約受付開始
9月14日（土）	13:00～16:00	個別相談会（学園祭:見学自由）	予約不要
9月15日（日）	13:00～16:00	個別相談会（学園祭:見学自由）	予約不要
10月８日（火）	10:00～	400名	※
10月９日（水）	10:00～	400名	※
10月10日（木）	10:00～	400名	※
10月19日（土）	13:30～	400名	※
10月26日（土）	13:30～	400名	※
11月16日（土）	13:30～	400名	※

《帰国生入試》

日程	時間	定員	予約受付開始
10月12日（土）	10:00～	400名	※

※申し込み、申し込み方法、予約開始日時は決まり次第HPに掲示

合格をめざす「あと100日」のラストスパート

Fight!
受験まであと100日

あと
100日!

入学試験まで、残すところあと100日となりました。入学試験が迫ってきていることを実感されている時期だと思います。しかし、焦ることはありません。この「100日間」でできることはたくさんあります。そして、100日のラストスパートによって「合格」を勝ち取ることは、だれにでも可能なのです。さあ、「あと100日」の過ごし方をいっしょに考えてみましょう。

「あと100日」は短い時間ではない

「あと100日」と言われたとき、どんなことを考えるでしょうか。たんに「100」という切りのよい数字であるのですが、10月末から来年の入学試験の日まで、まだ3カ月もあるのです。この期間は、けっして短いものではなく、計画的に過ごすことにより、入試結果にも大きくプラスに作用することのできる期間なのです。

各進学塾でも、この100日を大きな節目ととらえ、「入試まで、あと○○日」と大きく掲示されたりもします。それは、どうしてなのでしょうか。けっして、残された日数をカウントダウンすることだけに意味があるのではなく、まだまだ間に合う、するべきことは多いと受験生を励ますために掲示されているのです。

なによりも重要なことは、入試までの日数を具体的に受験生ご本人が意識する効果があります。中学受験をするお子さんは、なんといってもまだ12歳という年齢です。どうしても受験生としての意識が実感として感じられない場合が多いのではないかと思います。そのため、入試までの日数という具体的な数字を意識することで、学習への心がまえを改めて見直すきっかけにもなるのです。

そこで、受験生のご家族としては、この「あと100日」という数字を、「もう100日しかない」ととらえるのではなく、「まだ100日もある」と前向きに考えていただきたいのです。周囲の前向きな姿勢は、かならずお子さんにも伝わり、焦ることなく「あと100日」を有意義に過ごせるのです。

この周囲の温い応援は、なによりの力となります。「合格」に向けての最大のアシストが、ご家族の応援なのです。

〜勉強編〜 「100日」でできること

その短くない「100日」ですが、この期間でできることは少なくありません。一人ひとりの受験生は、これまで中学受験をめざしてそれぞれ努力してきたはずです。暑い夏にも夏期講習でがんばり、遊びたいさかりなのに塾での勉強もつづけてきました。そんな受験生のみなさんにとって、最後の「100日」での学力伸長、合格に向けての総整理によって、結果として合格に結びつけていくことが可能であることを強調したいと思います。

具体的にいえば、この「100日」では、合格力をつけていくことが大きな目的です。これまでの学習を整理し、入学試験で持てる力を存分に発揮できる学力としていく「100日」とするべきです。

競争試験である入試を突破するためには当然のことのように思えますが、まだ小学校6年生である受験生にとってはかならずしも「合格力」をつけることは容易ではありません。力を有しているものの、それをだしきれずに残念な結果となる場合も少なくありません。一方、それまでは安定しない学力だったのに、この「100日間」の努力によって、見事に合格を勝ち得る場合も多いのです。

では、100日間で身につけるべき合格力の中身とはどんなものなのでしょうか。それは、各人が合格するためにはなにが必要かを正しく認識し、かぎられた時間を効果的に活用して、現実的に入試で得点を伸ばせる学習をたゆまずつづけることに尽きます。

その学習を具体的にあげてみると、つぎのような内容となります。

第1は、これまでの学習の「総まとめ」です。夏期講習や塾の授業でも習ったことの総復習はしてきたことでしょう。それを、改めて自分自身の学習のなかで、きちんと確認し直すことが、「点数の伸びる総まとめ」となるのです。

これは、けっして新しい知識を増やすこととはちがいます。もちろん知識が増えることは好ましいことではあるのですが、それ以上に大切なことが、すでに習った内容を確実に整理して具体的な問題に対応して使えるものであるかどうか確認することです。

それらは、きわめて基礎的で、内容としてやさしいものである場合も多いでしょう。入学試験の問題は、一見、むずかしそうに見えても、じつは基礎・基本を組み合わせて出題されることが多いのです。各校とも、しっかりした基礎学力を有している受験生を選抜するために入学試験問題を工夫しています。いたずらに難解な出題を避け、しっかりした基礎学力のある受験生を選抜したいのが本音なのです。

第2は、「入試に対応した実践的な得点力」をつけることです。入学試験は、純粋に点数によって合否が決定されます。ある意味で非情な世界ですが、見方を変えれば公平な競争が担保されているとも言えます。

点数を競うという面では、持てる学力をどこまで点数に結びつけることができるかということです。学力はあるのに点数がとれないということでは残念です。この「100日間」では、試験で得点がとれる実践的学力の養成が大切になります。

「過去問」の活用が合否を決する

さて、「基礎の総まとめ」と「実践的な得点力」という2点を、ともに満たす学習実践において重要なのが、各校ですでに実施された「過去出題問題（過去問）」の活用です。

ほとんどの学校で過去の出題問題が公表されています。それは、入学試験問題は、ある意味で学校からのメッセージであり、どんな生徒がほしいのか、入学後、どんな授業が展開されていくのかを端的にしめすのが入学試験問題ともいえるからです。

中学受験における「過去問」の重要性は多くのかたが実感していることと思います。大切なことは、「過去問」をなぜ解くのかということの本質をつかむことです。入試問題が

『真のリーダーシップ』を育む
入試説明会日程 10/25（金）19：00～ 1/10（金）10：15～
オープンキャンパス 10/19（土）10：00～ 11/23（祝） 9：00～ 12/ 7（土）10：00～
学院祭 9/14（土）10：00～16：00 9/16（祝） 9：30～15：30

玉川聖学院 中等部・高等部
〒158-0083 東京都世田谷区奥沢7-11-22 ☎03-3702-4141
http://www.tamasei.ed.jp

学校からのメッセージである以上、各校ごとに入試問題に特徴があります。それは、各校とも異なった校風であることと同じなのです。設問の形式、解答方法、解答用紙の形状、出題ジャンル、難易度など、それぞれ異なっています。それが各校の個性ともいえるものです。

まず「過去問」にあたる目的は、そうした各校の個性を正しく把握することにあります。事前に受験校の問題の特徴を知っておくことは、入学試験における得点を伸ばすことにつながるばかりでなく、実際の入試において落ちついて問題に取り組むことができるというメリットがあります。

ちょっとしたことが得点に大きな影響をおよぼすのが中学入試の特徴ともいえます。その意味でも、出題傾向や出題形式を知ることは大切になります。

「過去問」の重要性は各所で強調され、各進学塾においても志望校の「過去問」にあたっておくことを指導しているので、どの受験生も「過去問」を勉強しているといえるでしょう。その「過去問」をより有効に活用して、「総まとめ」と「得点力」をつけていきたいものです。

「得点力」をつける「過去問」利用7つの重要ポイント

①計画的に「過去問」にあたる

中学受験において「過去問」が大きな比重を占めるものだからといって、残された100日の間、「過去問」ばかりに学習のすべてを費やすのは効果的とはいえません。というのも、ある特定の1校に限定したとしても、4教科校であるなら、国語・算数各50分、社会・理科各30分と仮定しても合計160分です。科目間の休憩時間を考慮すれば、ある年度の問題を解くだけでゆうに3時間以上を要します。

しかも、受験校は各受験生ごとに微妙に異なりますので、「過去問」演習は、進学塾でいっせいに実施することはむずかしく、各家庭において演習を進めるのがふつうです。そして、第1志望校だけではなく、併願校についても「過去問」演習をしておく必要があります。

このように考えていくと、「100日」というかぎられた時間のなかで、どのように「過去問」をこなしていくかは、非常に重要な課題であり、計画的に進めていかなければなりません。この計画の面では、受験生ご本人の手にはあまるものがあります。ぜひ、ご家庭でお子さんと相談しながら、「過去問」演習計画を立てていくことをおすすめします。

計画を立てる前提として、過去どのくらいまでさかのぼるかが問題となります。時間にかぎりがあり、かつ併願校の過去問もありますから、単純にできるだけ多くの年度の問題にあたればいいとも言えません。

学習の進度や学力などに応じて個人差はありますが、ひとつの標準として、第1志望校は過去5年ぶん、併願校は過去3年ぶんをめどとしてあたってみるといいでしょう。そして、さらに余裕があるなら、これに加えて演習し、時間的にむずかしい場合には、年度を少し減らすなどの調整をしてみましょう。

また、各校の過去問をどの順で解くかですが、直近の問題（昨年度）は最後の方に残しておいて、古い年度から順にこなしていく方法が一般的です。5年分の間に少しずつ出題傾向や難易度が変化している場合もあります。直近の問題は最終的な「総まとめ」として活用するといいでしょう。

そして、演習にあたっては、科目ごとの解き方や1日の日程にも工夫が必要です。とくに第1志望校の演習においては、土曜日や日曜日などまとまった時間がとれる日に、できることなら実際の入学試験と同じ時間帯でやってみることも有効です。

しかし、併願校が複数ある場合などには、すべての「過去問」演習を実際の入試に合わせて実施することはできないでしょうから、科目ごとに別の日程で計画して徐々に進めてもいいと思います。

大切なのは、やみくもに数多く「過去問」にあたるのではなく、きちんとした学習計画を立てたうえで着実にこなしていくことです。

②正確に時間を計り解答用紙にも注意

「過去問」演習は、できるだけ実際の入試に近づけてやってみることに意味があります。とくに問題を解く時間は実際の入試と同じ時間を計って実施すべきです。入試は無制限に時間があるのではなく、制限時間があるからです。実際の入試において、「もう少し時間があればできたのに」ということは、しばしばあります。時間の使い方を身につけることも「過去問」演習の大きな目的です。

この時間を計るのは、お家のかたが協力してもいいでしょう。ストップウォッチやタイマーなどで正確に計ってあげてください。また受験生は、実際に試験場に持ちこむ腕時計などを使用して経過時間を知る練習もしておくべきでしょう。

さらに、忘れがちなことですが、「過去問」演習においては、解答用紙をできるかぎり実際の入試と同じ形状、サイズで行うように準備してあげてください。市販されている入試問題集の場合、編集の都合から、実際の解答用紙が縮小されている場合も少なくありません。

近年は、各科目とも記述式解答を求められる問題も多くなってきています。算数の解法や式、図などを応える問題もあります。このような場合、解答欄のスペースに合わせて解答しなければならず、実際の解答用紙と同一であった方が、より効果的な演習となります。

③問題を解いたあとが大切

問題を解き終えたあとは、速やかに採点をしてみましょう。お子さんは、どうしても得点が気になることでしょう。それは無理からぬところです。しかし、大切なのは、数値としての得点より、答案の内容です。

入試では、けっして満点が要求されているわけではありません。多くの学校が60～65%程度の得点が合格ラインとなっている場合がほとんどです。市販されている入試問題集では各年度の合格最低点もしくは推定合格点が記されていますので、参照してみてください。

この合格最低点ラインは、じつは多くの受験生が正解している問題を確実に得点できてさえいれば到達できるものです。

そして、それらの問題の内容は、基礎・基本をきちんと理解していれば正解に到達できる問題であることが多いのです。いわゆる難問といわれるような問題は正解できなかったとしても、基礎・基本をきちんとおさえることで合格点に到達できるのです。

したがって、「過去問」を解き終えたあとには、難問ができなくてもあまり気にせず、基礎・基本の問題についての到達度を確認するようにしましょう。ちょっとしたミスやかんちがいで失点していることも少なくありません。

「やさしい問題」を大切にして、合格できる得点をマークできるよう心がけてください。

④「2段階採点」でやる気を喚起

「過去問」の採点は、できるかぎり保護者のかたが協力していただきたいと思います。その際、ご家庭で演習するからこそのメリットのある採点方法をご提案したいと思います。

それは、「2段階採点」です。1回目はごくふつうの採点で、実際の入学試験と同等のものを赤ペンで採点します。厳格に小さなミスも減点して得点を集計します。

そして、2回目は緑色のペンで採点します。この緑色のペンでの採点においてはお子さんの状況をプラス方向に加味した採点に徹します。単純なケアレスミス、たとえば正しい答えがでていたのに解答欄には書き誤った場合、転記ミス、些細《ささい》な誤字などでの失点については○として、採点するようにします。

お子さんによっては、求められている意味をかんちがいして、問題の本質は正しくとらえているのに、解答段階で誤ってしまったという場合もあるでしょう。こうした場合にも2回目の緑色採点では、得点を与え

《平成 25 年度　学園説明会等のご案内》

■ 学園説明会　10/26（土）　14：30～16：30（予約不要）

■ 茗渓学園美術展　10/1（火）～10/6（日）　9：30～17：00

会場：つくば美術館

茗溪学園中学校高等学校

www.meikei.ac.jp　入試関係 entry@meikei.ac.jp　説明会等 kouhou@meikei.ac.jp

〒305-8502　茨城県つくば市稲荷前 1-1　TEL 029-851-6611（代）

るか、配点の半分を得点とするなどのプラスをしてもいいでしょう。

この2回目採点は、けっしてお子さんを甘やかすための加点採点ではありません。たとえ失点しているとしても、本来なら得点できた部分が具体的にどの程度あるのかを現実として認識してもらうために有効なのです。もし、そうした小さなミスがなかったなら、得点がどのように変化するのかを、現実に自身の答案で知ったとき、つぎにはそうしたミスをしないようにしようという意識が自然に芽生えてくるからです。

たんに「ケアレスミスをしないように」と注意しても、なかなかミスは減りません。しかし、この緑色採点のように具体的に指摘されたとき、受験生のモチベーションは目に見えて向上するものです。

実際の入学試験においても、各校で採点にあたっている先生がたのお話では、合否ラインの1～2点という僅差の部分に非常に多くの受験生がひしめいているといいます。この1～2点というのは、4教科もしくは2教科の合計点でのことですから、各科目における1点、2点の差というのは、いかに大きな比重を占めるものであるかがわかります。

ご家庭で演習する「過去問」をつうじて、ケアレスミスを防止し、基礎・基本を着実に復習していくことで、実践的な合格力を培うことが可能となるのです。

⑤「過去問」の復習は速やかに短時間で

「過去問」は解くだけではなく、内容を復習することが重要であるのはいうまでもありません。誤った部分はなぜ正解にいたらなかったのか、ミスをした反省と確認は、できるだけ速やかに行ってほしいものです。

しかし、復習が大切とはいえ、かぎられた時間のなかですので、なるべく短時間ですませるようにしたいものです。完璧を期すあまり、時間をかけすぎてしまうことは得策ではありません。

復習の時間を節約するためにも、解いてから何日も経てから反省・復習をするのではなく、できるなら問題を記憶している、その日のうちに短時間でいいので復習を終えてしまうようにしましょう。問題を解いたまま放置することなく、「過去問」を活用して、実践力をつけることと、基礎の総まとめを同時にこなすことが重要です。

⑥「復習ノート」をじょうずにつくろう

「過去問」の復習過程において、より効果的に学習を進めていくひとつの方法が「復習ノート」を自作することです。

基礎・基本が重要であることは、これまでも述べてきましたが、そのことをかたちとしてきちんと残していくことで、自分の弱点を知り、つぎに同様の問題に直面したときに、確実に得点できるようにする工夫が自作の「復習ノート」です。

とくに決まったかたちがあるわけではないのですが、過去において「復習ノート」で効果があったというみなさんの多くが、単純なかたちのものをつくっていました。

各科目ごとに1冊のノートを用意します。ノートを見開きで使用し、左側ページに問題、右側ページに解き方と解答を記入するという簡単なものです。これらは、かならずしも手書きで転記する必要はなく、問題をそのまま切り取って貼りつけたり、コピーを貼ってもいいでしょう。短時間で、誤った部分を自分なりの方法でいいので整理していくことに意味があります。

そして、この「復習ノート」は、つくることだけに意味があるのではなく、後日、見直したり、同じ誤りが繰り返されていないかどうかを確認したりすることが大事です。右側ページを隠せば、自分専用の問題集として利用することもできます。

少しやってみると、自分で工夫してまとめる方法を編みだすことができるようです。

⑦「過去問演習」でモチベーションアップを

「過去問」をこなしていくことで、着実に得点力はつき、基礎・基本の総まとめができていきます。お子さんは、どうしても得点が気になるでしょうが、点数はあまり気にしないように、ご家庭のみなさんはアドバイスしていただきたいと思います。

計画を立てて「過去問」をこなしていくという事実そのものが、じつは合格に近づいているのです。

「何年ぶんをこなした」「復習ノートをつくった」という小さなことであっても、それを意識することでモチベーションアップにつなげていっていただきたいと思います。

「過去問」演習の計画表をつくったり、解き終えたものをラインで消していくなど、実践を目に見えるかたちにすることも、モチベーションをあげることにつながるでしょう。

ともすれば、無味乾燥にもなりがちな「過去問」演習を、ぜひ、ご家族のみなさんの協力によって、つぎへの「やる気」の源泉となるようなアシストをお願いしたいものです。

〜生活編〜

体調管理は「朝型」への移行から

入学試験は、一般に午前中、それも朝に開始されるのが通常です。つまり、午前中から頭脳がフル回転するように体調を整えておくことが大切です。

受験生の場合、どうしても夜遅くまで勉強しているため、朝に弱くなる生活となりがちです。それは仕方のない面もあります。

しかし、入学試験のおよそ1カ月前くらいをめどに、身体と脳を朝型に移行する努力をしていきましょう。一挙に早起きをするのではなく、毎日、少しずつ就寝時間を早め、それに合わせて少しずつ早く起きるようにして、無理なく朝型の生活にすることが理想です。

そのためには、ご家庭の協力が不可欠であり、お子さんにプレッシャーをかけずに、自然に朝型への移行ができるよう手助けをしてあげてください。

そして、朝はたんに早く起きるだけではなく、起きてから短時間でよいので頭を働かせるようにしてください。算数の計算問題や1行問題を少しだけ解いたり、漢字練習、社会科の知識事項の確認といった、短い時間でできる学習を前もって用意しておいて、それを実践するようにしましょう。

ご家族も協力して「合格」をイメージしよう

入学試験までの日数は、当然のことながら、着実に減っていきます。そのことで「焦り」を感じるのではなく、楽観的に考え、「合格への日数が近づいてきた」と考えていただきたいのです。

とくに周囲のご家族が、前向きな姿勢で「合格」を具体的にイメージしてお子さんに接することは、不安になりがちな受験生の心理に大きなプラスとなって表れます。

不思議なものでプラスイメージで努力したとき、その効果も顕著にあらわれるものです。

合否という厳しい現実からのがれることのできない入試ではありますが、不安はすべての受験生に共通したものです。心配しても、それが合格に結びつくものでもありません。そうではなく、楽観的に考えて、1日、1日を着実にがんばることが、希望の中学校生活につながるのだと励ましていただきたいのです。

どうしても不安になりがちなお子さんに、「中学生になったら、こんな学校生活が待っているよ」という明るい未来についてのお話をできるだけするようにしてください。

12歳の少年少女にとって、合否という冷厳な事実をともなう入学試験は酷な側面があるとお感じのかたもおられるかもしれません。しかし、だからこそ、こうした厳しい試練を12歳のときに経たことは、かならずや将来の糧となるはずです。これまで、受験した多くの人たちが、そのことを述懐しています。

努力することの大切さを受験生もご家族も実感できる絶好の機会が、この中学受験であり、「あと100日」を明るく、楽しく過ごしていただきたいと心よりお祈り申しあげています。

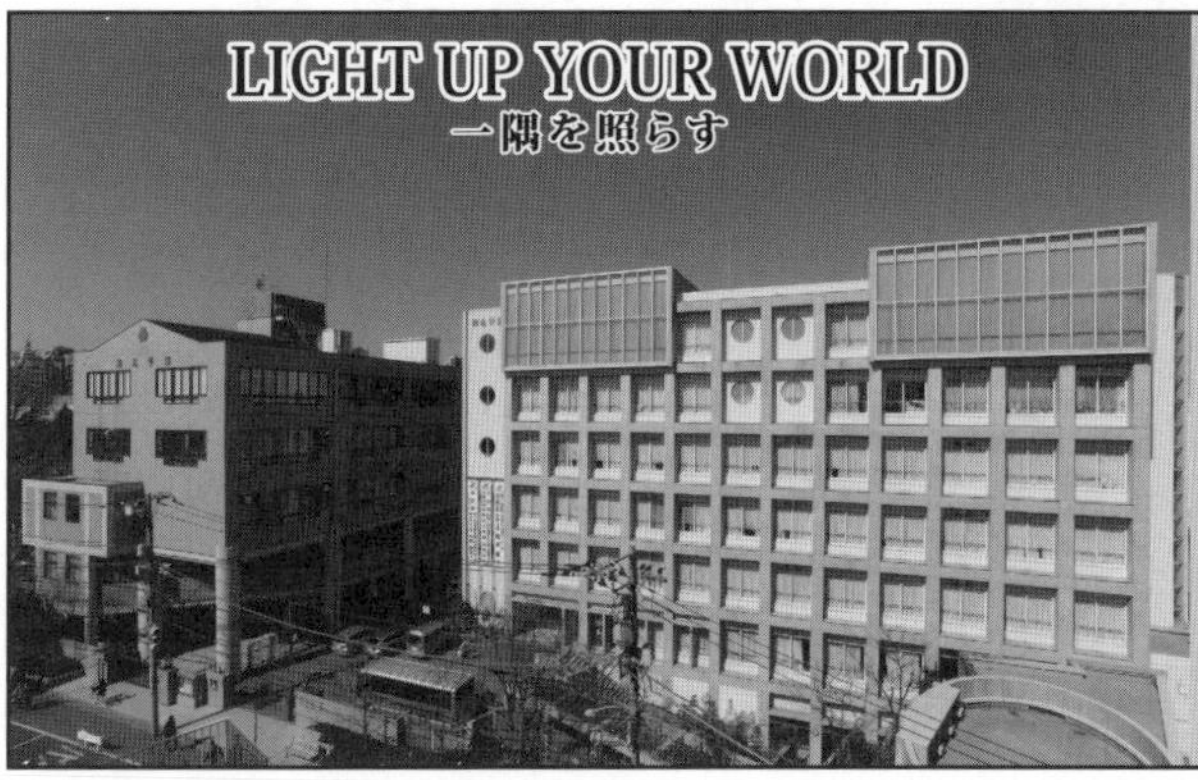
LIGHT UP YOUR WORLD
一隅を照らす

駒込中学・高等学校

中学校説明会日程 10:00〜
※10月12日(土) 秋の給食試食会
11月16日(土) 入試算数ワンポイント講座
※12月14日(土) 入試直前トライアル①
※ 1月13日(祝) 入試直前トライアル②
※事前にご連絡していただくとありがたいです。当日も受付けます。

一日個別相談会(予約不要)
11月 2日(土)・23日(祝) 9:00〜16:00
12月 7日(土) 9:00〜12:00

玉蘭祭(文化祭入試個別相談会実施)
9月21日(土) 12:00〜15:00
22日(日) 9:00〜15:00

駒込学園 検索
http://www.komagome.ed.jp/
〒113-0022 東京都文京区千駄木5-6-25
Tel 03-3828-4366 Fax 03-3822-6833

時代が求める人材を世に送る

■入試説明会（一般・特別選抜入試受験者対象／申込不要）
10月12日（土）10：20～　小学6年生対象
12月 7日（土）10：20～　小学6年生対象
1月11日（土）10：20～　小学6年生対象

■学校説明会（一般・特別選抜入試受験者対象／申込不要）
10月12日（土）14：00～　小学5年生以下対象

■土曜説明会（インターネットによる申込が必要です）
10月26日（土）11：15～　11月30日（土）11：15～

■オープンスクール（インターネットによる申込が必要です）
11月16日（土）13：30～　理科実験教室
11月16日（土）14：45～　理科実験教室
11月16日（土）14：45～　クラブ体験
（選択により学年指定あり）

■公開行事
学園祭（輝玉祭）9月22日（日）・23日（月祝）本校

攻玉社 中学校

〒141-0031 東京都品川区西五反田5-14-2　TEL.03-3493-0331(代)

http://www.kogyokusha.ed.jp/　攻玉社 検索

東急目黒線不動前駅より徒歩2分

求めなさい そうすれば与えられる
探しなさい そうすればみつかる
門をたたきなさい そうすれば開かれる
（マタイ7章7節）
Misono Jogakuin Junior & Senior High School
MISONO
学校説明会 ※予約不要
11月17日(日) 9:30～11:30(予定)
6年生対象過去問題勉強会
小学生対象体験入学
12月14日(土) 9:30～11:30(予定)
面接シミュレーション
体験入学
親子校内見学会 ※要電話予約
(5年生・6年生の親子限定)
9月14日(土) 後日詳細
10月19日(土) 後日詳細
10月26日(土) 後日詳細
授業見学会 ※要電話予約
11月・1月・2月
(各月1回予定、1月は6年生および6年生の保護者限定)
聖園祭(文化祭)
9月21日(土)・22日(日)
〈予備日・23日(祝)〉
教員・保護者・高3生による入試相談コーナーあり
クリスマスタブロ ※要電話予約
12月21日(土) 14:00～15:30(13:30開場)
生徒による聖劇上演
2013年3月卒業生の15%が国公立早慶上智へ進学
聖園《みその》女学院 中学校 高等学校
〒251-0873 神奈川県藤沢市みその台1-4
TEL.0466-81-3333 http://www.misono.jp/

開智未来中学・高等学校

23年4月埼玉県加須市に開校

さいたま市開智学園の教育開発校として、ハイクオリティー・グローバリゼーションを追究する学びを実践！

NEXT MIRAI「T未来クラス」新設

開智学園の教育を開発する

開智未来は、これまで開智学園が積み上げてきた教育の成果の上に、さらに「知性と人間を追究する進化系進学校」として、新しい教育実践を開発して子どもたちを伸ばし、その成果を地域および全国に発信し社会に貢献する学校を目指します。

校長自らが行う哲学の授業、環境未来学、未来型知性を育成するIT教育、論理的思考力を高める論理エンジン、コミュニケーション型知性を育む学び合い、学校・家庭・地域連携の共育など、さまざまな教育活動を開発し、発信していきます。

T未来クラス新設 定員増135名へ

開校3年目を迎えた開智未来では、埼玉県の広域と隣接する栃木県・群馬県・茨城県から、また千葉県・東京都から入学生が集結し、「関東の新鋭一貫校」として地域の注目を集めています。

「未来クラス」は、より質の高い集団でより質の高い授業を行い一人一人の能力をさらに伸ばすことを目的としたクラスです。東大を始めとする旧帝大、早慶等、最難関大学進学を目指します。「開智クラス」は、開智未来の充実した教育により一人一人の実力を確実に、そして、ていねいに育てるクラスです。国公立大学、難関私大進学を目指します。また、学年ごとにクラスの入れ替えを行います。

3期生は募集定員108名に対し131名が入学、未来クラスを1クラス増の2クラス編成としました。26年度入試では、特待生を中心とした「T未来クラス」を新設し、ハイクオリティーとグローバリゼーションをコンセプトに「T未来プロジェクト」を実践し、国際社会に貢献するリーダーを育成します。

4つの知性を育てる 開智未来の教育

最難関大学合格を可能にする学力、そして、生涯にわたって発揮される学力を育成するために「4つの知性の育成」を謳っています。4つの知性とはIT活用力などの未来型知性、里山体験やカナダ環境フィールドワークなど体験や行動を重んじた身体型知性、暗誦教育に代表される伝統型知性、そして、対話的授業や生徒どうしの学び合いによるコミュニケーション型知性で、それらの知性をバランスよく磨き上げる授業を目指しています。

学びのスキルを鍛え 志を育てる教育の徹底

6つの授業姿勢を徹底し、3つの学びをバランスよく行います。

「朝の学び合い」

◆平成25年度　説明会日程

学校説明会	9月14日(土)	◆授業見学 9時00分～9時50分 ◆説明会・小学生サプリ 10時00分～11時30分	＜説明会スクールバス＞ 加須駅北口発：9時10分 栗橋駅西口発：9時20分
	10月19日(土)		
体験授業	9月29日(日)	9時00分～12時10分 ホームページからの予約制	加須駅北口発：8時30分 栗橋駅西口発：8時40分
入試問題解説会	11月16日(土)	10時00分～12時00分	加須駅北口発：9時10分 栗橋駅西口発：9時20分
	11月30日(土)		

※説明会向けスクールバスは、説明会終了時も運行いたします。

6つの授業姿勢とは、①授業のねらいを確認する、②主体的にメモを取る、③授業に参加する・反応する、④明瞭な発声・発表をする、⑤意欲的に質問する、⑥学習したことを振り返る、です。開智未来では「ねらい、メモ、反応、発表、質問、振り返る」を暗唱して全員がすべての授業でできるようにしています。

　また、生徒が伸びるためには「教わる」「自ら学ぶ」「学び合う」の3つの学びをバランスよく行うことが大切です。そこで、授業の中に「自ら学ぶ（思考させる）」と「学び合い」を適度に、適切に取り入れます。

「関根校長自ら行う哲学の授業」

関根校長の哲学の授業

開智未来では、関根校長自らが週1時間、「哲学」の授業を行っています。校長は東京大学で教育哲学を学び、公立高校教員となり51歳で校長の職を辞して開智高等学校校長を2年間務めた後、開智未来中学・高等学校の校長となりました。「人間が育つから学力が伸びる、学力が伸びるから人間が育つ」というサプリの考えに基づき、哲学の授業では思考力や言葉力を育成するとともに、学びのスキルや「人のために学ぶ」志を鍛えます。

自ら学ぶ未来生

開智未来の生徒たちは自主的によく学びます。特に朝の始業1時間前には多くの生徒が登校しそれぞれに朝学習を始めます。校内にはオープンスペースの職員室があり、わからないことは気軽に先生に質問できます。「学び合い」で、友達同士机を並べて学習する生徒たちや、大教室の「アカデメイア」では関根校長と机をともに朝から独習する生徒たちが集います。

「長野県飯山での里山フィールドワーク」

偏差値10アップのサプリを説明会で実施

開智未来では、「育てる生徒募集」という取り組みを行っています。昨年度は説明会や各地で100回を超えるサプリを実施し、小学生と保護者の方および教育関係者の方に、校長自らが開発した「小学生サプリ」・「親子サプリ」・「受験生の親サプリ」等を体験していただきました。今年度も2学期の説明会、体験授業、入試問題解説会、クリスマスサプリと、その時期にふさわしい内容を準備しています。「伸びたい生徒、伸ばしたい教員、伸びてほしいと願っている保護者の気持ちが1つになった学校」、それが開智未来のスローガンです。

トップの学びを体感！T未来プロジェクト

T未来プロジェクトでは、入学前にもホームページ上に「T未来教室」を開校し、受験生の意識を高めます。

　入学後のホームルームは英語で行い、中学2年で英検2級の取得を目指します。オーストラリアの語学研修やカリフォルニア大学バークレー校の大学研修に希望者は参加でき、高校2年ではアメリカ探究フィールドワークに全員参加するなど、世界標準の学びを体感します。

　また、数学の中学1年からの「プルアップ講座」をはじめ、中学2・3年に実施する校長の「東大ゼミ」、高校2年後半からの「最難関大学受験講座」、高校3年生の「T未来哲学講座」など、他校にはないハイクオリティーな教育を準備しています。

本気で伸びたいと思っている人だけに来てほしい

開智未来中学・高等学校

【スクールバス運行】
○JR宇都宮線・東武日光線「栗橋」駅～約18分
○東武伊勢崎線「加須」駅～約25分
○東武伊勢崎線「羽生」駅～約30分
○JR宇都宮線「古河」駅～約20分
○26年4月よりJR高崎線「鴻巣」駅からスクールバス運行（予定）

3期生131名入学（募集定員108名）

所在地　〒349-1212 加須市麦倉1238　http://www.kaichimirai.ed.jp/
TEL 0280-61-2021

「自然・生命・人間」の尊重

●入試説明会

10月21日（月） 14：00～15：10

10月22日（火） 14：00～15：10

会場：本校　第一体育館アリーナ

※予約・上履きは不要です。

※募集要項及び願書一式を配布します。

●学校見学会

9月21日　……予約受付開始:8月1日

10月12日　……予約受付開始:9月1日

11月2日・9日・30日　予約受付開始:10月1日

※　原則として土曜日10：00開始です。20名～30名単位で、係の者が校内施設をご案内いたします。

※　所要時間は約50分です。

※　上履きは不要です。

平成26年度　生徒募集要項（抜粋）

	前　期	後　期
募集人員	男女 250 名（帰国生若干名含む。人数は特に定めない。）	男女計 20 名（帰国生若干名含む。人数は特に定めない。）
入 試 日	1 月 21 日（火）	2 月 3 日（月）
入試科目	国語・算数・理科・社会	
合格発表日	1 月 23 日（木）	2 月 4 日（火）

東邦大学付属東邦中学校

〒275-8511　習志野市泉町2-1-37

TEL 047-472-8191（代表）

FAX 047-475-1355

www.tohojh.toho-u.ac.jp

鋼鉄《はがね》に一輪の
すみれの花を添えて

２０１１年度に文部科学大臣から表彰された図書室を中心に、本を読み、考え、発表する力をつけています。

プロジェクト・アドベンチャーなど、さまざまなプログラムにより鍛えられる頭と心。

生徒たちは「強さ」と「やさしさ」をバランスよく身につけています。

■学校説明会

9月14日（土）14：30～	
10月11日（金）10：30～	授業見学ができます
10月18日（金）19：00～	
10月27日（日）14：00～	
11月21日（木）10：30～	授業見学ができます
11月21日（木）19：00～	
12月23日（祝）14：00～	入試体験教室があります
1月11日（土）14：30～	算数勉強教室があります

＊HPまたは電話にてご予約ください。
＊各回個別相談、校内見学があります。

■トキワ祭（文化祭）

9月28日（土）10：00～16：00
9月29日（日）10：00～15：30

＊個別入試相談コーナーがあります

☆随時学校見学をお受けしています。
事前にお電話ください。

トキワ松学園中学校高等学校

〒152-0003　東京都目黒区碑文谷 4-17-16
tel.03-3713-8161　fax.03-3793-2562
●ホームページアドレス　http://www.tokiwamatsu.ac.jp
●東急東横線「都立大学駅」より徒歩８分
● JR 山手線「目黒駅」よりバス12分・碑文谷警察署より徒歩1分

「トキログ！」で学園の
様子がご覧になれます。

柏市　千葉　共学校

二松學舎大学附属柏中学校

Nishogakusha University Junior High School

『伝統と革新』未来を拓《ひら》く学舎《まなびや》がここに

二松學舎136年の歴史に、新たな１ページを刻んだ附属柏中学校の開校。質の高い教育を展開し、注目を集めています。開校３年目を迎えた今年、すべての学年がそろい、特選クラスを新設しました。

温故創新《おんこそうしん》
～世の中の役に立つ人材の輩出

二松學舎の歴史をひもとくと、日本近代文学の父と言われる「夏目漱石」、明治の思想家「中江兆民」、内閣総理大臣になった政治家「犬養毅」、女性解放運動家「平塚雷鳥」など、そうそうたる文化人たちがこの学舎に集いました。

建学の精神である「一世に有用なる人物（社会のために貢献できる人物）を養成する」ことを目指し、伝統を守り大切にしながら、常に革新を続けています。「温故創新」とは、中学校開校にあたり、二松學舎の信念を力強く表した言葉なのです。

修己治人《しゅうこちじん》
～人間教育は「論語」を柱に

「己を修め、人を治め」。二松學舎大学附属柏の人間教育の根幹として、中学校から「論語」教育を行います。「論語」は、今から２５００年も前に中国で著された書物ですが、今日においてもなお多くの人々を惹《ひ》きつけています。それは時代を超え、国を超え、普遍的な人間の生き方、心について、真摯《しんし》に追究しているからではないでしょうか。

二松學舎大学附属柏では、「論語は生徒の生きる力、人間力を高める最良の素材」という考えの下、オリジナルテキストを用い、６年間かけて学びます。次の「論語」はその一例です。

「後生畏《こうせいおそ》る可し。焉《いずく》んぞ来者《らいじゃ》の今に如《し》かざるを知らんや。」

（青年たちは、年若く活力もあり、まことに畏敬すべきである。もし彼らが自ら努めるなら、将来の彼らが現在のわたしたちに及ばないことがあるだろうか。）

この「論語」をもとに、学校長は次のように語っています。

『孔子の考え方は柔軟だ。いわゆる儒教は、親や先生など、年上の権威を絶対視した。

しかし孔子は年若い人々の才能に期待をこめた。私たち教育者は、青少年を引き上げることが仕事である。若い優秀な芽を大きく育てたい。この言葉を大切に、今後も教育者としての歩みを進める所存である。』

学校説明会（予約不要）

10月13日（日）	10:00～12:00
10月19日（土）	14:00～16:00
※11月1日（金）	18:00～20:00
11月 7日（木）	10:00～12:00
11月23日（土）	10:00～12:00
12月 7日（土）	14:00～16:00
12月14日（土）	10:00～12:00
12月21日（土）	14:00～16:00

※11月1日のみ「クレストホテル柏」

松陵祭（学園祭）

9月22日（日）	10:00～15:20
23日（祝）	10:00～14:30

School Data

二松学舎大学附属柏中学校

■所在地／千葉県柏市大井2590
■アクセス／柏駅・新柏駅・我孫子駅からスクールバス
北総線ルート（印旛日本医大→印西牧の原→千葉ニュータウン→小室→学校）も運行
■TEL／04-7191-3179
■URL／http://nishogakusha-kashiwa.ed.jp/

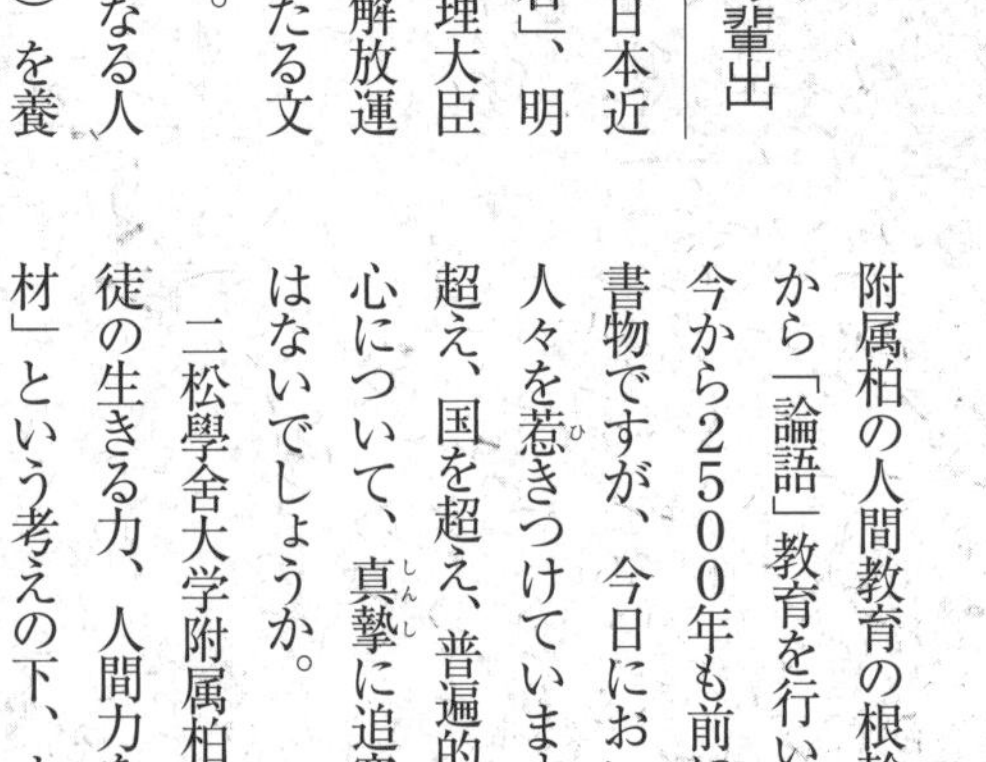

いのちを学ぶ

二松學舍大学附属柏は、恵まれた教育環境にあり、四季折々の自然の表情を楽しむことができます。学校の敷地内での動植物の観察や、森の教室、沼の教室といった、いのちを見つめる体験を通して、いのちのつながりを学びます。こうして自分の生き方や社会への役立ち方を考えます。その教育の象徴ともいえる副校長の詩をご紹介します。

このいのちは

このいのちが一粒の雨であるなら、
大地を潤す恵の雨でありたい。
このいのちが一片の雪であるなら、
人の心に優しい雪でありたい。
このいのちが一本の木であるなら、
仲間と共に大地に根を張って、
大空を仰いで生きたい。
このいのちは、四十六億年の地球の、
たった一度の人間のいのちだから、
わたしはそうしたい。

長谷川　成樹

3つの教室と学習サポート

二松學舍大学附属柏では、以下の森・沼・都市の3つの教室を通して、「自然環境・社会環境・国際情勢」を考え、自然との共生、集団生活の基礎、日本の文化や風俗習慣などを学びます。体験に裏付けされた「知恵」と幅広い「視野」を身につけ、「自問自答」の力を養います。

◆森の教室

福島県南会津での宿泊研修。5月には尾瀬ブナ平での自然観察や間伐体験、2月にはスキースクールを開催します。

◆沼の教室

施設見学や大学教授による特別講義で、学校近隣にある手賀沼の生態系や水についての理解を深めます。中2では、田植えから稲刈りまでを体験する「田んぼの教室」も開催されます。

◆都市の教室

首都・国際都市東京の歴史や文化、政治や経済、環境について考えます。博物館見学や歌舞伎鑑賞を行い、昨年度は、スカイツリー開業日に展望台にも上がりました。

●きめ細かな学習サポート

毎日8時15分から25分間、授業の前に『モーニングレッスン』（英語・数学・論語）を行います。教員手作りの英語・数学の確認ドリルが実施され、合格ラインに達しない場合は、放課後に追試、補習を行います。

また、家庭学習の習慣・継続化、主体的に学習に取り組む姿勢の確立のために、『365《さんろくご》ノート』を取り入れています。自らがその日に必要な課題を考え、1日1ページ以上家庭学習を行います。

平成26年度 中学入試日程

		日時・募集人員	入試区分	試験科目
第一志望入学試験		12月1日（日）午前 約30名 （帰国子女入試を含む　若干名）	選抜クラス	国語・算数（各40分、各100点） 面接は受験生のみ
一般入学試験	第１回	1月20日（月）午後　約50名 ※特待生入試も行います	特選クラス 選抜クラス	各クラス共通 国語・算数（各40分、各100点） 理科・社会（計60分、各50点）
一般入学試験	第２回	1月24日（金）午前　約20名 ※特待生入試も行います	特選クラス 選抜クラス	各クラス共通 国語・算数（各40分、各100点） 理科・社会（計60分、各50点）
一般入学試験	第３回	2月4日（火）午後　若干名	特選クラス 選抜クラス	各クラス共通 国語・算数（各40分、各100点）

12月1日（日）第一志望入試導入

平成26年度入試において、第一志望入試を実施します。過去3回入試を実施した中で各方面からの要望があり、また本校の教育理念を理解頂き、本校での学びに期待している受験生を迎えることは本校にとって大きな力となってくれます。国語と算数は基本的な問題を出題します。

since 1926

田園調布学園中等部・高等部

http://www.chofu.ed.jp

〒158-8512 東京都世田谷区東玉川2-21-8 Tel.03-3727-6121 Fax.03-3727-2984
＊東急東横線・目黒線「田園調布」駅下車 〉〉徒歩8分 ＊東急池上線「雪が谷大塚」駅下車 〉〉徒歩10分

学校説明会日程（予約不要）

第２回 10月17日（木） 10:00～
第３回 11月29日（金） 10:00～
第４回 １月11日（土） 10:00～
（小6対象）入試体験 及び ワンポイントアドバイス

公開行事

なでしこ祭 ９月28日（土） 9:30～
９月29日（日） 9:00～
体育祭 10月12日（土） 9:00～
定期音楽会 １月22日（水） 横浜みなとみらいホール
12:30～（生徒演奏の部）15:00～（鑑賞教室の部）

オープンスクール

10月17日（木）9:00～15:00
学校説明会 及び 授業参観

中等部入試

	第1回	第2回	第3回	海外帰国子女
募集定員	90名	90名	20名	若干名
試験日	2/1	2/3	2/4	2/1
試験科目	４科 面接	４科 面接	４科 面接	２科（算･国） 面接

＊予定は変更となることもありますので詳細はＨＰにてご確認下さい。

見学会・文化祭		開始時刻	終了予定時刻
秋の学校見学会	10/ 4(金)	9:30	～11:30
緑苑祭(文化祭)	10/26(土)・27(日) ＊入試個別相談会同時開催	10:00	～16:00
ナイト説明会	10/ 4(金)	19:00	～20:30★
スクールランチ試食会	11/ 4(月)	11:00	～12:30★

中学 学校説明会		開始時刻	終了予定時刻
第２回	9/15(日)	10:00	～12:00
第３回	11/16(土)	14:00	～16:00
第４回	12/ 8(日)	10:00	～12:30
第５回	1/11(土)	14:00	～16:00
ミニ説明会	1/26(日)	10:00	～11:30

★…予約制
※各行事の開始時刻までにお越しください(文化祭は除く)。なお、終了予定時刻には校舎見学および個別相談の時間は含まれておりません。

KASEI
〒173-8602 東京都板橋区加賀1-18-1　入試広報部☎03-3961-0748
●JR埼京線「十条駅」徒歩5分 ●都営地下鉄 三田線「新板橋駅」徒歩12分
http://www.tokyo-kasei.ed.jp

「品格」のある「知性の高い」子女を育みます。

■ **学校説明会**（予約不要）

第4回	第5回
11/30(土) 10:00	1/11(土) 10:00

■ **入試問題対策会**（要予約）

第2回	第3回
10/27(日) 10:00 ※2科4科選択	12/14(土) 13:30 ※2科4科選択

■ **中学校体験**（要予約）

第2回
9/14(土) 13:30

■ **学校見学会**（要予約·5年生以下対象）

第2回	第3回
10/5(土) 13:30	2/15(土) 13:30

■ **学園祭**

9/28(土)·29(日) 10:00~15:00

■**2014年度中学入試要項（概要）**

	第1回	適性検査型入試	第2回	第3回	第4回
入試日	午前	午前	午後	午前	午前
	2/1(土)	2/1(土)	2/1(土)	2/2(日)	2/6(木)
募集人員	50名	30名	20名	20名	10名
試験科目	2科または4科	適正検査I·II（各45分）	2科（国語·算数各50分）または4科（国語·算数各50分、理科·社会各25分）		

※毎回の試験の得点により特待生（A·B·C）を選出します。

CHIYODA

千代田女学園 中学校 高等学校

〒102-0081 東京都千代田区四番町 11 番地　電話 03(3263)6551(代)
●交通<JR>市ヶ谷駅・四ツ谷駅（徒歩 7~8 分）
<地下鉄>四ッ谷駅・市ヶ谷駅（徒歩 7~8 分）／半蔵門駅・麹町駅（徒歩 5 分）

http://www.chiyoda-j.ac.jp/

系列の武蔵野大学へ多数の内部進学枠があります。

ここから始まる　未来への道
TEIKYO JUNIOR HIGH SCHOOL

学校説明会　予約不要

9月14日	（土）	13：30～
10月19日	（土）	13：30～
11月 4日	（祝）	11：00～
12月 7日	（土）	13：30～
12月21日	（土）	13：30～
1月11日	（土）	13：30～

蜂桜祭［文化祭］

10月5日（土）・6日（日）

9：00～15：00

※両日とも入試相談コーナーあり

合唱コンクール

11月21日（木）

10：00～12：00

会場：川口総合文化センター

帝京大学系属
TEIKYO
帝京中学校

〒173-8555 東京都板橋区稲荷台27番1号　TEL. 03-3963-6383
● JR埼京線『十条駅』下車徒歩12分
● 都営三田線『板橋本町駅』下車A1出口より徒歩8分
http://www.teikyo.ed.jp

ＣＢＵとの姉妹校提携で国際交流活動がさらに充実

横《よこ》浜《はま》英《えい》和《わ》女《じょ》学《がく》院《いん》

中学校・高等学校

ＣＢＵと姉妹校提携を結ぶことで、国際交流活動により厚みが増した横浜英和女学院中学校。国際的にキャリアを持った自立した女性を育成しています。

神奈川県横浜市南区蒔田124
ブルーライン「蒔田」徒歩8分
京浜急行「井土ヶ谷」徒歩18分
TEL：045-731-2861
URL：http://www.yokohama-eiwa.ac.jp/

アメリカの大学と姉妹校提携

２０１３年6月19日、横浜英和女学院とカリフォルニア バプテスト大学（ＣＢＵ）との姉妹校提携の調印式が、横浜英和女学院の講堂で執り行われました。

横浜英和女学院とＣＢＵとは、２００８年から礼拝や、コンサート、コーラス部などの交流があり、今年の春休みには、キャリア直結型研修でアメリカを訪れた際に、ＣＢＵを訪問して学生たちとの交流が行われていました。

そしてこの度、横浜英和女学院が日本の学校で唯一ＣＢＵとの姉妹校になることになったのです。

「当日はＣＢＵの10人の合唱団と音楽学部長、グローバー企画部の副学長が本校を訪れ、中高全校生徒のもとで調印式が行われました。日本の中高とアメリカの大学が姉妹校提携することは大変珍しいことです」（伊藤美奈子学院長先生）

しかも、そのときに伊藤先生にも知らされていなかったサプライズがありました。横浜英和女学院の優秀な生徒1人に対して、年間３００万円・４年間で１２００万円の奨学金を提供してくれると、ＣＢＵの副学長からアナウンスされたのです。

「破格の待遇で、本当にビックリしました。生徒はすごく関心を持っていましたね。『興味のある人は昼休みに私の部屋に来てください』と、その先生が言ったのですが、多くの生徒がその教授のもとに押しかけていました。世界に関心を持った生徒がこんなにたくさん育っているのだとわかった瞬間でした」（伊藤先生）

横浜英和女学院のグローバルな活動として、CBUとの姉妹校提携が今年の大きなトピックではありますが、17年前から時代に先駆けた国際交流活動が活発に行われてきました。

1996年の、オーストラリア・メルボルンにあるフィントナガールズスクールとの姉妹校提携を皮切りに、1998年にタスマニアのファーンスクールと、2003年に韓国・ソウルの保聖女子高等学校と姉妹校となり、現在3つの姉妹校と、アデレードに1つの提携校を持っています。

姉妹・提携校とは希望制で3～5年生で夏休みの期間を利用した短期留学が行われています。また、約3カ月のセメスター留学、姉妹校からの留学生の受け入れと相互の交流が盛んに行われています。また、4年生では全員がオーストラリアへの海外研修旅行で姉妹校を訪れ、交流が行われています。

こうした国際交流活動により、「英語を恐れず、進んでコミュニケーションがとれる」生徒が育ってきています。その結果、現在ではCBUだけでなく、海外の大学に進学を希望する生徒も増えてきており、17年間のグローバル教育の積み重ねの成果が確実に現れています。

新校舎の茶室で姉妹校の生徒を迎えお茶のたしなみ

横浜英和の教育理念を体現した新校舎

キャリアを持った自立した女性の育成

横浜英和女学院のグローバルな活動は、ただ英語を身につけるというためだけではなく、生徒個人個人のキャリアを形成するためのプログラムであり、国際交流をとおして、国際感覚を身につけ、さらに自分の夢（キャリア）を見つける活動となっています。

「神様が本校の創始者に使命を与えたように、どんな人にもそれぞれ必ずミッション（M）があります。それを見つけるのが中高の6年間の大きな仕事だと思っています。ミッションを見つけるには、ただぼんやり机の上で考えているのではなく、積極的にアクション（A）を起こしてみることがとても大切です。アクションは、勉強、クラブ活動、委員会やボランティア活動など何でもよいのです。そして、アクションを起こすにはパッション（P）が必要です。このMAPが、将来キャリアを持って社会に貢献できる自立した女性を作っていくのです」（伊藤先生）

神様からのミッションを得て、アメリカから単身来日した創始者ブリテン女史の意志と情熱が、長い時を超えて、いまなお横浜英和女学院の教育に生きているのです。

教育理念が反映された新校舎が完成

2013年6月には、創立130周年記念事業である、校舎の建て替えがすべて終わり、現在は、真新しい学舎での生活が始まっています。

この新校舎は「光と緑風の学舎」というコンセプトのもと、校舎全体に明るい光が差し込み、木のぬくもりによる温かな雰囲気と、広々とした窓により開放感に溢れています。

また、フロアーごとに「食のフロアー」「知のフロアー」「学のフロアー」「和のフロアー」など特徴を持ち、横浜英和女学院の教育理念を体現した校舎となっています。

133年の伝統とキリスト教を基盤にしたアットホームでフレンドリーな校風の横浜英和女学院。CBUとの姉妹校提携で海外の大学がよりいっそう身近になりました。新校舎の完成で教育環境がますます充実し、これからの飛躍に注目が集まっています。

■学校説明会

第3回 **10月22日（火）** 10:00～11:45
学習指導と英語教育、在校生保護者による学校紹介、授業見学

第4回 **12月14日（土）** 10:00～12:30　要予約
6年生／問題作成者による入試問題攻略法（授業形式）
保護者／入試の傾向と対策、受験の心構え、面接シミュレーション

第5回 **1月11日（土）** 10:00～11:45
6年生／保護者
入試問題解法直前アドバイス、模擬面接

■キャンパス体験（要予約）

10月5日（土） 10:30～12:30
・礼拝　・授業　・クラブ体験

■土曜見学会（要予約）

（各回とも10:00～11:30）
9月21日／10月26日／11月30日
集合：10:00　礼拝堂
プログラム：校長より学校説明、学校紹介ビデオ、グループ別学校見学
申し込み方法：電話予約（045-731-2861）当日参加も可。

■シオン祭

11月4日（月） 9:00～16:00
学校紹介

■ナイト説明会（要予約）

10月末より申込開始
12月6日（金） 18:30～19:30
学校紹介、ビデオ紹介、校舎見学

Fight!

受験まであと100日

こうして決める志望校
学校選びはここをチェック

中学受験はまず、受験する学校を選ぶことから始まります。これからご紹介するポイントを参考に、お子さんに合った学校を選びましょう。

ポイントその1
志望校選びは青春選び！さまざまな観点から学校を見てみましょう

家庭の求める教育方針や、子どもの性格に合った学校を選ぶことができる「中学受験」。

しかし、数ある私立中学校のなかから志望校を選ぶとなると、「知名度のある学校だから」「偏差値の高い学校だから」といった先入観や一般的な評価だけを頼りに志望校を決めてしまうおそれがあります。

志望校選びは、中学受験において保護者がしなくてはならない重大な任務のひとつです。わが子が中高6年間という長くて大切な期間を過ごす場所を選ぶ、わが子の「人生」に大きな影響を与える選択です。

保護者のみなさんは、先入観や一般的な評価だけを参考にするのではなく、さまざまな観点から学校を考察し、厳しい目で慎重に志望校選択にのぞんでいく必要があります。

ポイントその2
学力だけで志望校を選ばないようにしましょう！偏差値は指標のひとつです

志望校選びは、お子さんがその学校に合っているかという「適性」を考えることが大切です。

どの学校を選択するかは、「校風が本人の性格や家庭の価値観に合っているか」「男子校・女子校か共学校か」「通学時間は適当か」「入試をクリアできるレベルまで学力が達しているのか」など、各家庭それぞれで重視するポイントは変わってきます。

つまり、偏差値はあくまでも志望校への適性判断の一指標なのです。

模擬試験の成績表と偏差値だけを見て学力を判断し、志望校を決めてしまうと、適性判断の指標のひとつである偏差値が、適性を考えるほかの要素に優先することになってしまいます。偏差値はあくまで適性判断の一指標という考えを忘れず、偏差値に振り回されないように注意しましょう。

ポイントその3
自分自身の目で学校を見ることが大切です！学校見学に行きましょう

志望校をしぼることができたら、実際に自分が受ける学校を見るため、各学校が開催している学校見学に積極的に参加しましょう。学校見学は第1志望校だけではなく、受験の候補にあがった学校すべてのものに参加するつもりでいましょう。

学校に関する情報は、ガイドブック、学校案内、学校のホームページなどから得ることもできますが、直接学校を訪問して得られる情報は「百聞は一見にしかず」ということわざもあるように、「自分の目で見て、雰囲気を肌で感じて判断することができる」という点で、ほかの情報とは決定的にちがいます。「志望校を見に行く」という気持ちではなく、「学校を実際に見に行って、それから志望するかどうかを判断する」という姿勢を持って学校見学に参加することが大切です。

志望校選択で チェックするポイント

校風・学校文化

私立学校は、各校独自の建学の精神によって設立され、教育目標を定めて運営されています。そのため、各学校ごとに個性豊かな「校風」が生まれ、校風によって育まれた学校独自の文化、「学校文化」があります。「伸びのびとした自由な学校」「しつけ教育に重点をおいた厳格な学校」といったように、学校の数だけ特徴があります。志望校の校風がお子さんに合っているかかならず確認が必要です。

ここも注目

学校文化は外部からでは見えにくいものも多くあります。OBやOGのかたにお話しを聞いたり、学校見学を利用して、先生や生徒さんにうかがってみましょう。

男子校・女子校・共学校

男子校・女子校・共学校、いずれもそれぞれのよさがあります。男子校・女子校の魅力は、異性の視線を気にせず、伸びのびと自分らしく生活できるところです。共学校は、学校生活をとおして男女の考え方のちがいを理解でき、お互いの長所や短所を認めあえます。どのタイプの学校にするかは、わが子の希望や、性格と合っているかをよく考慮して選びましょう。

ここも注目

男女が別の校舎で学ぶ「別学校」もあります。ふだんの授業は男女別々ですが、行事やクラブなどを合同で行うなど、学校ごとに特徴があるのでよく確認しましょう。

通学時間

私立学校に通学すると、電車やバスを使って通うかたがほとんどでしょう。中高6年間という長い期間通いますから、通学時間が長いと、生活や学習の負担になりかねません。目安としては、家から学校まで往復3時間以内であれば無理はないといわれています。志望校への所要時間とともに、利用する交通機関の通学時の混雑状況などもかならず確認しましょう。

ここも注目

生徒の帰宅時間が遅くなりすぎないよう、時間がかかりすぎて生徒の負担にならないようにといった、教育的な配慮から通学時間に制限を設けている学校もあります。

学力

入試で求められる学力をクリアできるかどうかは受験をする以上気にかけなければなりませんが、あくまでも偏差値は志望校の適性判断の一指標です。偏差値は優劣を表す数値ではないことを理解し、学力の部分だけを見て志望校選択をしないように気をつけましょう。偏差値は模試当日のコンディションで大きく変動するのでまどわされないように。

そのほかのチェックポイント

・学校の宗教的背景
・学費
・大学附属or進学校

志望校選びQ&A

Q 宗教系の学校って?

A 設立基盤として宗教的な背景を有する学校です。キリスト教のカトリック校とプロテスタント校、仏教系、その他の宗教的な理念を教育の柱として、しつけや規律を重んじ、豊かな人間性を育む教育をめざしています。信者だけではなく、だれでも受験できます。

Q 進学校にするか大学附属校にするか迷っています。

A 「進学校」は大学進学をめざし受験体制の整った学校で、「大学附属校」は系列大学に進学することを前提とした学校です。大学附属校は、大学受験に時間が取られない点が魅力ですが、系列以外の大学に進学したい場合の受験対策が整っていないこともあります。お子さんが将来の大学進学にどのような姿勢でのぞむのか、しっかりと確認しておきましょう。

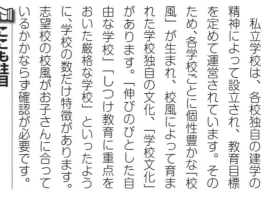

Fight!
受験まであと100日

こうして決める志望校
併願校選び 成功のコツ

「併願校選び」や「併願の組み方」でも合否は大きく変わってきます。第1志望校が定まったら、つぎは併願校を決めていきましょう。併願校選びのポイントをご紹介します。

併願の基本

首都圏には、300を超える中高一貫校が存在し、入試形式も各校ごとに異なります。これらの入試はいっせいに始まるのではなく、各都道府県で開始日が決められており、そこから数日間にわたって入試が実施されています。

中学受験では、第1志望校のみを受験するという人は少なく、併願校を合わせて大体ひとり4〜6校受験するというのが一般的だといわれています。入試日程がかぶらなければ、いくつもの学校に挑戦できるというメリットがある反面、「どのように併願校を決めればよいのかわからない」という悩みもでてきます。併願校選びのコツを押さえることが、成功への第1歩となります。

第1志望校を決める

併願校をいくつか受験するとはいえ、受験の「軸」となるのは第1志望の学校です。第1志望校が決まっていれば、受験日程も組みやすくなります。受験まであと100日前後というこの時期にまだ決まっていないのであれば、まずはすぐに第1志望校を定めましょう。第1志望校は、遅くとも11月には決定しておきたいものです。これから受験学年を迎えるお子さんは、6年生の前半までには候補となる学校を大まかにしぼりこむことを目標としてください。

第1志望校を決めることは、単に併願校選択の足がかりとなるだけでなく、多くのメリットがあります。まずは、明確な目標ができることで、学習計画が立てやすくなり、入試問題の出題傾向分析などにも時間をかけることができます。

つぎに、お子さんにとっても、「この学校に行きたい」という強い気持ちで勉強に取り組むことができ、受験へのモチベーションを高めることにつながります。志望校が定まらないままなんとなく勉強するのとでは、取り組む姿勢に大きなちがいが生じますので、学習効果も変わってきます。

逆にいえば、第1志望校は本人がいちばん行きたいと感じる学校を選択することが重要です。ある程度実力以上に難度が高い学校であってもよいでしょう。そのかわり、併願校についてはよく考えて堅実に選択しましょう。

併願校は段差をつける

第1志望校を決めたら、つぎは併願校です。併願校選びのコツは、確実に合格を確保するために、お子さんの平均偏差値を基準として段差をつけて学校を選ぶことです。

大まかに、「チャレンジ校」「実力適正校」「合格有望校」3つの段階に分けて選びましょう。

①チャレンジ校
偏差値が合格可能性50％ラインに達しているかその前後に位置する学校

②実力適正校
偏差値が合格可能性80％ラインに達しているかその前後に位置する学校

③合格有望校
偏差値が確実に合格可能性80％ライン以上に達している学校

段階ごとの偏差値の幅は、「実力適正校」が、平均偏差値を基準として上下に3ポイント程度、「チャレンジ校」が、受験生の現在の偏差値より5ポイント程度上に位置する学校とし、逆に5ポイント以下に位置する学校を「合格有望校」とするのが一般的です。

併願校の偏差値に段差をつけて、階段をあがるようなかたちをイメージすることがポイントです。

併願校選び、気をつけたいこと

併願校を選ぶにあたり、気をつけたい注意点をあげていきます。

選択の基準とする受験生の偏差値はしっかりと確認する

受験生の偏差値は、かならずこれまでに何回か受けた「公開模試」の結果の平均値を基に考えてください。平均値ではなく、自己最高記録の偏差値のみを基準とすることは避けた方がよいでしょう。成績が安定しているか、あるいは上昇中であればよいのですが、たまたまその試験だけ高い偏差値がでてしまっていた場合、その数値で併願校を選んでしまうと、難度があがり残念な結果となる可能性があるからです。

難度の高い学校ばかりを受けることはしない。

平均偏差値よりも高い位置のチャレンジ校を受けるのは問題ありませんが、実力適正校や合格有望校を選ばず、難度の高い学校ばかりを受けることは避けましょう。むずかしい学校ばかりでは、「もしどこにも合格できなかったらどうしよう」という不安とプレッシャーを受験生に与えてしまい、実力を発揮できないおそれがあります。

なるべく本人に自信と安心を感じてもらい、勇気を持って第1志望校にチャレンジできるように、実力適正校・合格有望校も選びましょう。

併願校選びの流れ

1 第1志望校を決める

併願校選びの軸とするため、まずは第1志望校を決めます。

2 平均偏差値を確認する

お子さんの公開模試の結果から、平均偏差値を確認しましょう。模試での偏差値はお子さんの当日のコンディションなどにより上下しやすいもの。よい結果だけを見ずに、併願校選びの軸とする数値にはかならず平均偏差値を使いましょう。

3 3段階で併願校を選ぶ

平均偏差値を基点とし、上下5ポイント程度の幅のなかから併願校を選びます。大まかに「チャレンジ校」「実力適正校」「合格有望校」の3段階にわけて選ぶとよいでしょう。確実に合格を手にするために、同じレベルの学校ばかりを受けるような併願校選びは避けてください。

メディアセンターとアトリウム

社会の中で自分を生かせる女性となるために
~自ら考え、発信する力を養う~

● 学校説明会
10/12（土）10:00～12:00

● 恵泉デー（文化祭）
11/2（土）9:00～16:00

● 入試説明会
第1回 11/23（土・祝）
10:30～12:00 受験生（6年生）
14:00～15:30 保護者対象
第2回 12/12（木）
10:00～11:30 保護者対象

各種説明会・行事の情報とお申し込みはホームページでご案内しています。

恵泉女学園中学・高等学校
〒156-0055 東京都世田谷区船橋5－8－1 TEL.03-3303-2115 http://www.keisen.jp/

Fight!

受験まであと100日

こうして決める志望校 入試日程を組んでみよう

中学入試では、併願スケジュールの組み方が大切になってきます。ここでは、チャレンジ校や実力適正校を第1志望校とした場合の併願パターンをみていきます（パターン1～3ではいわゆる「試し受験」はのぞいて考えます）。

パターン1 初日が第1志望校の場合

第1志望校受験が初日になる場合、ここで合格できれば問題ありませんが、不合格となってしまったときのことを考えた併願校選びをしておきましょう。

このパターンでは、初日の合格発表の日時で2日目以降の日程が決まってきます。

即日で発表があるのであれば、2日目は第1志望校の結果がでてから受験することになります。ここには合格有望校を選んでおきましょう。

そうでない場合は、2日目・3日目のどちらに合格有望校を組み入れても大差はありません。ただ、初日につづいて2日目もチャレンジ校や実力適正校を受験するならば、3日目には合格有望校を組みこんでおきましょう。

パターン2 2日目が第1志望校の場合

初日の併願校選択を慎重に行なう必要があるのが、2日目に第1志望校を持ってくる場合です。

初日の受験校が即日発表を行う場合、その結果を知ってからの第1志望校受験となりますから、初日はよい結果を得ておきたいところです。

また、一般的に2日目は本命と考える学校を受ける受験生が多いので、競争も激しくなりがちです。

こうしたことを合わせて考えると、初日に受験する学校は、合格有望校にしろ、受験生自身が「行きたい」と思える学校であったり、過去問対策などがしっかりできている学校であることが望ましいでしょう。初日からチャレンジばかりで結果がでないというようなことにならないようにしましょう。

パターン3 3日目以降が第1志望校の場合

受験も3日目に入ってくると、受験生本人がいかに体力や集中力などを保てるかがポイントになってきます。ここで大切になってくるのはまわりのサポートです。お子さまの状態をしっかり把握するようにしましょう。

3日目以降に第1志望校を考える場合には、初日か2日目のどちらか、もしくは両日に合格有望校を組みこんでおきます。そうすることで、受験生が心身ともに余裕を持って、第1志望校の受験日にのぞめるようにしてあげたいところです。

また、この時期になると、まわりでは本命視している学校に合格する受験生もでてくるでしょう。しかし、それに振り回されず、集中して乗りきりましょう。

併願パターンの基本例（東京・神奈川の中学校を中心に受験する場合）

併願パターンの例を参考に、ご家庭に合った併願パターンを組んでください。

基本パターン　チャレンジ校と合格有望校をほどよく受験

	1月中	2月1日	2月2日	2月3日	2月4日以降
チャレンジ校		B校			F校
実力適正校				E校	
合格有望校	A校	PM C校	D校		G校

・1月中に確実に合格できる学校を試し受験。
・2月1日午前の第1志望校(B校)のあとは、午後に、合格有望校を組む。2日には偏差値マイナス5程度の合格有望校。
・3日までに合格できれば4日以降はチャレンジ校、残念な結果なら合格有望校を受験する。

安全パターン　第1志望校の前に合格を

	1月中	2月1日	2月2日	2月3日	2月4日以降
チャレンジ校			D校		F校
実力適正校		PM C校		E校	
合格有望校	A校	B校			G校

・第1志望校(D校)受験の前に、確実に合格できる学校を受験しておき、余裕を持って2月2日の第1志望校にのぞむ。
・4日以降は3日までの結果次第で決める。

チャレンジパターン　強気でいくならつづけてチャレンジ校を受験

	1月中	2月1日	2月2日	2月3日	2月4日以降
チャレンジ校		B校	D校	E校	
実力適正校	A校				
合格有望校		PM C校		F校	G校

・1月中は実力適正校で力試し。
・2月1日、2日はチャレンジ校に挑戦する。できれば1日の午後入試は合格有望校を。
・3日は2日までに合格を得られなければ合格有望校にし、合格校があれば、さらにチャレンジ校に挑戦。

その他のパターン　1月入試校を受験する場合

首都圏の中学入試は、東京・神奈川の2月1日からに対して、千葉・埼玉は1月から始まります。

この1月からの千葉・埼玉「1月入試校」については、以前は、とくに東京・神奈川から「試し受験」として、受験本番に慣れるための力試しに受験する生徒が多くみられました。

しかし、近年はさまざまな理由から、合格した場合は入学することを前提に受験する東京・神奈川の受験生も増え、難易度の予想がむずかしくなっています。

「試し受験」のはずが、不合格となって自信をなくしてしまうようでは本末転倒です。安易に考えすぎず、受験生の実力、性格も考えあわせて「試し受験」をするかどうか、どんな学校を受けるかを決めるようにしましょう。

こんなパターンも　午後入試を活用しよう

すっかり定着した「午後入試」。1月校を受験することがむずかしい地域に住んでいる東京・神奈川の受験生は、この午後入試を併願パターンにうまく組みこむことで、早めに合格を確保できる可能性が高くなります。

午後入試は午後2～3時からのスタートが一般的ですので、午前中に他校で受験し、昼食をとってから受験することができます。受験生の負担を考慮して、問題数や科目数を減らしている学校もありますし、合格発表も多くの場合、即日で行われるのもうれしいところです。

もちろん、1日に2度受験することになるわけですから、受験生の負担は軽いものではありません。そこはしっかりと考慮に入れましょう。

Fight!
受験まであと100日

こうして決める志望校 学校説明会に参加しよう

学校説明会への参加は志望校選択の基本です。気になる学校があればぜひ足を運んでみましょう。実際に学校に行かないとわからない情報がたくさんあります。

学校説明会では多くの情報を得られます

志望校を選ぶにあたり、現在では、インターネットや雑誌、書籍、学校案内などでさまざまな情報を入手することができます。しかし、それらの活字だけでは、学校の雰囲気や文化、校舎やふだんのようす、生徒と先生の関係などはわかりません。やはり、実際に学校を訪れて初めてわかるということも多々あります。

そのなかでも学校説明会は、その学校を知ることができる最も有用な方法です。

学校説明会では、教育理念や教育方針、カリキュラム、授業の内容、進路指導の取り組みなどの学校生活にかかわることはもちろん、入試においての注意事項や入試問題の解説など、ほかでは得ることができない情報をたくさん得ることができるのです。

また、学校によっては説明会のあとに質問ができる個別相談の時間や校舎見学会の時間を設けている場合もあるので、疑問や不安を直接先生に聞いたり、学校の実際のようすを知ることができます。

第1志望の学校にしか行ったことがないというかたがいらっしゃいますが、お子さんが6年間通う可能性のある学校です。入学してから「こんな学校だと思わなかった」なんてことにならないように、かならず実際に足を運んで学校を見ておきましょう。

学校説明会に行くまでに

学校説明会の情報は各校のホームページや受験情報誌に掲載してあります。そこで、日時、場所、対象者、参加方法、持ち物などをしっかりとチェックしましょう。学校によっては、説明会の回数が少なかったり、参加定員がかぎられており、予約が必要な場合もありますので、早めに確認しておくことが大切です。

複数の学校説明会に参加することで、各校の特徴やちがい・共通点などを感じることができます。また、学校を訪れることで、親子ともに受験へのモチベーションがグッと高まります。ぜひ学校説明会に参加して、ご家庭の教育方針やお子さんに合った学校を見つけてください。

学校で行われるその他イベント

オープンスクール
受験生本人が参加する体験型のイベント。授業やクラブ活動などに参加ができる

入試問題解説会
入試問題の解説が行われる。入試模擬試験を実施する学校も。受験期に近い12月、1月に実施される

個別見学会
説明会以外でも、学校見学ができる場合がある。事前予約が必要な場合が多い

文化祭・体育祭など
学校によっては一般公開している行事もあり、文化祭は多くの受験生に公開されている

合同説明会とは
複数の学校が集まって行う合同説明会は、一度にいろんな学校の情報を得られるというメリットがある。ただ、学校を見ることはできないので、受験を考えている場合は、別の機会に直接訪れるようにしよう

桜美林中学校

可能性∞無限大

国公立18名合格!!
止まらぬ勢い!

5年間の推移

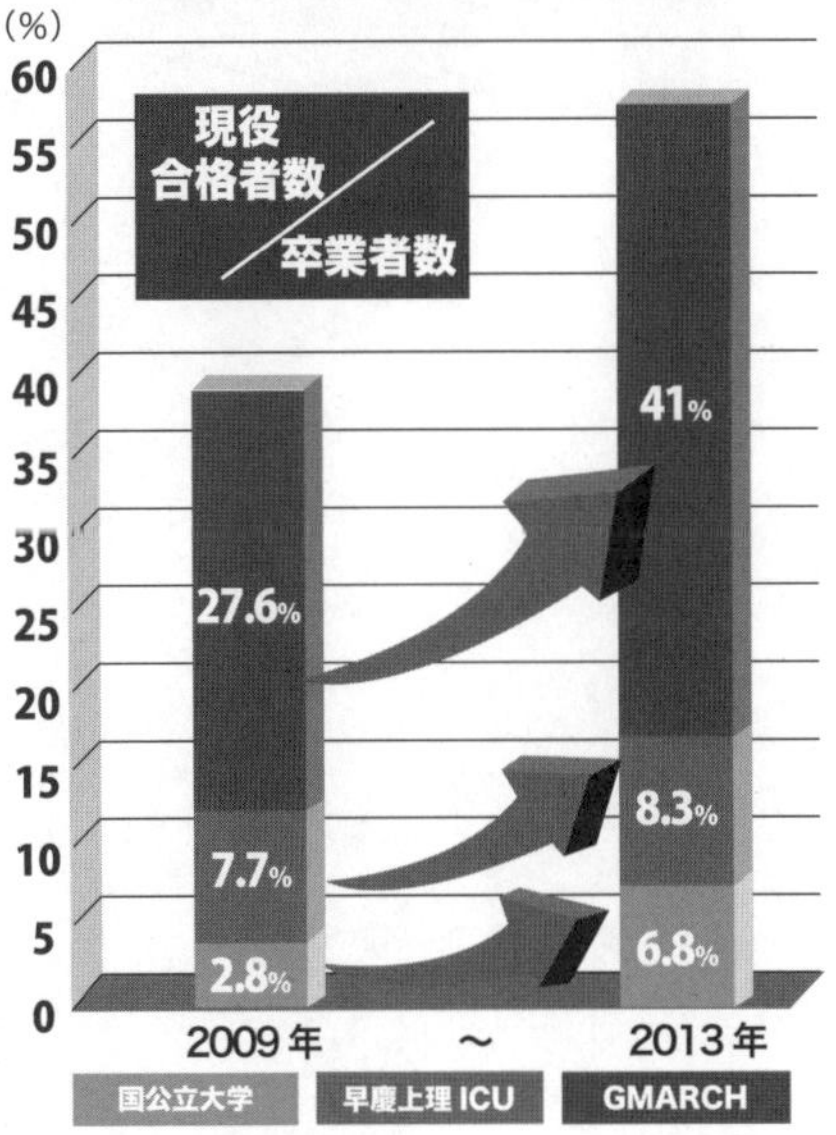

国公立合格者数
9名 2009年 → 18名 2013年 横浜市立大学医学部他
2倍増

2013年度 学校説明会
10月19日・11月16日
いずれも(土)14：00〜
淵野辺駅、多摩センター駅からスクールバスを運行します。
ご利用ください。

ナイト説明会(要予約)
11月 1日(金)19：00〜

文化祭
9月21日(土)・22日(日)
9：00〜15：00

〒194-0294　http://www.obirin.ed.jp
東京都町田市常盤町3758　TEL.042-797-2668
JR横浜線「淵野辺駅」下車徒歩20分、スクールバス5分
(5〜10分間隔で随時運行)、駅前に専用ターミナル有

駅前には専用ターミナル
入学後 6年間
スクールバス無料!

Check Point

1 自宅から学校までの通学ルートを確認

学校説明会に行くときは、実際の通学ルートを使いましょう。そうすることで、自宅から学校までの電車バスの乗り換え、所要時間、通学路周辺の環境などを知ることができます。一度通った道だと、実際の入試のときにもあわてることはなくなります。

2 学校の先生と実際に話してみる

学校説明会では、学校からの説明を聞くことはもちろんですが、機会があれば積極的に先生とお話ししてみましょう。複数の先生と話をすることで、その学校の教職員のようすや姿勢が伝わってきます。また、全体では聞くことができなかった、より具体的な学校の話を聞くことができるかもしれません。

3 生徒たちの態度や表情・目の輝き

学校の主役は生徒です。学校ではぜひ生徒のようすを見ましょう。あいさつや身だしなみなどは学校の雰囲気を色濃く反映します。生徒がいきいきとしている学校は、それだけ生徒の個性がいかされている学校と言えます。

また、先生と生徒の距離感などから信頼関係や生徒指導のようすもわかります。

4 施設・設備等の教育環境

私立学校の校舎は、それぞれの学校の教育理念を反映し、コンセプトを持って建設されています。理科実験室などの特別教室や、図書室、食堂の有無、運動系クラブのスポーツ施設など、実際に過ごすことを想定して見てみましょう。また、そうした施設の使われ方を見ることで、ふだんの生活態度をうかがい知ることができます。

THINK
&
SHARE
■入試説明会日程　＊要申し込み
＊9月1日より、学園ホームページの『申し込みフォーム』からお申し込みください。
＊各回とも定員は150名、内容は同じです。
6年生対象説明会　各回とも10:30～
①10月15日（火）　⑥11月14日（木）
②10月19日（土）　⑦11月15日（金）
③10月21日（月）　⑧11月30日（土）
④11月　2日（土）　⑨12月　2日（月）
⑤11月　6日（水）　⑩12月　7日（土）
●入試直前説明会　12月14日（土）　10:30～
5年生以下対象説明会
①10月19日（土）　13:30～
②11月　5日（火）　10:30～
③11月20日（水）　10:30～
④11月30日（土）　13:30～
⑤12月12日（木）　10:30～
獅子児祭（学園祭）　＊申し込み不要
10月26日（土）・27日（日）　10:00～16:00
＊入試相談コーナーがあります。
世田谷学園　中学校　高等学校
SETAGAYA GAKUEN SCHOOL
〒154-0005 東京都世田谷区三宿一丁目16番31号
TEL(03)3411-8661　FAX(03)3487-9113

Senshu University Matsudo Junior High school & High school
専修大学松戸中学校
〒271-8585 千葉県松戸市上本郷2-3621 TEL.047-362-9102
http://www.senshu-u-matsudo.ed.jp/
確かな理念を発展させ
世界へ羽ばたくリーダーを
ここから育てます
試験日程予定【全3回】・募集人数
第1回 1/20 月【募集人数：100名】
第2回 1/26 日【募集人数：30名】
第3回 2/ 3 月【募集人数：20名】
3回とも4科目（面接なし）です。
第1回の定員には帰国生枠（若干名）を含みます。
帰国生入試に出願の場合のみ、面接試験があります。
■中学校説明会日程
学校説明会〈予約不要〉
第1回　10月　6日（日）
第2回　11月　9日（土）
第3回　11月23日（土）
第4回　12月15日（日）
●いずれも 10:00〜12:00
第5回　1月　5日（日）
●14:00〜15:00（初めて本校の説明をお聞きになる受験生・保護者対象）
文化祭
9月21日（土）、22日（日）
●中学校説明会も実施します。
体育大会
10月12日（土） 8:30〜16:00
●校内見学・説明会等はありません

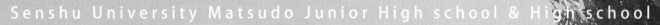

高く　大きく
豊かに　深く

■保護者・受験生対象
入試説明会　※予約制
申し込み・問い合わせは、お電話でお願いします。（内容はホームページでもお知らせします）お早めにお申し込みください。

2013年
- 10月 6日㊐ 第2回●10:00～12:00 / 14:00～16:00
- 11月 4日㊊ 第3回●10:00～12:00 / 14:00～16:00
- 12月 7日㊏ 第4回●14:00～16:00

2014年
- 1月 8日㊌ 第5回●14:00～16:00

■保護者・受験生対象
帰国生入試説明会　※予約制
申し込み・問い合わせは、お電話でお願いします。（内容はホームページでもお知らせします）お早めにお申し込みください。

2013年
- 9月14日㊏ 第2回●10:00～12:00

■高学祭
文化祭　入試相談コーナー設置　※予約不要

2013年
- 9月28日㊏ 10:00～16:00
- 9月29日㊐ 10:00～16:00

TAKANAWA

高輪中学校
高輪高等学校

〒108-0074　東京都港区高輪2-1-32　Tel. 03-3441-7201（代）
URL http://www.takanawa.ed.jp E-mail nyushi@takanawa.ed.jp

FLY!

橘学苑中学校・高等学校
中高一貫コース

6年一貫教育で確かな学力と自律を身につけ、
国際社会へと羽ばたける力を育てています。

— 2013 Information —

学校説明会　予約不要／保護者対象
9/7㊏・10/5㊏・11/23㊏・12/14㊏
- 9/7 [9:30～11:30] 募集要項の説明をします。
- 10/5 [10:30～12:00] 文化祭での生徒の取り組みを紹介します。
- 11/23 [9:30～11:30] 入試傾向について説明します。
- 12/14 [8:30～9:45] 入試50日前！入試ワンポイントアドバイスを行います。

ミニ説明会　要予約／保護者対象
● 10:00～11:30
10/16㊌・12/6㊎・1/9㊍
- 10/16 自治活動について
- 12/6 国際教育について
- 1/9 入試直前情報

オープンスクール　要予約／小学生対象
● 9:30～12:00
9/7㊏・11/23㊏

受験生のための模擬試験　要予約／受験生対象
● 8:20～11:00
12/14㊏

公開行事 橘花祭《文化祭》　入試相談コーナーあり
● 10:00～14:30（受付終了）
10/5㊏・10/6㊐

入試日程
2/1㊏午前・2/1㊏午後・2/2㊐午後・2/3㊊午前・2/4㊋午後

橘学苑中学校・高等学校

〒230-0073 横浜市鶴見区獅子ヶ谷1-10-35
tel:045-581-0063 fax:045-584-8643
http://www.tachibana.ac.jp
e-mail info@tachibana.ac.jp

●JR鶴見駅西口より臨港バス…約10分●東急東横線綱島駅東口より臨港バス…約20分●新横浜駅より臨港バス…約25分　橘学苑テニスアカデミー前下車

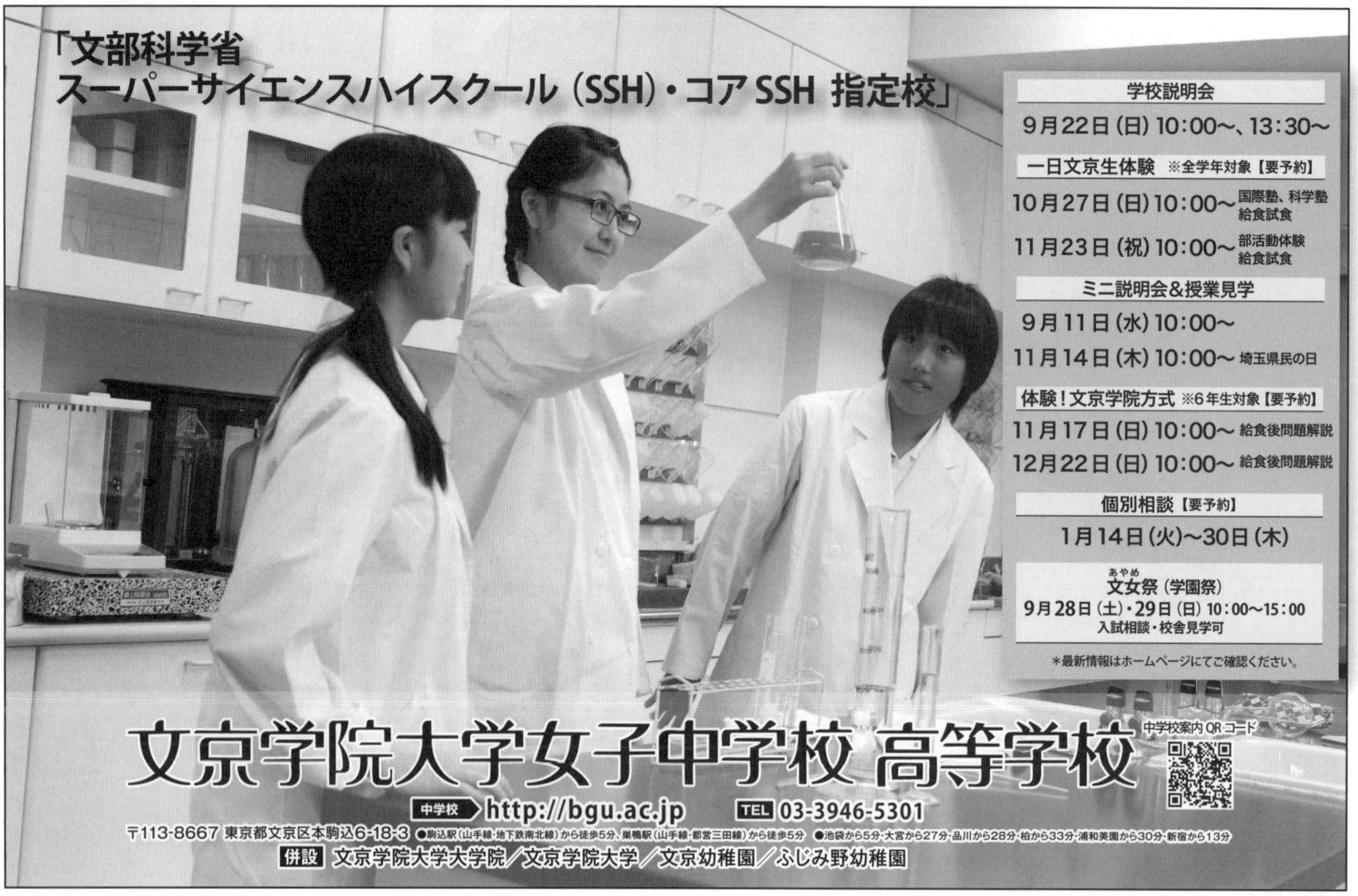

人間力、輝かせよう。

一人ひとりの学力を伸ばし、個性を膨らませる。
独自の教育方針で、人間力を豊かに育みます。

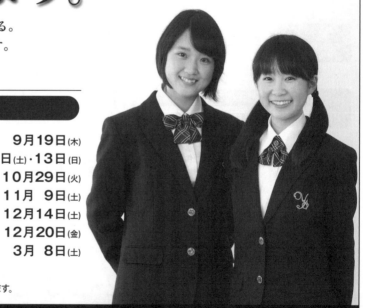

Information （中学募集定員146名）

中学校説明会 10:30～

※9月16日（月・祝）
10月 3日（木）
11月 1日（金）
※11月24日（日）
12月21日（土）
1月 9日（木）

※印の説明会では英語の体験学習を行います。

見学のできる行事

体育祭／駒沢体育館	9月19日（木）
文化祭	10月12日（土）・13日（日）
球技大会／東京体育館	10月29日（火）
イングリッシュファンフェアー	11月 9日（土）
英語祭	12月14日（土）
百人一首大会	12月20日（金）
スピーチコンテスト	3月 8日（土）

●連絡を頂ければ随時、学校説明をいたします。また、学校見学もできます。

八雲学園中学校・高等学校

〒152-0023 東京都目黒区八雲2丁目14番1号 TEL.（03）3717-1196（代） http://www.yakumo.ac.jp

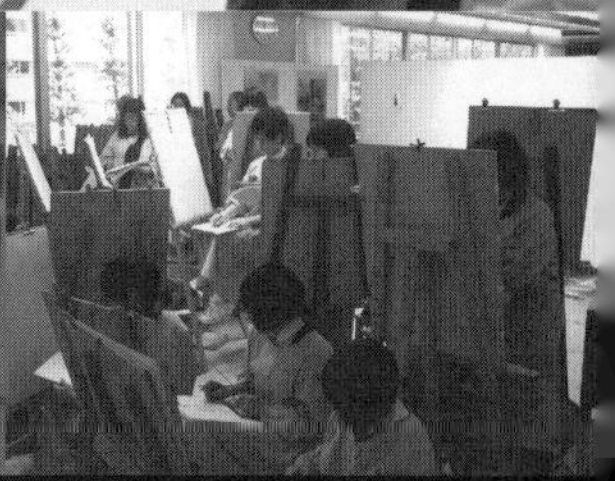

智の美・芸(わざ)の美・心の美

「知性」が「感性」を支えるという考えは変わらず、中高ともに美術と学習の両面を重視する教育を実践してきました。

本校の進路実績では、毎年約9割が美術系に進路をとりますが、これは生徒自らが進路を選んだ結果です。

美術系以外の大学に進む者も例年ありますが、この生徒たちと美術系に進む生徒たちに差はありません。

皆「絵を描くことが好き」というところからスタートしたのです。

それは勉強にも生かされます。物を観て感性がとらえ、集中して描くことは、勉強に興味を持ってそれを学問として深めていく過程と同じなのです。

そして絵を描くことで常に自分と向き合う時間を過ごし、創造の喜びと厳しさも知ることで絵と共に成長するのです。

それが永年の進路実績に表れています。

■平成25年度　受験生対象行事

9月28日(土)	公開授業	8:35～12:40
10月5日(土)	公開授業	8:35～12:40
	学校説明会	14:00～
10月26日(土)	女子美祭(ミニ説明会実施)	10:00～17:00
10月27日(日)	〃	〃
11月16日(土)	公開授業	8:35～12:40
11月30日(土)	公開授業	8:35～12:40
	学校説明会	14:00～
12月7日(土)	ミニ学校説明会	14:00～
1月11日(土)	ミニ学校説明会	14:00～

■女子美祭

10月26日(土)～27日(日)
付属中学・高校・大学まで同時に開催される本校のメーンイベントです。
生徒全員の作品展示のほか、盛りだくさんの内容でお待ちしています。

■女子美二ケ中学生・高校生美術展

9月27日(金)～10月5日(土)
10:00～17:00　本校エントランスギャラリー

■高等学校卒業制作展

3月2日(日)～3月8日(土)
10:00～17:00　東京都美術館

●本校へのご質問やご見学を希望される方には、随時対応させて頂いております。
お気軽にお問い合わせください。

美

女子美術大学付属高等学校・中学校

〒166-8538　東京都杉並区和田 1-49-8　TEL 03 - 5340 - 4541　URL http://www.joshibi.ac.jp/fuzoku/

白《しら》梅《うめ》学《がく》園《えん》清《せい》修《しゅう》 中高一貫部

グローバルな視点を持った世界で活躍する女性を育成

白梅学園清修は、気品とフロンティア精神を兼ね備えた女性の育成を目標に、開校して8年目を迎えました。特徴的な教育で注目が集まっています。そのなかでもグローバル教育について道元香織先生にお話しを伺いました。

上）アフタヌーンティーのマナー講習
下）３週間のイギリス研修旅行
右）英語で話し考えるネイティブの先生の授業

6年間で2回の全員参加の海外研修旅行

現在、多くの学校で海外研修が行われていますが、白梅学園清修の海外研修旅行がほかの学校とちがうのは、希望制ではなく、生徒全員が中2と高1で2回海外に行くということです。

一見厳しいようにも見えますが、「意識の高い希望者だけを対象にするのではなく、社会に出たときにかならず必要になる英語や国際感覚について、今後、すべての子どもたちに提供するべきだという考えからです」と道元香織先生は説明されます。

海外研修旅行は中2でイギリスに3週間、高2でEUの国々を2週間かけて巡ります。

イギリス研修では、英語を母語としない国の生徒のためのプログラムに参加します。そのため、全寮制の学校の寮に宿泊することになります。そこでは、さまざまな国から来た生徒たちとともに過ごします。研修中には、各自で決めたテーマをリサーチし、帰国後レポートにまとめます。

また、学校全体のカリキュラムとして、各教科の先生が協力しながら連動的な事前学習が授業で行われています。

「英語の授業では、研修中に使えそうな表現を学ぶだけではなく、入国審査のやりとりや、飛行機の機内アナウンスを聞いたり、ショッピングなどの場面で必要となる会話を勉強します。また、アフタヌーンティーのマナー実習を行い、文化の違いなども学びます。社会ではイギリスの地理や歴史など、家庭科では食文化について学びます」（道元先生）

こうした事前学習を経ることで、現地で過ごす時間がより充実したものとなっています。

ネイティブの先生による英語の授業時数を増加

現在、白梅学園清修では、ふたりのネイティブスピーカーの先生が在籍しており、1クラスをふたつにわけた少人数で授業が行われています。

中1～2では、昨年までは65分授業で週1時間の授業でしたが、今年から50分授業で、週5時間と大幅に時間数が増えました。これについて道元先生は「英語で考えて、英語で話させる経験をとにかくたくさん作っています」と、早い段階で英語に対する抵抗感をなくすことが狙いです。

中学時代に英語に触れ、高校課程においては、高1～2で、週1回の英会話の授業のなかでプレゼンテーションやスピーキング、ライティング能力を養い、長文の読み方や文法の演習量を増やしていくような授業構成で、使える英語を大学受験に向けた力に変換していきます。

こうした活動により、白梅学園清修では、幅広いグローバルな視点を持ち、国際社会で活躍できる、社会に愛される女性を育成しています。

白梅学園清修
中高一貫部
〒186-8570
東京都小平市小川町1-830
TEL 042-346-5129
FAX 042-346-5693

合格の秘訣は親にあり！

子どもと向きあう 中学受験

親の受験とも言われるほど、中学受験において親子の関係は
非常に大切です。受験生の保護者として子どもにどう接すればよいか、
３人の専門家にお話しをうかがいました。

「中学受験では子どもへの親の働きかけが重要」

森上教育研究所
所長　森上　展安

「「手をかける」ことは「足を引っ張る」こと」

安田教育研究所
代表　安田　理

「特別なことはせず普段どおりの日常を」

産経新聞編集委員
大野　敏明

親は子どものペースメーカーに

中学受験では子どもへの親の働きかけが重要

森上教育研究所
所長　森上　展安

もりがみ・のぶやす　森上教育研究所所長。岡山県生まれ。早稲田大学卒業。進学塾経営などを経て、1987年に「森上教育研究所」を設立。「受験」をキーワードに幅広く教育問題をあつかう。近著に『入りやすくてお得な学校』『中学受験図鑑』などがある。

最初は緩やかに 成長に合わせて目標を高く

お子さまによって受験にのぞむスタンスはさまざまです。高校受験、大学受験と本人による自覚のウエイトがより高まりますが、中学受験は、親と子の相互のかかわりあいのウエイトが高いのが特徴です。したがって、親に対する依存度が高いぶんだけ親の働きかけが有効に作用します。

ただし、この小学生の時期の追いこみには目を見張るものがありますから、最後の100日、もっと言えば「最後の最後でベストコンディションにもっていこう」という意見一致を親子でぜひしておきましょう。

それまでは少しずつよくなればよいわけで、100日のうち最初の30日は、達成のバーをとくに高くしないことが肝心です。

もっともすでに合格圏にいるお子さまは別の注意が必要です。というのも、目標が高ければ高いほど追いあげてくるスロースターターがいるからです。入試は1点勝負ですから、目標校の出題傾向に合わせた対応を抜かりなくやる必要があります。

もう1点は、目標校の過去問で入試の合格点との差をどのように縮小していくか、これを合格最低点から逆算して得意科目で何点オーバーし、不得意科目で何点まで得点するか、そのためには何％の正答率の設問までクリアすればよいか、を過去問をやりながら繰り返しシミュレーションをすることです。もちろん、そのためには、それらのデータを集める必要があります。公表されている学校ばかりでもありませんから、非公表の学校については、塾のベテランの先生か、しかるべき先生を見つけて作戦を立てましょう。

おそらく、平均して50％の正答率の設問を得点すればほぼ合格ラインです。科目のデコボコが多い場合は、得意科目で40％ラインの正答率をクリアする一方で、不得意科目では60％ラインのクリアにとどめる、という作戦です。

そのためそれ以外の難問には大胆に手をつけないということができるわけです。これは正答率がどのくらいの問題かという判断ができなくてはいけないので、大きな模試と過去問のデータで、親子でしっかりマークして感覚をつける必要があります。

もっとも親は問題を解けない可能性があるので、正答率を調べてノートなどに明確にしめしてあげるという作業をするだけでよいのです。

つまり、到達ラインを正答率にしぼって設定し、そのバーを少しずつあげていく。けっして焦らず、最初の30日はとくに緩やかに、しっかりていねいにやさしい問題を確実に解くことを目標にしてください。とくによくできる子に惜しいミスがでがちですから、少し余裕のあるこの期間に徹底しておきましょう。

受験までいっしょに走る 親は子どもの伴走者

以上は勉強に関してですが、むしろ多くの役割は、お子さまとの会話の持ち方にあります。

とくに気をつけたいのは「やった」「やらない」のような勉強の確認の仕方です。

どれか1冊（手前みそですが、森上スキル研からでている『これだけ!』シリーズのようなもの、四谷大塚では『四科のまとめ』にあたるもの）を決めて、いっしょに計画を立て、一進一退はあってよいので、着実に1ページずつ進めていくことが大切です。

具体的にこなすべき問題を特定して、できた、できない、どう考えればできたか、をきちんとノートにしておくこと。つまりあらかじめ親子で決めて、決めたことはやりぬくことです。

ときおり、この時期でちっとも勉強しないなどという相談を受けますが、それは小さなお子さまですから親が適切な教材で学習計画を立てておくことをしていないからです。これをすることが親子でむずかしい場合は、人の手、つまり家庭教師に頼むのもひとつの方法ですし、親が手伝いにくい算数など1科目だけをそうして、ほかを親子でやる、というのでもよいでしょう。

最後に最も大切なことは、そろそろ自我が芽生えるころなので、親が子に対して人格的な対応を心がけるべきということでしょう。ちょっとお兄ちゃん、お姉ちゃんのあつかいをしてあげること。少し心が折れそうになって、あまり気が乗らないということもあるでしょうから、そうした場合は、親が「こうなさい」という言い方よりも「あなたはそれでよいの」かと自覚や自尊感情に訴える言葉をかけたいですね。

あるいはさりげなく仲間で努力している友だちの話や、「（1歳か2歳上の身近な先輩は）こんなことを言っていたよ」というのでもよいでしょう。

よくマラソンでコーチが伴走して、これはというとき声をかけていますね。ああしたペースメーカーの役割がこの100日にはとても大切です。

よくがんばっているときは「よし、その調子で行け」と言うし、少し弱っているときは励みになる言葉かけが必要です。なにより、親に求められる姿勢はマラソンの名監督の言葉ではありませんが「きみならできる!」という基本スタンスです。

ですが、ほんとうに子どもを支えるのは、「どのようになっても親は子を愛しているよ」というメッセージです。心は相互作用があります。まず親が子に、が鉄則です。

「手をかける」ことは「足を引っ張る」こと

安田教育研究所
代表　安田　理
やすだ・おさむ　安田教育研究所代表。東京都生まれ。早稲田大学卒業後、(株)学習研究社入社。雑誌の編集長を務めた後、受験情報誌・教育書籍の企画・編集にあたる。2002年安田教育研究所を設立。講演・執筆・情報発信、セミナーの開催、コンサルティングなど幅広く活躍中。

「学び」が転換した大学で伸びる子どもになるために

大学の先生がよく、高校と大学の間には学びにおいて大きな質の転換があるのに、肝心の学生がそのことをわかっていない、自分の頭で粘り強く考えることをしないですぐに答えを求めてくる、個人では優秀なのにグループワークさせようとするとうまくいかない…といったことを言います。

高校までは、教えられることを学んでいました。しかし、大学は、教えられる場ではなく、自分で研究課題を探し、自分からそれに取り組むことが求められます。答案用紙に答えを書けばすんでいたものが、長文のリポートを書くことが必要になり、人前で発表することも求められます。質の転換であるから、高校時代に優秀だった生徒が、大学でもそのまま優秀な学生でいられる保証はありません。

お父さんのなかには、「費用対効果の高い学校選び」ということで、授業時間数、放課後の補習・講習の時間数、長期休暇中の講習日数など、量的な側面を細かくチェックするかたがいます。が、子どもの将来のためには量ではなく、質の転換が重要であることに気づいてください。

単純に学習量の多い学校、面倒を見てくれる学校をよいと考えるのではなく、自分の頭で考えさせる、リポートを書かせる、グループでディスカッションさせるといったアウトプットの機会をたくさん用意している、いわば学びの質の転換を意識しているかに注目してはどうでしょうか。その方が、子どもが大学で社会で伸びると思うからです。

「主体的に」が子どもを伸ばす

日本の大学とアメリカの大学の入試の決定的なちがいは、日本はほとんどの大学がペーパー試験の結果のみで決まるのに対し、アメリカの大学は学力以外に本人の属性および校内の活動、校外の活動までも判断材料にする点にあります。

この校内、校外の活動を見る意図は、本人が活動に積極的に、主体的に取り組んできたかを見る点にあります。日本でリーダーシップというと、組織の長が備えている資質のように思われているので、この言葉を使いにくいのですが、なにも長である必要はなく、リーダーシップが取れるタイプかどうかが見られているのです。

これからの社会は、すぐ隣に外国の人がいる状況でしょうし、本人も否応なく海外にでざるをえないだろうと思います。そうしたとき、だれかに指示されるのを待っているようではコミュニケーションは取れません。自分から話す、自分から動く、そうした主体的姿勢＝リーダーシップが欠かせないのです。

グローバル社会というと、すぐ英語が話せる、または専門的な知識や技術を持っているということが言われます。確かにこの両方が必要なのですが、これだけではやっていけま

せん。異なる背景を持つ世界中の人と議論し、競争し、協力しあいながら仕事を進めていく力、生きていく力が求められます。その前提となるのが、「自分の頭で粘り強く考える力」と「相手に伝わるように説明できる表現力」です。

　これらは一朝一夕には身につきません。ふだんから、「あなたはどう思うの?」「あなたの意見は?」「自分で判断してやってみたら」と、本人に考えさせ、意見を言わせ、判断をゆだねることの積み重ねがなければ身につかないのです。

　お子さんが受験生だと、時間が貴重だから、「あなたは勉強だけしていればいいの。ほかのことはママがやってあげる」となってしまいがちですが、それではたとえ合格しても、子どもは伸びません。子どもがうまく説明できなくて、やるのに時間がかかっても、じっと我慢して口を、手をださないでください。家庭の日常生活でも、子どもにリーダーシップを取らせることを意識的にやっていただきたいのです。

ふだんの生活のなかから始めないとむずかしい

　つぎは「話し方」の問題です。

　日本人同士の会話の特性について以下のことがよく言われます。

・主語がなにかわからない。
・最後まで聞かないと肯定なのか否定なのか判断できない。
・「あれ」「それ」といった指示語が多く、仲間内でしか通用しない。
・相手の反応を見て、途中から話の方向が変わる。
・阿吽《あうん》の呼吸を相手に求めている。

　日本人同士ならこれでもよいでしょう。でも子どもたちが巣立っていくこれからの社会では、ごくふつうに外国の人と話す必要がでてくるのです。そうしたとき、日本人同士の特性あふれる話し方をしたのではまるで通用しません。

　主語をかならず入れて話をする、結論をさきに言う、主観的な印象ではなく客観的材料をふまえて話す、そういったことは、意識して話せば可能になるというものではありません。ふだんの生活からそういう話し方をしていなければ無理なのです。

　最後に、これまで述べてきたことを整理しましょう。

　やってあげることが親の愛情だと思いがちですが、「手をかける」ことは、子どもの成長の「足を引っ張る」ことになるのです。

あと100日の親子の過ごし方

特別なことはせず 普段どおりの日常を

あと100日しかないと考えるか、それまだ100日あると考えるか、それはともかく、ラストの100日をどう過ごすかが、入試の成否を決める、といっても過言ではないでしょう。

こつこつと勉強をしてきた受験生が、それまで、さほど勉強をしていなかった受験生にラストスパートをかけられて、ゴール直前で抜かれて涙を呑む、ということもあります。最後の100日は、これまでの100日よりも、とても大事だということです。

保護者のかたも受験生も、ここまできたのですから、息切れすることなく、最後まで全力を出しきってほしいと思います。受験まであと100日、親と子はどう過ごしたらいいのかを考えてみました。

1 生活はいつもどおりに

まず、生活です。あと100日になったからといって、特別なことをする必要はありません。いつもどおりにすることです。

これまで、学校に行き、授業を受け、友人と過ごし、塾に行き、自宅で学習するという生活をしてきたと思います。そのいつもどおりの生活をつづけることです。それは、自分になじんだこれまでのペース、リズムを大事にするということです。

あと100日となると、気はあせるし、なにか特別なことをしたくなります。学校をおろそかにして、登校日を減らし自宅学習を増やしたり、睡眠時間を削って夜遅くまで勉強したりする話を聞きますが、感心しません。

保護者としては、少し無理をしてでも、受験に有利なように知識を詰めこもうと考えがちですが、生活のリズムが狂うと、思うように能力を伸ばせなくなり、逆効果です。

体力的にも消耗し、精神的にも混乱し、根気を失ったり、やる気をなくしたりすることにもつながりかねません。受験生といってもまだ11歳か12歳です。無理をしないことが大切です。

保護者としては、受験生を特別あつかいすることも避けたいと思います。

食事などでも、「○○ちゃんは受験だから」などと、ほかの家族とはちがうメニューにしたり、よい点をとったからなどといって、特別に外食したりする必要はありません。

とくに兄弟がいる場合、受験生だけに好物を与えたりすると、ほかの兄弟への悪影響ももちろんですが、受験生を追いこんだり、逆に受験生を高慢にしてしまいかねません。それは受験生の人生にもよい影響を与えません。むしろ、受験生を励まし、親子、兄弟のきずなを深めるような受験態勢にすることです。そのためにも特別あつかいではなく、ふだんどおりに温かく見守ることが大切です。

2 ペースを維持し復習に重点を

つぎに勉強のことです。勉強も生活と同じように、特別なことはしない方がいいと思います。よく、成績が伸びないからとか、苦手を克服するためとかの理由で、塾を替えたり、

産経新聞編集委員
大野　敏明
おおの・としゆき　産経新聞編集委員。東京都生まれ。学習院大学卒業。『フジサンケイ　ビジネスアイ』に「がんばれ中学受験」と題して24回の連載記事を執筆。自身も男児ふたりの中学受験に寄り添った経験あり。

新しい参考書にしたり、新しい問題集をやらせたりする家庭がありますが、よいことだとは思えません。

受験生が通っている塾では、受験日に向けて勉強のスケジュールを立てているはずです。スケジュールは志望校合格への最短の道をしめしています。保護者が新たなことをやらせると、ペースも乱れますし、受験生に過重な負担をかけてしまうことになります。

これまで多くの勉強をしてきたわけですが、あと100日を切ると、5年生のときにやったはずの分野を忘れてしまうこともあります。そこに新しいものを持ちこんでも混乱するだけです。

むしろ、復習に重点をおいたり、過去問をやるなどして記憶を維持することが必要です。新しいものを詰めこむよりも、覚えたことを忘れないようにしたいと思います。とくに最後の1カ月は、復習に重点を置いた勉強を心がけることをおすすめします。

そして、これがむずかしい決断なのですが、どうしても苦手な分野は、思いきって捨ててしまうことです。入試は満点でなければ合格できないということはありません。克服できない不得手な分野にこだわらず、残りの分野で万全を期すという考えもあります。

3 健康第一

どんなに勉強しても、健康を損ねては、成功はおぼつきません。受験の季節は風邪やインフルエンザのはやる季節でもあります。

受験当日や受験直前もそうですが、それ以前でも風邪などを引くと、そのぶん、勉強時間が削られますし、塾のスケジュールからも遅れてしまいます。

日ごろから、人が集まる場所にはなるべく行かないことです。学校でインフルエンザがはやっていたら、思いきって学校を休む。とにかく、健康第一です。

塾に行くのに電車やバスを利用する場合は、かならずマスクをし、受験の2週間前くらいからは、学校でもマスクをするくらいの用心深さが必要です。

早寝、早起き、手洗い、うがい、いつもいわれることですが、生活のリズム、栄養のある食事、ふだんどおりの生活、無理をせず、健康を維持してこそ、ベストコンディションで受験にのぞめるのです。

昭和学院
秀英中学校・高等学校

ありのままの秀英

学校説明会

第3回 9/7 土 10:00~

第4回 9/28 土 10:00~

第5回 10/19 土 10:00~

学校説明会予約開始日

第3回は7/1（月）~
第4回~第5回は9/2（月）~

ホームページまたは
電話でお申込みください。

雄飛祭（文化祭）

9/15 日

9:00~15:00

（受付は14:00までです）

※ 一般公開しております。
予約の必要はありません。

※「学校紹介コーナー」「入試相談コーナー」
を設けています。

〒261-0014　千葉市美浜区若葉1丁目2番
TEL:043-272-2481　FAX:043-272-4732
http://www.showa-shuei.ed.jp/

showa gakuin
Shuei

10年後。今とは違う日本で、世界で——。

学校説明会（説明会以外は予約制）
9 / 14 ㊏ 説明会・体験授業・体験クラブ
10 / 19 ㊏ 説明会
11 / 23 ㊏ 説明会・入試問題解説
12 / 21 ㊏ 説明会・体験授業・入試問題解説
1 / 11 ㊏ 説明会

公開行事
9 / 26 ㊍ 体育祭
10 / 24 ㊍ オープンスクール
11 / 9 ㊏ 昭和祭（文化祭）
11 / 10 ㊐ 昭和祭（文化祭）
2 / 21 ㊎ 私の研究全校発表会

2014年度募集要項			
試験日程	A	B	C
募集人員	60名	60名	40名
試験日	2/1㊏	2/2㊐	2/3㊊
考査科目	2科目または4科目の選択		

詳細はこちらから ▶▶▶ http://jhs.swu.ac.jp/

中高一貫
昭和女子大学附属 **昭和中学校**

■〒154-8533 東京都世田谷区太子堂1-7-57 ■東急田園都市線「三軒茶屋」駅下車徒歩7分
■TEL：03-3411-5115 ■E-mail：info@jhs.swu.ac.jp

創立80周年　新世紀ルネサンス

社会の進歩に貢献する、明朗で実力ある人間を育てる

恵まれた環境、明るく伸びやかな校風。

学校法人湘南学園

湘南学園中学校高等学校

〒251-8505　藤沢市鵠沼松が岡3-4-27　TEL.0466-23-6611（代表）　FAX.0466－26－5451

最寄駅　小田急江ノ島線　鵠沼海岸駅徒歩約8分

http://www.shogak.ac.jp/highschool/

創立80周年を迎え新たな理想に燃え、より魅力ある学校づくりをめざします。

- ●本物の生きる力を身につける：「総合学習」「国際セミナー」
- ●一人ひとりが主人公：生徒自身がつくり上げる「学校行事」
- ●こだわりの第１志望を実現「チーム湘南学園」：卒業生による学習支援「サポーターズバング」の活用

［説明会等の日程］ 各回多彩なコンセプトで実施。申込方法：FAX・ホームページ。

学校説明会

9/14(土)　時間 9:30~12:20　申込期間 8/1~9/8
湘南学園を知ろうNo.2
夏力！　湘南学園の実践を紹介＆ミニオープンキャンパス

10/12(土)　時間 9:30~12:00　申込期間 9/10~10/6
湘南学園を知ろうNo.3
~カフェテリアから発信「食育」の取り組みを紹介~(予定)

入試説明会

11/13(水)　時間 9:30~12:00　申込期間 10/8~11/7
必勝！　入試情報編

12/ 7(土)　時間 9:30~12:20　申込期間 11/9~12/1
入試問題にチャレンジ！　直前対策編

学園祭

9/28(土) 29(日)
場所 湘南学園キャンパス
時間 9:30~15:50
予約不要 個別相談会あり

学校見学期間

※要電話予約
申込期間はHPでご確認下さい。

［冬］1月11日(土)~1月18日(土)
①10:00~　②11:00~

※イベントが予定通り行われない場合がございます。ホームページでご確認下さい。

SHOHEI
JUNIOR & SENIOR HIGH SCHOOL

昌平中学校

手をかけ　鍛えて　送り出す

●入試説明会 10:00～

9月28日(土)
10月10日(木) 授業見学可能日
11月29日(金) 授業見学可能日
12月14日(土) 授業見学可能日

●昌平模試・教育講演会

10月26日(土) 9:00～
＊要予約　小6対象

●入試問題アドバイス

11月10日(日)10:00～
＊要予約　小6対象
＊児童定員105名

過去4年間　主な大学合格者数

	平成25年		平成24年		平成23年		平成22年	
国公立	東北大(1)	お茶の水女子大(1)	東京大(1)	東京工業大(1)	筑波大(1)	横浜国立大(1)	東京大(1)	東京工業大(1)
	筑波大(3)	千葉大(3)	筑波大(2)	千葉大(1)	東京学芸大(3)	埼玉大(4)	筑波大(1)	千葉大(3)
	埼玉大(4)	宇都宮大(2)	埼玉大(4)	群馬大(2)	茨城大(1)	宇都宮大(1)	埼玉大(1)	宇都宮大(3)
私立	早稲田大(9)	上智大(3)	早稲田大(12)	慶應義塾大(2)	早稲田大(2)	慶應義塾大(1)	早稲田大(4)	慶應義塾大(3)
	東京理科大(14)	学習院大(9)	上智大(2)	東京理科大(12)	上智大(1)	東京理科大(15)	上智大(3)	東京理科大(7)
	明治大(12)	青山学院大(4)	学習院大(6)	明治大(13)	国際基督教大(1)	学習院大(5)	学習院大(3)	明治大(13)
	立教大(9)	中央大(7)	青山学院大(5)	立教大(12)	明治大(7)	青山学院大(2)	青山学院大(1)	立教大(7)
	法政大(23)	成蹊大(6)	中央大(11)	法政大(17)	立教大(7)　中央大(6)	法政大(19)	中央大(6)	法政大(9)

昌平中学校の特色

Special Wednesday
スペシャル・ウェンズディ　「百聞は一見に如かず」体験を通して学ぶプログラム

毎月1回、水曜日をスペシャル・ウェンズディとし、多彩な体験学習を実施します。机上の学習では得られない体験を通して感動を与えるとともに、「調べる」「まとめる」「発表する」「考察する」といった学問の基本となる姿勢を身につけます。

大学教授によるプロジェクト学習

狙い　生徒主体のプロジェクトに基づく学習を通じて、生徒を動機づけ自信を持たせ、自立した学習者にする。

期待される効果
■ 対人コミュニケーション能力の向上
■ 問題解決能力の向上
■ プレゼンテーション能力の向上
■ 判断能力の向上
■ キャリア意識の醸成

Power English Project
パワー・イングリッシュ・プロジェクト　全校生徒が英語に強くなる

国際化の進む現代社会において、語学の習得は不可欠です。そこで本校では、世界に通用する英語力と国際感覚を養い、「英語の勉強は大学に合格するためだけでなく、世界へ羽ばたくために必要であること」を生徒に実感させています。それが本校の全教員が取り組んでいる英語力強化計画「パワー・イングリッシュ・プロジェクト」です。

■ 英検全員受験
■ 英語の授業時間の充実
■「日本語禁止部屋（インターナショナル・アリーナ）」の設置
■ 校内英語スピーチコンテストの開催
■ 姉妹校スコッツ・スクール（オーストラリア）との交流

SHOHEI
昌平中学・高等学校

〒345-0044 埼玉県北葛飾郡杉戸町下野851 TEL:0480-34-3381 FAX:0480-34-9854
http://www.shohei.sugito.saitama.jp

JR宇都宮線・東武伊勢崎線　久喜駅下車
直通バス 10分 又は 自転車 15分

東武日光線　杉戸高野台駅下車
直通バス 5分 又は 徒歩 15分

東武伊勢崎線　和戸駅下車
自転車　8分

主要駅から本校の最寄駅までの所要時間
●大宮駅から久喜駅まで20分
●赤羽駅から久喜駅まで36分
●春日部駅から杉戸高野台駅まで　9分
●北千住駅から杉戸高野台駅まで 40分

過去問を解いてみよう

過去問を解いてこれから実戦力をつけていきましょう

入試問題は学校からのメッセージ

「過去問」とは、文字どおり過去に出題された入試問題のことですが、過去問には、それぞれの学校から受験生へのメッセージが含まれていると言えます。すなわち、受験当日までに「どのような力を身につけておいてほしいか」を如実に表したものなのです。

学校説明会などでしめされるそれぞれの学校が求める生徒像や学力観と合わせて過去問を見ていくことは、受験成功のためには不可欠です。

過去問演習で相手を知ろう

「彼を知り己を知らば百戦危うからず」。これは孫子の兵法にある言葉ですが、過去問を解くことの目的は、まさにこの言葉どおりです。つまり、過去問に取り組む目的は、彼＝入試問題傾向を知るとともに、己＝自分の実力や弱点を知る目的があります。

実際の入試問題を解いてみると、初めて気づくことや新鮮な驚きがかならずあるはずです。国語の文章が長くて驚くこともあれば、どのテキストにも載っていない初めて見る実験が題材になっているということもあります。

また、解答用紙を見比べるだけでも、有益な情報が得られます。たとえば、算数の解答用紙なら、最終的な答えだけが採点対象なのか、過程（途中式や考え方をしめす図など）が採点対象となる可能性があるのかがわかります。国語の解答用紙を見れば、選択問題が中心、字数の制限のある記述が多い、自由記述が多い、などといった情報が得られます。

しかし、その学校の特徴や傾向というのは、1回分を解いただけではわからないことが多く、また、数年分の問題を見渡して傾向を把握するのは子どもには難しいところです。傾向をつかむには、保護者が手を貸したり、塾の先生に相談したりすることが必要です。

そして、数年分の問題を解いているうちに、「体感として」その学校の入試問題の特徴がわかるようになります。これはとても大切なことなのです。

過去問演習は実力を伸ばすチャンス

過去問演習のもうひとつの目的は、目標に到達するのに必要な実力を身につけることにあります。

過去問は実際に出題された問題であり、その点で、単元ごとのテストや模擬試験とは別物です。単元ごとのテストでは点数が取れていても、ちがった角度から問われていたり、複数の単元の考え方を組み合わせる必要があったりすると、点数が取れないこともよくあります。たとえば、割合の問題だといわれて解けばできる問題であっても、入試問題で「それが割合の問題であること」に気づかなければ解けないというような場合です。

入試問題を解くのに必要な時間を知り、各学校の問題に合わせて時間配分の作戦を立てるのも大切なことです。

何度か過去問を解くうちに、それぞれの教科ごとに、じゅうぶん時間が足りるのか、それとも時間切れになるのか、といったことがわかってきます。また、最近の子どもに多く見られる傾向のひとつが、悪い意味での「マイペース」です。周囲がどこかで、すべて自分に合わせてくれるものと思っているところがあります。入試では、時間が足りなくても待ってくれるということは絶対にありません。過去問演習のときも、時間は厳格に守るようにしましょう。

点数よりも注目すべきこと

過去問で何点取れば合格しますか？　これもよくある質問ですが、学校ごと、日程ごと、年度ごとと、さまざまな要素に左右される数値であるため、一概には言えません。

参考にしてほしいのは、「合格者最低点」と「合格者平均点」（受験者全体の平均点ではありません）です（いずれも公表されないことがあります。また、教科ごとの数値が公表されないこともあります）。

教科ごとに合格者最低点をクリアすることが、当面の目標数値となります。また、4科とも合格者平均点に達するようになれば、かなり有望です。

いずれにしても、入試は１００点満点が求められる試験ではなく、要求されるラインは予想外に低いと感じる人が多いことと思います。学校によっては、55％程度が合格最低点という学校（または年度）もあり、80点はいい点数で50点は悪い点数という発想ではなく、学校の求めるラインに対して、自分がどこまで到達しているかという視点で見ることが大切です。

相性の問題

「過去問をやってみたところ点数が伸びない。相性が悪いので、志望校を変更すべきか？」という質問を受けることがありますが、ここは冷静な対応が必要です。

過去問との相性以前に、実力がまったくともなっていないのであれば志望校の変更もやむをえません。そうではなく、模擬試験の成績を見ても、また塾の先生の手応えからも、実力はついてきているが、過去問ではなかなか得点が伸びない、という状況であれば、志望校を変更する必要はないでしょう。さまざまな学校の魅力を総合して決定した志望校を、過去問との相性が合わないことだけで変更するのは、本末転倒です。

また、相性のよしあし、つまりその学校と「合う、合わない」はもう少し分析的な判断が必要です。

たとえば、算数で苦手としている図形に関する問題が多く出題されているから点数が伸びないだとか、国語の記述問題の割合が高いことがネックになっているだとかの理由を、相性が悪いと決めてしまうより、「なにが原因で、なにを改善すれば点数が伸びるのか」という前向きな見方をした方がいいですね。

そうすることで、諦めようとしていた学校に対しても、合格に向けた指標が見つかるかもしれません。

◆まとめ

- 入試問題にこめられた学校からのメッセージを読み取ろう
- 過去問演習をつうじて、さらに実力を伸ばそう
- 得点そのものよりも、自分の到達度に注目しよう

東京純心女子中学校
高等学校
Tokyo Junshin Girls' Junior and Senior High School

■中学校説明会（予約不要）
9月14日（土）11:00～11:50
【純心祭当日】
9月15日（日）11:00～11:50
【純心祭当日】
10月19日（土）10:30～12:30
11月13日（水）10:30～12:30
＊11月30日（土）10:30～12:30
＊小6対象「入試体験会」を実施【要予約】

■個別相談会【要予約】
12月 7日（土）13:00～16:00
＊ 1月11日（土）13:00～16:00
＊小6対象

■純心祭（文化祭）＜説明会・入試相談コーナーあり＞
9月14日（土）・15日（日）9:00～15:00

■適性検査型入学試験説明会（予約不要）
12月22日（日）9:00～9:40

■クリスマス・ページェント【要予約】
12月22日（日）10:00～12:00

〒192-0011 東京都八王子市滝山町2-600
TEL.（042）691-1345（代）
併設／東京純心女子大学 現代文化学部
（国際教養学科・こども文化学科）
http://www.t-junshin.ac.jp/jhs/
E-mail j-nyushi@t-junshin.ac.jp
交通／JR中央線・横浜線・八高線・相模線八王子駅
京王線京王八王子駅よりバス10分
JR青梅線福生駅、五日市線東秋留駅よりバス

受験まであと100日

過去問を解いてみよう

文章を読みきる力を身につけよう

国語の過去問演習で大切なことは、短い時間で一定量の文章を読みきる力を身につけることです。

国語の読解問題は、文学的文章（物語文、随筆など）1題＋説明的文章（説明文、論説文など）というパターンが多く見られますが、解答の時間も考えると、かなりのスピードで読み進める力が必要です。学校によっては7000字を超える長文1題（おもに物語文）という出題もあります。

国語の得意な子のなかには、本文を読みながら、設問を示す線や空欄がでてきたところで設問を読み、また本文に戻るという並行処理ができる子もいます。文章を読むのを途中で一時中断しても、また流れを途切れさせることなく本文に戻ることのできる人は、この並行処理ができます。しかし、そうでない場合は、まずは本文を最初から最後までとおして読めるように、練習を積みましょう。タイマーを利用して、制限時間内で読みきるという意識づけをしましょう。

とくに読むのが遅い場合は、試験開始後すぐに読み始めているかどうか、本文のわからないところを何度も繰り返して読んでいたり、ぼんやり読んでいて文字が頭を素どおりしたりしていないかどうかを確認してみてください。

また、設問からさきに読むという方法は、一見、効率的に思えるかもしれませんが、これが通用するのは一部の問題にかぎられます。本文自体の内容がわからないのに、設問内容が理解できるというのはあまり考えられないことで、かえって非効率です。設問をさきに読むと、どうしてもすぐに解答を書きたくなります。文章世界の内容を知らないまま問いに答えようとしているわけですから、そこで、無理に答えようとすると、推測や思いこみだけで解答を書いてしまうことになります。

復習ノートの活用

過去問演習を終えたあとは、答え合わせだけでなく、かならず復習をしましょう。復習ノートをつくるのもひとつの手段です。

国語の復習ノートのポイントは、正解できなかった問題について、解答解説を読み、解答にいたるまでの過程を、自分の言葉で書き記しておくことです。選択問題であっても、この選択肢の内容が本文のどこに書かれているのか（または本文のどこに反するのか）といったことを、自分の理解のとおりに書いておきましょう。

条件のある記述問題はもちろん、自由記述の問題であっても、書かなければならないポイントがあります。復習ノートには、そのポイントと、なぜそれがポイントになるのかを書いておきましょう。

同じ文章の問題を反復学習することも大切です。同じ文章を繰り返し読むことで、理解が「深化」していきます。この過程で読む力が身についていくのです。

伝わるかどうかをチェックしてもらおう

国語の記述問題は、なるべく塾の先生に（家では、保護者のかたに）採点してもらうようにしましょう。自分で書いた文章は、自分の理解に基づいて書いているため、たとえ言葉足らずであっても意味が自分のなかではとおるため、採点が甘くなりがちです。

他者の視点で読んでもらい、記述内容が相手にじゅうぶん伝わるかどうかをチェックしてもらい、伝わら

過去問を解いてみよう

ない部分はどこかを確認し、相手に伝わる表現を身につけましょう。

自分で書いたものを自分で読み返して、伝わるかどうかが判別できるようになれば、かなり国語力がついてきた証拠です。

知識問題は確実に

国語の入試問題のほかに言葉に関する知識を問う問題が出題されます。その代表が、漢字の読み書きです。読み書きとも過去問演習のなかで出題されたものは、かならずその場で覚えるようにしましょう。ポイントは、意味といっしょに覚えることです。機械的に間違えた熟語だけを繰り返し書いて覚えると、一時的に覚えることはできるかもしれませんが、「使える言葉」になっていないとすぐに忘れてしまいます。国語辞典で意味を確かめ、用例を参考に、自分でもその言葉を使った例をつくってみましょう。

意味といっしょに漢字練習をすることは、同音・同訓の漢字の問題にも効果的ですし、語彙《ごい》が増えることは、自由記述などの作文型の問題の実力アップにもつながります。

また、知識問題にかぎらず字がていねいで早く書けることは、それも実力のひとつです。

日ごろから読みやすい字が書けていればなんの問題もありませんが、「乱雑」はどの教科においても不利になる可能性があります。どんなに好意的に採点しても、字が判別できなければ採点対象にはなりませんし、自分自身による読み間違いはミスの原因になります。

乱雑に書いてもていねいに書いても、じつはスピードはそんなに変わりません。書くスピードをあげるのに驚くほど効果的なのが、書き写しです。1日長くて200字程度でかまいません。漢字練習を兼ねて、教科書や新聞のコラムなどの良質な文章を書き写してみましょう。このとき、かならず時間をはかって、記録をつけておきましょう。

著作権問題

近年、市販の過去問集に国語の問題が掲載されていないことがあります。過去問を集めたウェブサイトでも、国語だけアップされていないことがあります。著作権上の問題がその理由ですが、学校が配付または販売している過去問集にはたいてい掲載されています。

また、掲載されない場合は、たいてい原典がしめされていますので、可能なら該当箇所を読んでおくと、どのような文章が出題されたのかを知ることができます。

◆まとめ

- 過去問演習の際は、制限時間厳守。時間内に読みきる力をつけよう
- 記述問題は、相手に伝わる言葉で書くこと
- 知識問題は必ず意味を考えよう
- 字を書くスピードとていねいさも実力のうち

心 素直に、
知性 輝く

■学校説明会■
第1回　9月22日(日)
第2回　11月 4日(月・振)
各回とも9:30～12:30

■プチ相談会■
11月16日(土)
12月 7日(土)
12月22日(日)
各回とも14:00～16:30

本庄東高等学校
附属中学校
●TEL
0495-27-6711
〒367-0025 埼玉県本庄市西五十子大塚318
FAX 0495-27-6741
URL http://www.honjo-higashi.ed.jp
e-mail mailadm@honjo-higashi.ed.jp

Fight! 受験まであと100日

過去問を解いてみよう

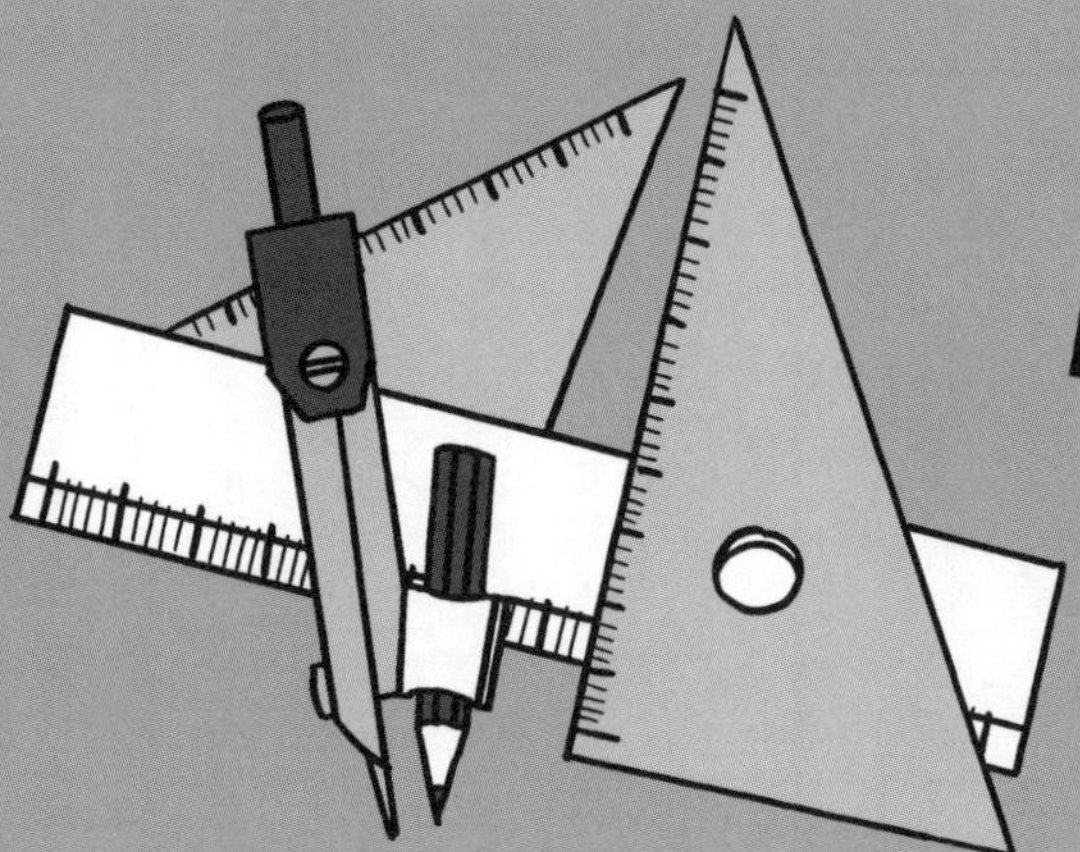

数学

未知との遭遇

過去問演習を始めると、「こんな問題、見たことない！」と感じることがあります。単元ごとの学習をしているときとちがって、本番の入試問題では、これは○○算ですよ、これは○○の公式の問題ですよ、とは言ってくれません。複数の単元の要素が組み合わされた問題が出題されることもあります。

しかし、未知の問題イコール難問、ではありません。また、じつはけっして未知のものではないはずなのです。いつかどこかであっているか、やったことのある問題がかたちを変えて出題されているのです。

まさに、自分の持っている力をさまざまに駆使して、目の前の問題が解けるかどうかが試されているのです。算数の問題文は、たいていは合理的で、ムダがありません。図やグラフも含めて、すべて問題を解くヒントです。

過去問演習とは、見たことのない（と感じる）問題に何度もであうチャンスです。

さきに述べた「彼を知り己を知れば百戦危うからず」とはよく言ったもので、過去問演習は「彼を知る」すなわち、自分の志望校の問題の傾向を知るためのものです。

点数が必要なのはあくまでも本番。過去問演習の段階は、問題傾向を知るための第一歩であり、そこから出発するのだというくらいの気持ちでのぞみましょう。そう考えると、早く自分の志望校の学校の問題に取り組んでみたくなってきませんか？

「合格ライン」に届くことが大事

算数の入試問題には、正解率が2割に満たない難問が出題されることもあります。

そのような問題に果敢にチャレンジすることも大事ですが引きぎわも大事です。つまり、これは一筋縄ではいかないとなったときに、頭を切り替えて、別の問題を解くために時間を使うということです。

「あきらめる」と言ってしまうと身もフタもないので、ここでは、積極的に捨てる、と言っておきます（でも、なんでもかんでもちょっと考えては捨てる、が癖にならないようにしてくださいね。それでは、合格ラインのはるか手前であきらめることになってしまいます）。

逆にいえば、自分の力でできる問題がちゃんとある、ということです。いわゆる1行問題なら解ける。小問の（3）はできなくても、（1）と（2）ならできる、という場合もあります。

大切なことは、全部解けるようになる必要はないということです。過去問演習をつうじて、このことを実感しておくことができれば、不必要にあわてたり焦ったりすることはなくなるはずです。

算数の過去問演習の大きな目的のひとつが、どの問題ができていれば、「合格ラインに届く」のかを知ることです。過去問演習でも模擬試験でも、できないところはどうしても気になりますが、自分のできるところ＝自分の「強み」をしっかりと把握しておきましょう。

「これならできる」を積み重ねると合格ラインに届くということは、じつはよくあることです。

「ミス・ゼロ」への意識づけと工夫

算数にかぎらず、ミスによる失点はとてももったいないことです。しかも、算数はミスしやすいところがいっぱいです。

ミスをしないようにするには、「ミ

スをしないようにする」という意識づけが必要とよく言われます。そのこと自体はまちがっていませんし、ミスはもったいない、ミスで失点したくないという気持ちを持っているのとそうでないのとでは、大きなちがいがあります。

しかし、それよりも大切なのは、ミスをしない工夫をしているかどうか、ということです。なんの数値を答えることが求められているのかを確認しているか、単位はまちがっていないか、図形への数値や記号の書きこみはわかりやすい位置に書かれているかなど、チェックポイントは数多くあります。

ミスをするたびにがっかりしていないで、そのための対策を考えた方が前向きでいいですね。

ミスをしない人間はいません。まして、時間制限の厳しいなかでのミスはつきものといってもいいでしょう。人はうっかりするものという前提に立って、どうすればミスに気づくことができるのか、という視点を持つことも必要です。

たとえば、答えがでたあとに検算していたところ、まちがっていることがわかったとします。

そのとき問題用紙に手がかり（途中式など）が残っていれば、まちがいの修正にかかる時間は短くなります。算数の先生が「途中式を残しましょう」「どう考えたかを書き残しましょう」というのはそのためです。

答えの数値そのものがおかしいと気づくことも実力のうちです。時速100kmで走る人がでてきたり、40kmの長さの列車が登場したりする時点で、「アレッおかしい」と気づくことも大事です。

制限時間との勝負

算数の過去問は、時計やタイマーを使って、時間内に1年ぶん（1回ぶん）をとおしてやりましょう。

算数の怖い(?)ところのひとつが、時間を消費する教科である、ということです。

ちょっと視点を変えた問題やむずかしい問題にぶつかると、考えているような、考えていないような状態が続き、いつの間にか時間が経ってしまっている、ということはありませんか。逆に、算数の問題が好きで、難問にぶつかってもできるまで楽しんでやってしまう、という人もいるでしょう。

実際の入学試験には、制限時間があります。延長はありません。とくに算数は、気がつくと時間がなくなっていた、ということが起こりやすい教科です。

過去問演習を積むことで、すべて解ききるのでなく、時間内にできるところを正確にやりきる、という意識に切り替えられるようにすることが大切です。

試行錯誤しながらじっくり考えることも大事なことですが、過去問演習の場合は、時間内で解くということをかならず守るようにしましょう。

◆まとめ

- 過去問は志望校の問題を知る出発点
- 計算や1行問題を反復練習し、確実に点を取れるようにしよう
- ミスをなくす工夫、ミスに気づく工夫をしよう
- 取るべきところで点数を取れば、合格ラインに届くことを実感しよう
- 取れる問題、捨てる問題の見極めの精度を高めよう

2013年4月開校　全卒業生の難関大学進学を目指す!

東京大学 現役合格!!

今春の主な大学合格実績
東京・一橋・東京工業・学芸等国公立大17名。
早慶上智、東京理科36名。 私立薬学部27名。

学校説明会（予約不要）
9月15日(日)10:00〜11:30　11月10日(日)10:00〜11:30
10月12日(土)14:00〜15:30　12月 8日(日)10:00〜11:30
※説明会終了後、体験授業・入試対策あり

狭山ヶ丘高等学校付属中学校
〒358-0011 埼玉県入間市下藤沢981
TEL／04-2962-3844　FAX／04-2962-0656　http://www.sayamagaoka-h.ed.jp/
アクセス
西武池袋線：武蔵藤沢駅より徒歩13分
西武新宿線：入曽駅よりスクールバス13分、狭山市駅よりスクールバス20分
JR八高線：箱根ヶ崎駅よりスクールバス20分　JR埼京線、東武東上線：川越駅よりスクールバス40分

Fight! 受験まであと100日

過去問を解いてみよう

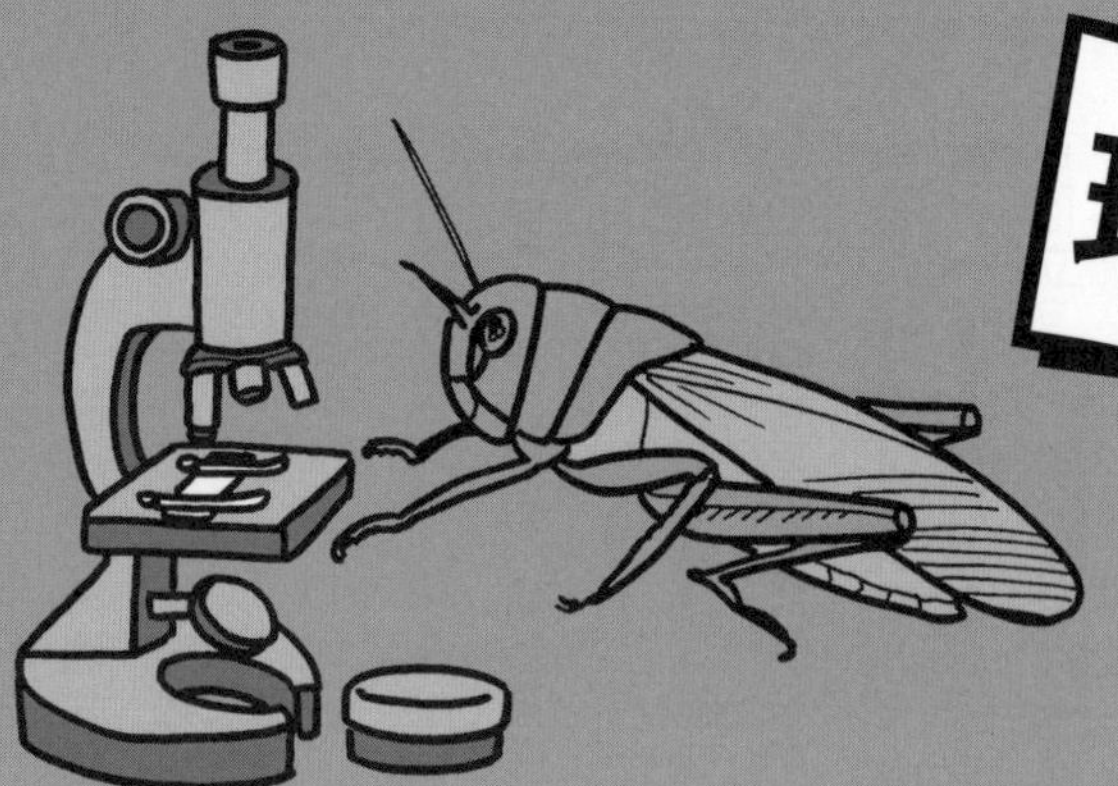

理科

理科の入試問題は考える力が求められている

理科や社会の入試問題の傾向として、初見の資料から必要な要素を読み取り、それを手がかりにして解くタイプの問題が増えてきていることがあげられます。

極端にいえばテキストに載っているような知識が不要な問題です。知識が不要というのは、言い換えれば資料のなかに問題を解く手がかりがすべて書かれている、ということです。

このような問題にであったら、その問題をつうじて新しいことを学ぶつもりで、問題文や図、グラフの一つひとつの意味を確認しながら解いていきましょう。

設問文だけを読んで解答しようとして歯が立たないなあと思ったとしても、じつは与えられた資料を落ちついて読むことで、じゅうぶん解ける問題だということがわかってくるはずです。

理科が得意だという人の落とし穴

これまで理科が得意だと思っていた人、単元ごとのテストや模擬試験で理科の点数が比較的よかった人は、問題を「しっかり考えて解いているかどうか」をチェックしてほしいと思います。

そこで過去問に向かってみてください。

過去問を解き始めてみても、これまでと同じように点数が取れている人は心配不要。理科は得意教科だと胸を張って言いましょう。

一方、過去問を解き始めたところ、問題が解けなくなったり、点数が取れなくなったりした場合は要注意です。

理科が得意だと思っている人の多くは「たいていの用語の意味は覚えている。実験内容も、図の意味もよく覚えている」人です。じつはこれらが、過去問を解くに当たって足を引っ張ることがあるのです。

ちゃんと覚えていることが足を引っ張るなんて、にわかには信じられないかもしれません。では、その原因はなにか？　それは、問題を解くときに「考えていない」ということなのです。

覚えているということは、言い換えれば「考えなくてもできる」ということです。これが行き過ぎると、「考えない癖がつく」ということになりかねません。

さきに述べたように、理科の入試問題は、社会と同じく、知っているかどうかをみる問題よりも、わかっているかどうかをみる問題が増えています。

わかっているかどうかをみるということは、「その場で考えられるかどうか」をみるということです。

初めて見る問題を、暗記に頼って解くことはできません。そのとき、これまでどれだけ考えてきたかが問われるのです。

なぜその実験をするのか？

理科の入試問題には実験を題材にした問題がよく出題されます。「定番の実験」という言葉があるように、テキストでおなじみの実験、また、繰り返し出題される実験というものもあります。

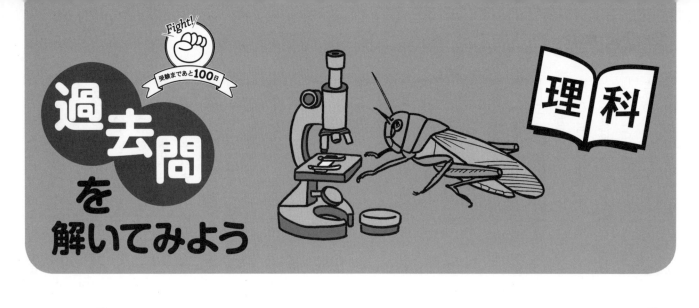

実験を題材にした問題のなかには、実験に使用する器具や物質の名称を答えさせる問題や、たんに実験結果を問う問題など、知っていればできる問題もあります。

しかし、それだけではなく、実験の過程をきちんと理解できているか、それぞれの手順の意味を理解しているか、また結果にはどのような意味があるのかを問う問題も増えてきています。

さきに述べたことと同様に、典型的な実験の問題であっても、知っているからわかっていると思いこまないようにしましょう。

じつは、よく似た実験なのに問われる本質が異なることがあるのです。

過去問を解く際の勉強法としては、出題された実験のそれぞれについて、なぜその実験をするのか（実験の目的）、手順や実験結果の意味をノートにまとめておくのがよいでしょう。

おなじみの実験であっても手間を惜しまず、考えながら整理する作業を積み重ねることで、初めて見る実験を題材にした問題に対しても、応用が効くようになっていきます。

記述問題を解くうえで正確さが第一

「わかっていること」を求める傾向の表れとして、記述問題が増えています。記述問題で大切なことは、内容が正確であることです。

気をつけてほしいことは、字数（または解答欄の大きさ）にとらわれて、長い答えを書こうとしてはいけない、ということです。

解答欄が埋まらないことを気にするあまり、不要な言葉を書き連ねると、それが減点対象になります。場合によっては、ウソ（不正確な内容の記述）を書いてしまい、点数をもらえないこともあります。

理科の記述問題では、長い短いは気にせず、正確な記述を心がけること。これが肝心です。

自分の強みと弱みを知る工夫

理科の過去問演習をする際は、1回ぶんをとおして解くというだけでなく、分野ごと（物理・化学・生物・地学）に解いてみることもおすすめします。

とくに化学や物理の分野では、同じテーマの問題が繰り返し出題されていることがあります。同じ分野の問題を数年分解いてみることで、自分の得意と不得意が見えてくることがあります。

かならず水溶液の問題でまちがえるなど、同じ分野のなかでの弱点が見えてきたら、塾のテキストや参考書に戻って考え方をおさらいし、まだ足りていない知識を補っておきましょう。

もちろん、得意なところがたくさん見えてきたら、それは自分の強みとして、自信につなげましょう。

◆まとめ

- 過去問演習の際は、自分の持っている知識に頼り過ぎないことを心がけよう
- 実験を題材にした問題がでてきたら、実験そのものの意味や、手順、結果の意味を考え、ノートにまとめておこう
- 説明文も図もグラフもすべて問題を解くための手がかり。ていねいに情報を読み取る練習を積もう

好評発売中

親と子の受験勝利学

合格力を高める45のアドバイス

A５版　226ページ
定価　1,470円（税込）

辻秀一著

直接購入ご希望の方は
TEL 03-3814-3861
社会評論社　営業部まで

全国書店でお求めください

ISBN
978-4-901524-94-1

スポーツ心理学とスポーツ医学の専門家であり、自らも中学受験を経験している著者が「受験」における具体的ノウハウを実践的に説き明かしたこれまでにない斬新な書。

スポーツが楽しいものであるように、受験という機会も前向きに、そしてプラスになるようにとらえることで、「受験に勝利する」ことを著者はわかりやすく説いています。「親と子、家族」でともどもに読んでいただきたい好著です。

なお、巻末には、著者独自の「合格力セルフチェックシート」があり、現在の状況における各自の問題点とその克服法が明快にわかるようになっています。受験生とそのご家族のかたに必読の一書です。

グローバル教育出版

〒101-0047　東京都千代田区内神田2-4-2
TEL:03-3253-5944
FAX:03-3253-5945

過去問を解いてみよう

確実な基本知識を持とう

最近の社会科の入試問題に見られる特徴として、次の3点があげられます。

(1) 図表、グラフ、写真、地図の多用
(2) 世の中で関心を集めている話題に関連する出題
(3) その場で考えさせる問題の増加

これらのことから考えると、ただ、覚えた知識で解答欄を埋めるのではなく、与えられた資料から、きちんと意味のある情報を読み取ること、日ごろから世の中の出来事に関心を持つこと、問題意識を持って情報に接していることが求められているといえます。

社会は長く暗記教科といわれてきましたが、じつは「暗記だけでなんとかする」のは非効率的です。また、「すべてを暗記で解決できる」教科でもありません。つまり、教科の名前のとおり「社会そのもの」が出題範囲ですから、暗記一辺倒で押しきるには、あまりに範囲が広過ぎるということです。

しかし、「暗記不要」の科目でもありません。なかには、受験用テキストに載っているような知識は不要で、問題のなかの資料だけから考えさせる問題を出題する学校もありますが、そのような例は数多くあるわけではありません。

社会の入試では、数は少なくても、基本的な知識を確実に覚えておくことが求められ、それらの知識をベースにものごとを考えることが求められているのです。

知識は1対1的でなく「つながり」で

では、基本的知識をどのように覚えておけばいいのでしょうか。

地名や人物名、年号など、それぞれを別々のものとして覚えていると、それらの知識がなかなか考える材料になってきません。

地理なら、地図を活用して地形や気候が産業とどのように結びついているのかがわかるように知識を整理してみてください。歴史も、年号と出来事だけでなく、理由や原因、出来事に関係する人物、その後の影響を、ストーリーにして覚えられるといいですね。公民では、制度や仕組みが、私たちの日常生活とどのように結びついていくかをつねに考えておきましょう。

単純に1対1の暗記でこれまで点数が取れていた場合、社会を得意科目だと思っているかもしれません。覚えていることは悪いことではもちろんありませんが、そのつながりに注目すると、さきに述べたその場で考える問題への対応力もアップします。

過去問には、ひとつの題材のなかで、まさにこれらのつながりを理解しているかどうかを問う問題が多くあります。過去問演習をつうじて、復習の際に、この「つながり」をしっかりと理解していきましょう。

すべての事象には意味がある

この「つながり」を理解するときの助けになるのが、「なぜ」という問いかけです。

たとえば、愛媛県や和歌山県でみかんの生産がさかんなのはなぜか。豊臣秀吉が検地を行ったのはなぜか。選挙のときに候補者の名前を書いたり、政党名を書いたりするのはなぜか。このように、どんどん「なぜ」という問いを発し、それを考えて自分の言葉で書いておきましょう。

同じように理解を助ける問いかけに「それで?」(どうなったのか)」や「つまり?」(事象の意味の抽象化)などがあります。

これは時事的な問題や、初めて見るような題材の問題に対処する力を養うことにもつながります。

直接出題されなくても時事的な内容は大切

○○年の出来事や、あなたが生まれてからの出来事などという設定で、時事問題を大問としてストレートに出題する学校もあれば、設問のなかに時事問題が組みこまれている学校もあります。

これらに当てはまらない学校であっても、世の中の関心事(言い換えれば、ニュースなどで取りあげられる機会の多い事項)は、少なからず出題内容に影響があるものと思われます。

大きな選挙があった年には選挙関連の問題が多く出題されたり、○周年といったきりのいい数字を迎える事項も多く取りあげられたりします。

去年も今年も国政選挙がありましたね。

富士山の世界文化遺産への登録もありました。2014年の10年前、20年前、100年前などにはどのような出来事があったでしょうか。

時事的な事柄は、入試に出るから覚えるという姿勢では、量が膨大過ぎて覚えきれるものではありません。日ごろから世の中の出来事に関心の目を向けて、それらが学んだこととどのようにつながっているのかを整理してみましょう。

ミスを防ぐ習慣づくり

社会も、ほかの教科と同様に余計な失点を防ぐ工夫が必要です。

設問を読む際に気をつけようというだけではなく、気をつけるべき点に印をつけて注意をうながすという一連の流れを、手が自然に動くように体で覚えておきましょう。

「誤っているもの」や「ふさわしくないもの」という設問がでたら、その部分に下線を入れておきましょう。また、アやイ、1や2という前半の選択肢に正解と思われるものがあっても、かならず最後の選択肢まで目をとおし、ちがっている箇所に×をつけるなどして「誤った選択肢であることの確認」をすることでもミスは減ります。ひとつ選ぶ問題が多いので、複数選ぶ問題はどうしても見落としがちです。ふたつ選んだり、すべて選んだりという問題が出たら、すぐに「ふたつ」や「すべて」のところに印をつけるようにしましょう。

◆まとめ

- 知識は「つながり」を理解し、基本的なものを確実に
- 「なぜ」「それで？」というように自問自答しながら学習しよう
- 日ごろから世の中に関心を持とう
- ミスを防ぐ工夫は手を動かして身につける

学校再生

負けたらアカン

大阪薫英女学院の挑戦

B6版・224ページ

山本　喜平太　著

【定価】本体 ¥1,500+税

ISBN4-901524-95-X

児童・生徒数の減少に伴い、私立学校の運営においては各校ともきわめて厳しい状況にあります。ことに大学進学実績において際だった実績のない私学各校は、生徒減少に悩んでいます。そうしたなか、生徒募集状況において典型的な募集困難校となりつつあった大阪薫英女学院が実践した「学校再生」のプロセスをあますことなく記述した書です。数多くの困難を克服し、進学校へと躍進していく過程は、私立学校のサクセスストーリーとしてだけではなく、教育の本質が何なのかを問いかけるものでもあります。

株式会社 グローバル教育出版

東京都千代田区内神田2-4-2

グローバルビル

電話 03-3253-5944

Fax 03-3253-5945

Kamakura Gakuen Junior & Senior High School

鎌倉学園 中学校 高等学校

最高の自然・文化環境の中で真の「文武両道」を目指します。

〒247-0062 神奈川県鎌倉市山ノ内110番地 TEL.0467-22-0994 FAX.0467-24-4352　JR横須賀線　北鎌倉駅より徒歩約13分

http://www.kamagaku.ac.jp/

キーワード>> 鎌学 検索

【中学校説明会】

10月24日（木）13:30〜・10月26日（土）13:30〜

11月 9日（土）13:30〜・11月30日（土）13:30〜

※説明会参加ご希望の方は、ホームページから予約の上ご来校ください。

※予約は10月以降にお願いします。

【中学体育デー】

10月5日（土）

クラス対抗競技会の公開

（予約は不要）

※受験生参加イベントあり

【ミニ説明会】

毎週月曜日　10:15〜 （授業見学あり）

15:00〜 （クラブ見学中心・雨天中止）

※学校行事などで実施できない日もありますので、
電話でご予約の上、ご来校ください。

※ご来校の際は、お手数ですが上履きをご持参ください。

【中学入試にむけて】

12月14日（土）

10:00〜11:30

2014年度本校志望者（保護者）対象

※詳細はHPをご覧ください。

2013　2014

互いの価値観を尊重し
一人ひとりの個性と自主性が
発揮される校風

学校説明会

9/14(土)	6年生対象 5年生以下対象	10:30〜12:00 14:00〜15:30
10/9(水)	6年生対象	10:30〜12:00
10/10(木)	5年生以下対象	10:30〜12:00
11/16(土)	6年生対象	10:30〜12:00

※体験授業などは予約制です。
詳細はホームページをご覧ください。

文化祭［吉祥祭］

9/21・22(土・日) 入試相談コーナー設置

運動会

9/27(金) 於 八王子キャンパス

入試問題説明会

12/1(日) 6年生対象 10:30〜12:00 14:00〜15:30

※午前・午後とも同じ内容です。
※平成25年度第1回(2月1日実施)の入試問題の解説を行います。
問題は9月以降の学校説明会で配布します。

●平成26年度入試概要

	第1回	第2回	第3回
募集人員	102名	102名	30名
試験日	2/1(土)	2/2(日)	2/4(火)
試験科目	国語・算数・社会・理科		

吉祥女子中学校

http://www.kichijo-joshi.ed.jp

〒180-0002　東京都武蔵野市吉祥寺東町4-12-20　TEL:0422(22)8117
■JR中央線・総武線・地下鉄東西線直通 西荻窪 下車、徒歩8分　■西武新宿線 上石神井から「西荻窪駅」行きバスにて15分 地蔵坂上バス停下車、徒歩8分

知る・探る・究める
栄東のアクティブ・ラーニング!!!
Active Learning
◆海外ALinアメリカ
ボストンの
ミルトンハイスクールで
異文化コミュニケーション!!
◆校外ALin気仙沼
東北大学の教授と
気仙沼の巡検から学ぶ津波学!!
ゴア元副大統領主催の
グローブ活動にも参加
◆海外ALinオーストラリア
シドニーの
セントアイビスハイスクールで
書道!!
◆鉄道研究
NPO法人日本鉄道模型の会
全国高等学校鉄道模型コンテスト
栄東中学高等学校
全国鉄道コンテストで入賞!!
◆海外ALinイギリス(スワネージ)
ホームステイで
楽しい異文化交流!!
◆校外ALin三宅島
千葉大学の教授と
三宅島の巡検から学ぶ火山学!!
文部科学省SPP指定校
◆吹奏楽
関東大会で銀賞!!
毎年恒例の定期演奏会は大盛況!!
◆水泳
温水プールで全国大会第2位!!
顧問は北島康介のライバル!!!
◆野球
県大会準優勝!!
天然芝Gで甲子園を目指す!!!
◆古都ALin京都
能楽堂で日本文化!!
◆箏曲
邦楽祭(県大会)で金賞!!
尺八、三味線、着物の着付けも!!
◆サッカー
首都圏大会で見事優勝!!
(県予選)
顧問は
東京大学サッカー部出身!!!
◆チアダンス
USA Regional大会に出場!!
ALL JAPAN CHEER DANCE 大会に出場!!!
◆アーチェリー
全国大会優勝!! 国体も出場!!
ナショナルチームに2名選抜!!
◆クイズ研究
高校生クイズ全国大会出場!!!
関東大会予選会場にて!!
◆茶道
瑞想庵(茶室)で表千家を学ぶ!!
◆硬式テニス
関東大会でベスト16!!
◆コーラス
全国大会金賞!! 文部科学大臣賞!!!
Tokyo Disney Sea コロンビア号特設ステージに出演!!!
栄東中学・高等学校
〒337-0054 埼玉県さいたま市見沼区砂町2-77(JR東大宮駅西口 徒歩8分) ◆入試広報センター TEL:048-666-9200

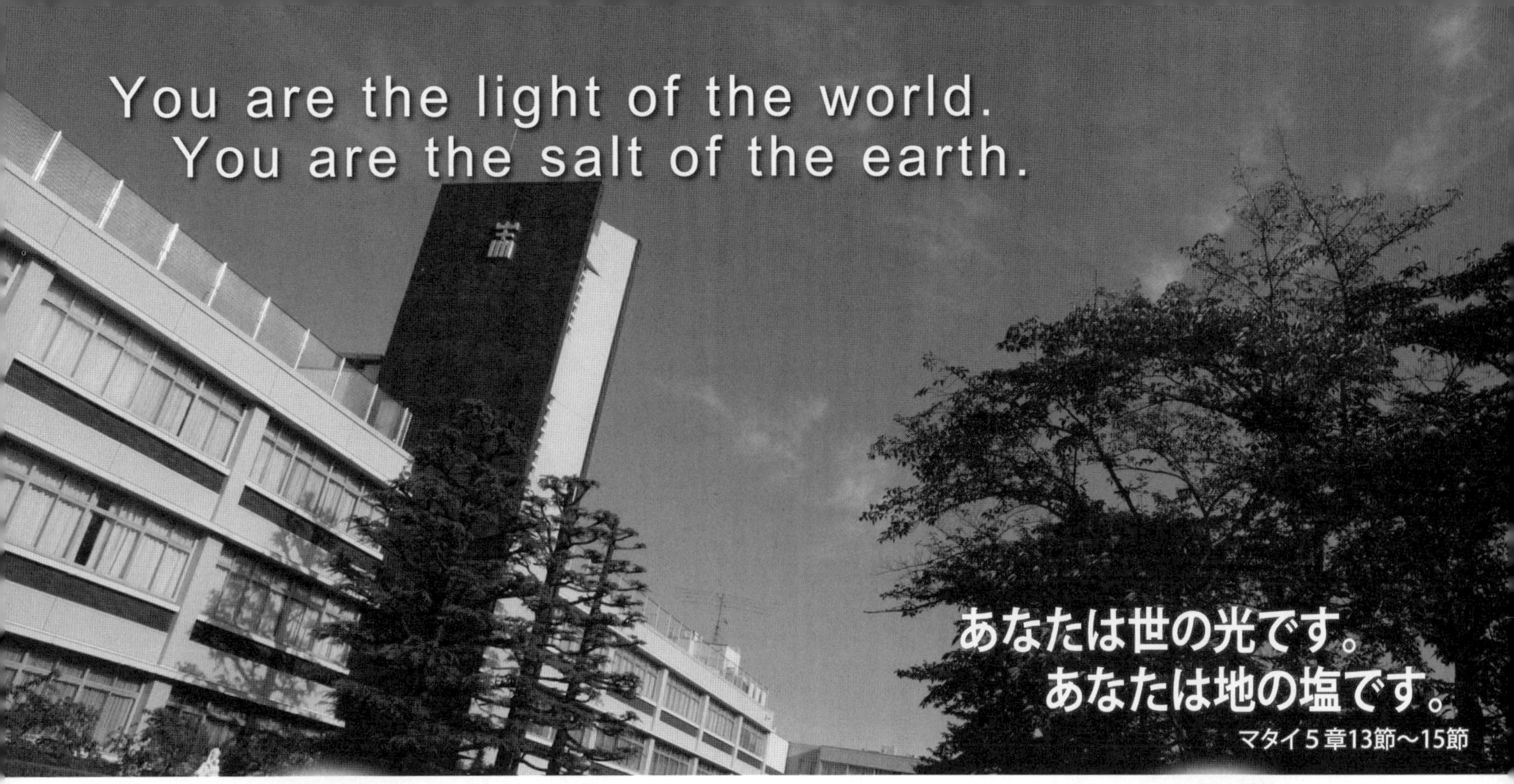
You are the light of the world.
You are the salt of the earth.
あなたは世の光です。
あなたは地の塩です。
マタイ５章13節〜15節

そのままのあなたがすばらしい

入試説明会

［本学院］ ※申込不要

10.11（金）
10：00〜11：30
終了後 校内見学・授業参観（〜12：00）

11.17（日）
14：00〜15：30
終了後 校内見学（〜16：00）

校内見学会

［本学院］ ※申込必要

9. 21（土） 10：30〜11：30（終了後DVD〜12：00）

10. 5（土） 10：30〜11：30（終了後DVD〜12：00）

11. 2（土） 10：30〜11：30（終了後DVD〜12：00）

1. 7（火） 10：30〜11：30（終了後DVD〜12：00）＊6年生対象

1.18（土） 10：30〜11：30（終了後DVD〜12：00）＊6年生対象

2.15（土） 10：30〜11：30（終了後DVD〜12：00）＊5年生以下対象

【申込方法】
電話で「希望日」「氏名」「参加人数」をお知らせください。

過去問説明会

［本学院］ ※申込必要

11.30（土）
● 6年生対象
14：00〜16：00（申込締切 11/20）

【申込方法】

ハガキに「過去問説明会参加希望」「受験生氏名（ふりがな付）」「学年」「住所」「電話番号」、保護者も出席の場合は「保護者参加人数」を記入し、光塩女子学院広報係宛にお送りください。後日受講票をお送りいたします。

公開行事

［本学院］ ※申込不要

［親睦会（バザー）］
10.27（日） 9：30〜15：00
生徒による光塩質問コーナーあり

光塩女子学院中等科

〒166-0003 東京都杉並区高円寺南2-33-28 tel.03-3315-1911（代表） http://www.koen-ejh.ed.jp/
交通…JR「高円寺駅」下車南口徒歩12分／東京メトロ丸の内線「東高円寺駅」下車徒歩7分／「新高円寺駅」下車徒歩10分

公立中高一貫校「適性検査」ってなんだろう

適性検査対策はここから

準備をすれば適性検査は怖くない 学校ごとのちがいに敏感になろう

公立の学校は、各自治体の教育委員会の指示にしたがって運営されています。そして公立中高一貫校は「受験競争の低年齢化を招かないように」という文部科学省の指導によって、学力試験を行わないことになっています。ですから、公立中高一貫校の入試は「入学試験」ではなく、「入学者選抜」と呼ばれます。また、「受験」とは書かず「受検」と書きます。だからといって入試がないわけではなく、学力検査の代わりに適性検査が実施されています。ここでは、公立中高一貫校、とりわけ首都圏で実施されている「適性検査」について見ていきたいと思います。

合否のポイントとなるのは やっぱり適性検査

首都圏の公立中高一貫校における入学者選抜の方法は、「報告書・適性検査・作文・面接・実技検査」などによって総合的に合否が判定されます。神奈川の中等教育学校2校では、「グループ活動による検査」という検査も行われています。

これらのなかでも、最も評価の比重が大きいのが適性検査です。

ただ、公立の中高一貫校では学習指導要領の「小学校で学ぶ範囲」を超えた内容で検査をすることはできません。このことは、学校教育法施行規則でも定められています。

私立の中高一貫校の入試では、ときとして小学校の学習指導要領を越えた内容が出題されることがありますが、公立中高一貫校では、小学校で学んだことのなかから出題されるのが前提です。

しかし、公立の中高一貫校でも、優れた生徒に入学してほしいのは当然です。

ですから、公立中高一貫校の適性検査の出題は、入学後の6年間に生徒をかならず伸ばすことができるように、基礎的な学力や資質を見たいというところに意図があります。そのことから、適性検査はさまざまに工夫された出題となっており、学校によってちがいはありますが、科目の枠を取りはらった融合問題となっています。複数の教科を組み合わせたり、活用したりするなど、解く力だけでなく総合的に考える力が試されます。

また、「どう考えるのか」「なぜそう思うのか」を文章にまとめ、表現する問題が多くだされます。

つまり、「覚えている」「知っている」だけでは解答を得ることはできないのです。知識の量や、習熟された解法を用いて解答するのではなく、思考力・表現力などを発揮できるかどうかが合否の分かれ目となりま

す。

日常生活のなかで、身のまわりのことに関心を持ち、自分の意見をまとめ、その意見を理由とともに表現できることが必要です。

日ごろから家庭内での会話、小学校での活動や学びに意欲的に取り組んでいることなど、日々をどのように過ごしているかも重要になってくるわけです。

適性検査で試される5つの力

各校とも入学者選抜にあたり、「出題のねらい」がホームページで公表されています。

これらの「ねらい」を見ていると、首都圏の中高一貫校の適性検査が試そうとしている力が見えてきます。

それは以下の5つの力にまとめられます。

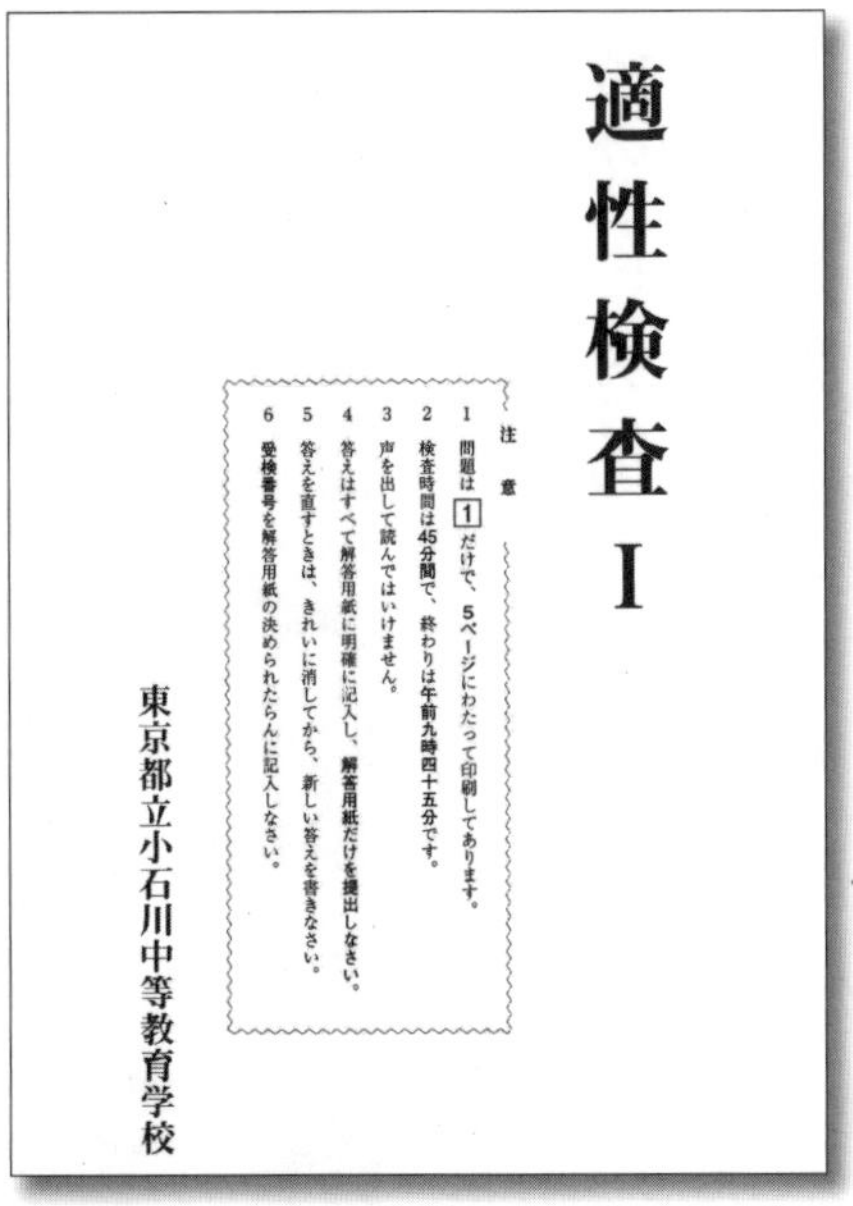

適性検査I

注意

1 問題は[1]だけで、5ページにわたって印刷してあります。
2 検査時間は45分間で、終わりは午前九時四十五分です。
3 声を出して読んではいけません。
4 答えはすべて解答用紙に明確に記入し、解答用紙だけを提出しなさい。
5 答えを直すときは、きれいに消してから、新しい答えを書きなさい。
6 受検番号を解答用紙の決められたらんに記入しなさい。

東京都立小石川中等教育学校

「読解力と資料を読み解く力」「筋道を立てて考える力」「問題解決力と計算力」「作文力、表現力」「教科知識の活用力」の5つです。

これらの検査問題は、私立の中高一貫校の入試問題とは、かなりちがったものに見えます。やさしいのかといえば、そうとは言えません。けして取り組みやすい内容とは言えず、おとなでも面食らう問題も多くあります。合格するためには、高い理解力や表現力が要求されます。

もうおわかりと思いますが、公立中高一貫校の受検にあたっても、私立中高一貫校の入試と同様、志望校の出題傾向をしっかりと認識して、じゅうぶんな準備をすることが合格のポイントになります。

特定の科目にとらわれることなく、まんべんなく学習しておくことも必要です。

公立中高一貫校への受検は、当然、居住地によって出願資格が制限されています。他の都道府県の公立中高一貫校への出願はできません。また検査日も統一され、公立中高一貫校同士を併願することはできません。

ということは、その居住地の学校の適性検査を研究することが大切だと言えます。検査の形式や内容は、都府県ごと、市・区ごと、また学校ごとにさまざまです。ですから、適性検査ならどこのものでもいいだろうと、出題傾向が異なる学校の過去問題に取り組んでも意味はありません。出題傾向がまったくちがう場合には、効果がないばかりか、むしろ弊害ともなりますので、注意しましょう。

では、出題傾向のちがいは具体的には、どのようなものがあるのでしょうか。

本誌では、森上教育研究所・公立中高一貫特任研究員の若泉敏さんの分析をご紹介していますが、「教科書レベルの知識で対応できる問題」「その知識を活用することが必要な問題」「適性検査としてふさわしいレベルの問題」「より複雑で条件が厳しいPISA型の傾向にある問題」「私立中学校受験類似レベルの問題」とに分けることができます。

学校によって、これだけレベル、傾向がちがうのですから、そこを見誤ると過去問題に取り組む意味がありません。

過去問題で学校からのメッセージを読み解く

適性検査問題のむずかしさにはすでに触れましたが、ほとんどの学校の適性検査は45分が検査時間となっています。これは現行の小学校の授業時間に合わされていて、それ以上の時間を課すのは文科省の意向とは合いません。

ところが、この時間内で多くの資料や文章を読み解き、解答へと表現するのは至難です。

決められた時間内で自らの力を最大限に発揮できる集中力、さらに時間配分する力も必要です。

さて、適性検査には、各校の教育方針や育てたい生徒像が反映されています。学校によって、問題内容や評価の観点がちがってくるのはこのためです。

それを理解していれば、まず志望校の教育方針や理念、特色を理解するところから始めるのが第1歩だということがおわかりでしょう。

そして、志望校の過去問題をしっかりと見て、そこに隠されている学校からのメッセージを読み解くことから始めましょう。適性検査対策はそれがスタート地点です。

試される力 1

読解力と資料を読み解く力

しめされた表やグラフを読み解き自分の意見を

公立中高一貫校が、適性検査で試す力は大きく5つに分けられますが、どの学校でも求めているのが「資料を読み解く力」です。これは、表やグラフがしめされ、それをもとに、それらの資料からわかることを書いたり、その内容について自分なりの考えを記述する、というかたちの解答になります。

また、資料のなかには右下のように新聞記事などが含まれていることもあり、「読解力」も試されます。

資料を読み解く問題は、学校によって特徴があり、「資料からわかったことを書く問題」「資料からわかったことをしめし、その理由を書く問題」「わかったこと、その理由などをもとにして、自分の考えを書く問題」などがあげられます。これらが組み合わされた問題となることもあります。

このタイプの適性問題で求められる「資料を読み解く力」をつけるためには、日ごろからグラフや表、また新聞記事などを目にしておくことが大切です。

とくにグラフや表では、地域間のちがいや、時間（経年）の変化によるちがいを読み取ることが求められることが多くなります。

また、読み取った内容について、自分の意見を持つことが大切ですから、家庭内でのお話でも子どもの意見に耳を傾けてあげましょう。

2013年度千葉県立千葉中学校・適性検査1-1より

さらに，よしきさんたちは自給率や農業と食についてくわしく調べ，次の**資料3**～**資料7**を見つけました。

資料3　各国の自給率，農業生産額，農産品貿易額，耕地面積，人口

国　名	自給率（日本は2010年 他は2009年）	農業生産額（億ドル）(2009年)	農産品貿易額 (2009年) 輸出額（億ドル）	輸入額（億ドル）	耕地面積（万ha）(2009年)	人　口（百万人）(2010年)
アメリカ	130％	2596	1010	784	16275	309.1
フランス	121％	646	575	480	1835	63.0
ドイツ	93％	504	636	738	1195	81.8
イギリス	65％	246	220	509	605	62.2
日　本	39％	933	28	476	429	128.1

（農林水産省ホームページ，総務省統計局ホームページおよびFAOSTATホームページより作成）

資料4　都道府県の自給率，農業生産額，耕地面積，人口（2010年）

都道府県名	自給率	全国順位	農業生産額（億円）	全国順位	耕地面積（万ha）	人　口（万人）
北海道	173％	1位	9946	1位	115.6	551
秋田県	171％	2位	1494	20位	15.0	109
山形県	138％	3位	1986	18位	12.3	117
茨城県《いばらき》	71％	13位	4306	2位	17.5	297
千葉県	28％	34位	4048	3位	12.8	622
東京都	1％	47位	275	47位	0.7	1316

（農林水産省ホームページより作成）

資料5　日本の主要農産物ごとの生産額において上位5都道府県がしめる割合と，それぞれの農産物の耕地面積・生産額（2010年）

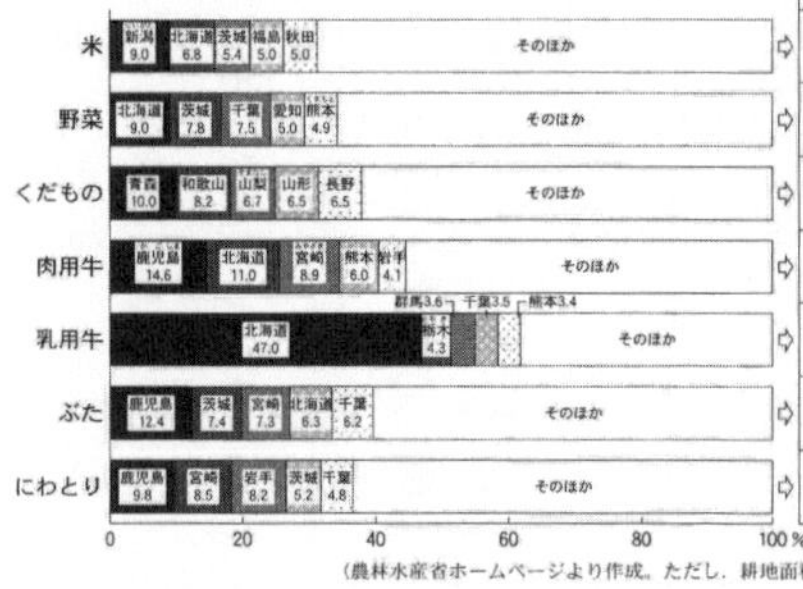

	左の農産物の耕地面積（万ha）	左の農産物の生産額（億円）
米	109.9	15517
野菜	17.2	22485
くだもの	13.8	7497
肉用牛	6.7	4639
乳用牛	41.2	7725
ぶた	0.3	5291
にわとり	0.2	7352

（農林水産省ホームページより作成。ただし，耕地面積は単一経営分のみの数字である。）

— 7 —

日本と外国のちがい、国内での地域によるちがいに目を向けましょう。日本の自給率と千葉の自給率がどう似ているのか、人口にまで目がいくかどうか。それが、問い(3)に答える自分の意見の土台となります。

2つの意見、どちらに賛成するかは正解とは関係ありません。自分の意見の根拠を述べ、さらにこれからの活動について、自分なりの計画を表現することが求められています。自分の考えが記述できなければ合格はむずかしいでしょう。

普段から新聞記事に関心を持ち、自分なりの意見が持てるよう、家族の話題としておくことが大切

資料6　新聞記事「和食を世界遺産《いさん》に」

世界的な和食人気の高まりを背景《はいけい》に，政府は「和食—日本人の伝統的な食文化」を世界無形文化遺産に登録申請《しんせい》する。農林水産省の担当《たんとう》者は「国土に根ざした新鮮《しんせん》で多様な食材が使用されること、季節感を出すことなど，自然との調和ということを前面に出してアピールしたい」と話す。2月の文化審議《しんぎ》会で承認《しょうにん》された申請案では，和食を「年中行事と密接《みっせつ》に関係し，家族や地域《ちいき》の結びつきを強める社会的習慣」と定義。郷土《きょうど》料理の継承《けいしょう》や再興，農産物の輸出拡大《かくだい》への弾《はず》みになると期待される。

（「平成24年3月1日　産経新聞掲載記事」より作成）

資料7　食に関して大切だと考えること

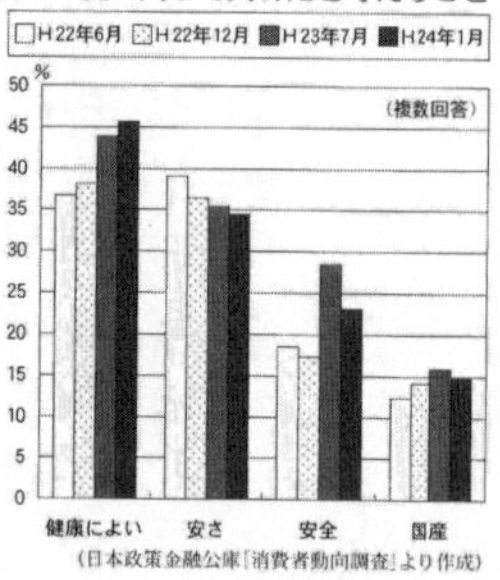

（日本政策金融公庫「消費者動向調査」より作成）

よしき：**資料3**と**資料4**を見ると，日本の自給率の低さは，千葉県の自給率の低さと似ているね。どちらも，農業生産額は多いのに，自給率は低くなっているよ。

さよこ：授業で，農業で働く人がどんどん減っていることを勉強したわね。わたしたちの食を支えてくれる日本の農業の力を高めるには，どうしたらよいかしら。

あきら：農業の得意分野をのばせば，農業の力が高まって，自給率も高まると思うよ。A日本の生産者には，国内向けの農産物をもっとたくさん作ってほしいね。

ひろみ：**資料6**の最後にある「輸出拡大」も，農業で働く人たちの意欲が高まって農業の力が高まるから，やがては自給率を高めることにつながるわ。わたしは，B日本の生産者は，海外向けの農産物をもっとたくさん作るといいと思うの。

よしき：増やした農産物を，消費者に結びつけて広げる方法も考えてみないとね。

(3)　千葉県の自給率が低い原因を，**資料3**と**資料4**をもとに考えて書きなさい。また，**資料3**と**資料4**のそれぞれからどのように考えたのかも説明しなさい。

(4)　あなたは，下線部Aのあきらさんの考えと，下線部Bのひろみさんの考えのどちらに賛成しますか。2人の考えのどちらかに賛成の立場にたって，**資料1**～**資料7**を参考に，下の①～③についてあなたの考えを書きなさい。なお，どちらに賛成したかがわかるように，解答らんの(あきら・ひろみ)のいずれかに○をつけること(どちらを選んでも得点には関係ありません。)。また，②と③は，「資料○から，……ので，」というように，参考にした資料を明らかにして書くこと。

① 自給率を高めるには，**資料5**の農産物のうち，どれを増やせばよいと考えるか。

② その農産物を選んだ理由を**2つ**(1つの資料から理由を2つ書いてもよい。)。

③ 増やした農産物の消費を広げるために，生産者の共同組織を作るとしたら，その組織でどのような活動をすればよいか，あなたの考えを具体的に書きなさい。

— 8 —

試される力 2

筋道を立てて考える力

与えられた条件を整理 順序立てて考えていく

公立中高一貫校が、適性検査で試す力のうち、「筋道を立てて考える力」が求められる問題は、その配点も高く、ぜひ、正解をだしたいものです。

問題は、左のように会話文を発端とした問題、資料がしめされ条件を読み取ったうえで考えていく問題、その条件も必要なものだけ取り出さねばならない問題、組み合わせのなかから整理して選びだしていく問題、順序を考えて並び直せば規則性が見つかる問題などさまざまです。

左の小石川中等教育学校の問題では、条件がしめされ、それに沿った調査や実験を考えなければなりません。この条件ではすぐには答えが見つからず、おとなでも面食らってしまいます。「ほかの川には目印をつけたサケが帰ってきていないか」「川のにおいを覚えているのなら、親サケが帰ってきたのとは別の川に稚魚《ちぎょ》を放してみたら…」という考え方の筋道に気づくかどうかにポイントがあります。

このような力をつけるためには、問題に向かったとき、「与えられた条件をよく理解する」「条件に見合うすべての場合を考え、順序立てて整理し考える」「全体を見過ぎず、条件を整理してわかるところから考える」などの考え方、整理の仕方を繰り返しておくことが大切です。

また、解答はひとつでないことが多くあります。このような場合は、問題の条件に合っていれば大丈夫。

ただ、いつもほかに答えがないか、考える習慣をつけましょう。

2013年度東京都立小石川中等教育学校・適性検査Ⅲより

ひろこさんは家に帰ってから、お母さんにサケの話をしました。

ひろこさん：サケが自分の川に戻ってくるというのは、はっきりと分かっていることなのかしら。
お母さん　：ある科学者の調査では、50万びきのサケの稚魚に目印を付けて放したところ、数年後に産卵《さんらん》のために戻ってきたサケのうち、放した川の河口に近い沿岸《えんがん》で見つかったのが1625ひきで、放した川では269ひきが見つかったそうよ。
ひろこさん：50万びきのうち、たった269ひきが戻っただけで、サケは放した川に戻ると言えるのかしら。
お母さん　：269ひきしか戻らなかったわけではないのよ。見つかったのが269ひきだったということね。でも、稚魚の多くは成長する前に、ほかの魚に食べられたり、病気になったりして死んでしまうから、実際にこの調査ではサケがどれくらい生き残って戻ってきたかは分からないわね。
ひろこさん：それにしても、50万びきのうち、放した川で見つかったのは269ひきしかいないのに、放した川に戻るという結論《けつろん》になるのは不思議だわ。

［問題2］　この科学者の調査だけでは、放した川にサケが戻ってくるとは言えません。ほかにどのような調査をしたらよいと思いますか。答えは次の①、②の順に書きなさい。

①　調査の内容
②　予想される調査の結果

ひろこさんはお母さんと、なぜサケが自分の川に戻ってくることができるのかという話をしています。

ひろこさん：サケはどうして、自分の川に戻ってくることができるのかしら。
お母さん　：川のにおいの記憶《きおく》に従《したが》って、さかのぼる川を決めているらしいわ。
ひろこさん：川のにおいってどういうことかしら。
お母さん　：サケは川の水にとけている物質の違《ちが》いが分かるのよ。これを川のにおいというの。
ひろこさん：サケは生まれたときには、自分が戻る川が分かっているわけではないのね。
お母さん　：サケは稚魚になって、川を下っていく途中《とちゅう》で、その川のにおいを覚えるらしいの。
ひろこさん：それはどうやったら確かめられるのかしら。

［問題3］　サケは生まれたときには、自分が戻る川が分かっているわけではないことを確かめるには、どのような実験をすればよいと思いますか。答えは次の①、②の順に書きなさい。

①　実験の方法
②　予想される実験結果

会話文を発端として考えていく場合は、その会話文のなかにヒントがあります。この場合は、「サケは川の水にとけている物質の違いが分かる」と言っています。また、「サケは生まれたときには、自分が帰る川が分かっているわけではない」とも話しています。それらの条件を整理していけば「別の川に放流して調べてみよう」という実験が思い浮かびます。

ひろこさん：広い海に出てしまっても、川のにおいが分かるのかしら。
お母さん　：川から遠く離《はな》れてしまったら、広くて深い海の中では川のにおいを手がかりにはしにくいわね。周りにも何もないし、海の底も見えないわ。
ひろこさん：もし、わたしが広い海で船に乗っていたとして、陸が見えなければ、どちらに向かえば帰れるのか分からないわ。それなのに、どうやって遠くの海から自分の川に戻ってくることができるのかしら。
お母さん　：それはまだはっきりしていなくて、いろいろな説が考えられているのよ。
ひろこさん：何を手がかりに自分の川に戻ってくることができるのかしら。

［問題4］　サケは川のにおいのほかに、何を手がかりに、それをどう使って、長い距離を戻ってくることができるのでしょうか。あなたの考えを書きなさい。

自分の考えを書きます。正解があるわけではありませんから、自分の考えや理由などがしっかり書けていれば得点となります。

試される力3

問題解決力と計算力

ふだんの生活のなかでの問題を解決していく力

日常生活で起きた問題を、どのように解決するかを考えるのが「問題解決力」です。

出題の形式は、学校生活のなかで起きた問題に対して、会話文のなかから条件を導きだして「会話の登場人物が、お互いに納得するように解決していく問題」が多く出題されています。

下にあげた武蔵高等学校附属中の問題が、まさにこれにあたり、このなかでは、一部計算力も問われています。

ふだんの生活のなかで、なにか企画を立てたり、さまざまな意見がでてきたときにどう判断していくか、といった力が求められるのが、このタイプの問題です。

たとえば学級会の話しあいや、卒業生を送る会の立案、グループによる社会見学の計画など、さまざまな設定が考えられますが、自分がリーダーになったり、グループの一員として考えたり、問題が起きたときにどのように解決していくか、その姿勢も問われています。

神奈川県の中等教育学校での「グループ活動による検査」は筆記ではありませんが、同じようなことを目的として問題解決力が試されていると言っていいでしょう。

このような問題に対する力を日ごろから養っておくためには、日常生活で、なにごとも人任せにせず、自分のこととして問題意識を持って行動することです。

また、問題があったときには、いろいろな解決方法を考え、そのなかからいちばんよい方法を、理由も述べて提案できるようにしましょう。

2013年度東京都立武蔵高等学校附属中学校・適性検査Ⅲより

1　はるきくんたちの中学校では、全校で、クラス対こうの球技大会が行われます。球技大会実行委員のはるきくん、なつよさん、あきおくん、ふゆみさんの４人は、大会直前の練習場所の割《わ》り当てを決めるために話し合いをしています。

はるき：球技大会直前の月曜日から金曜日までの５日間は、朝の授業の始まる前、昼休み、放課後の三つの時間帯にクラスごとの練習をすることができます。使える場所は、体育館、中庭、校庭の３か所です。割り当て表を途中《とちゅう》まで作ったので見てください（表1）。今日は、まず、まだ決まっていない木曜日と金曜日の割り当てを決めたいと思います。

表１　はるきくんが途中まで作った割り当て表

体育館

	月	火	水	木	金
朝	１年１組	２年２組	３年３組		
昼休み	１年２組	２年３組	３年１組		
放課後	１年３組	２年１組	３年２組		

中庭

	月	火	水	木	金
朝	２年１組	３年２組	１年３組		
昼休み	２年２組	３年３組	１年１組		
放課後	２年３組	３年１組	１年２組		

校庭

	月	火	水	木	金
朝	３年１組	１年２組	２年３組		
昼休み	３年２組	１年３組	２年１組		
放課後	３年３組	１年１組	２年２組		

なつよ：雨が降って、中庭や校庭が使えないときはどうしますか。

はるき：雨が降ったら別の場所が使えるので、今日はこの表を完成すればよいことにします。

ふゆみ：一つの場所を２クラスが同時に使ったり、一つの時間帯を前半と後半に分けて使うことはできますか。

はるき：どちらもできません。

あきお：どのクラスも、毎日必ず練習できますか。

ふゆみ：１年生から３年生まで、それぞれ３クラスだから、できるはずです。

はるき：では、どのクラスも毎日必ず練習できるように割り当てましょう。

あきお：練習場所の割り当て方は、同じ場所ばかりを割り当てられるクラスが出ないようにした方がいいですね。

はるき：そうですね。

ふゆみ：一つの場所を使える回数は、どのクラスも、５日間で１回か２回になります。

あきお：どのように計算をして、考えたのですか。

〔問題１〕　ふゆみさんは、「一つの場所を使える回数は、どのクラスも、５日間で１回か２回になります。」と言い、あきおくんは、「どのように計算をして、考えたのですか。」と言っています。あなたがふゆみさんなら、どのように説明しますか。解答らんに言葉と式を使って答えなさい。

なつよ：朝、昼休み、放課後では、使用できる時間の長さは同じですか。

はるき：いいえ。朝は30分間、昼休みは20分間、放課後は40分間です。

あきお：それでは、５日間の練習時間の合計が、どのクラスも同じになるように割り当てを決めるべきだと思います。

ふゆみ：その場合、同じクラスが放課後ばかりになるなど、かたよりが出ることになりませんか。

はるき：練習時間の合計が同じになるようにする方が大切なので、かたよりが出てもよいことにしましょう。

〔問題２〕（１）　それぞれのクラスが使える５日間の練習時間の合計を同じにするためには、１クラスの５日間の練習時間の合計を何分間にすればよいでしょうか。解答らんに数字で答えなさい。

（２）　表１の割り当て表を完成させるために、あなたなら木曜日と金曜日の割り当てをどのようにしますか。球技大会実行委員の話し合いの結果をもとに、解答らんの（　　）内に数字を書いて答えなさい。

会話文のなかで、条件がつぎつぎと明らかになっていきます。これらの条件を見逃すと正解は導きだせません。自分なりのメモをとるなどして、条件を整理しておく力も必要です。

ひとつの場所を使える回数は、1日に朝、昼休み、放課後の3回です。使用するのは月曜日から金曜日の5日間なので全部で15回。これを1年生から3年生9クラスで分けるので、15÷9で1あまり6となり、ひとつの場所を使える回数は、どのクラスも1回か2回となります。というぐあいに、数学的な考え方と計算力も問われています。

1回に使える時間の合計は90分で、それが15回ありますから全部で1350分。それを9クラスで割るので1クラスあたりは150分です。それを考えながら、あとの2日間を割り振ります。

試される力4

作文力、表現力

意見を書くときは理由も書くことに慣れる

与えられた文章や会話文、また、資料を見ながら書いたり、問題の条件にしたがって自分の考えを書くのが適性検査における「作文」です。

自分の考えを述べるときは、説得力のある意見を理由といっしょに書きましょう。表現力も求められているからです。

公立中高一貫校の作文の字数は、400～600字です。

課題が文章でしめされる場合のテーマは、ニュース、社会のマナー・ルール、日本の文化などに対して自分の意見を述べる出題が多くみられます。

自分がそう考えた理由が抜けていると、作文としては不完全です。また、体験などをまじえて書きなさい、という場合もありますので、日ごろ、見聞きしたことの印象などを文章にしておくクセをつけておくとスムースです。ですから、ふだんから新聞やニュースに関心を持ち、ご家庭でも社会の問題に対して話しあう姿勢が大切です。

長文を読んで、その要約をする問題もありました。

「書くのは苦手」という人もいるでしょうが、書くことは、練習することでいくらでも伸びます。繰り返し書いてみましょう。

2013年度東京都立桜修館中等教育学校・作文より

問題

次の資料から、あなたが考えたことを分かりやすく書きましょう。字数は、五百字以上、六百字以内とします。

資料　いろいろな世界地図

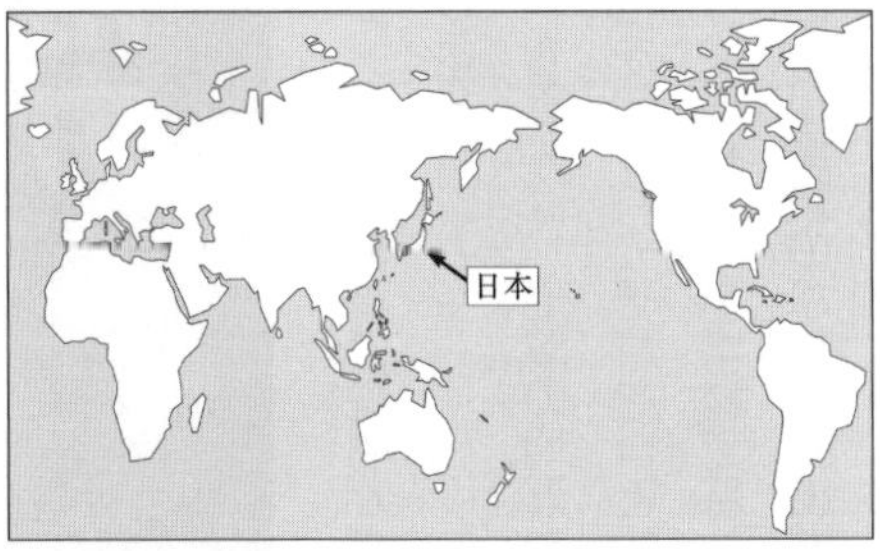

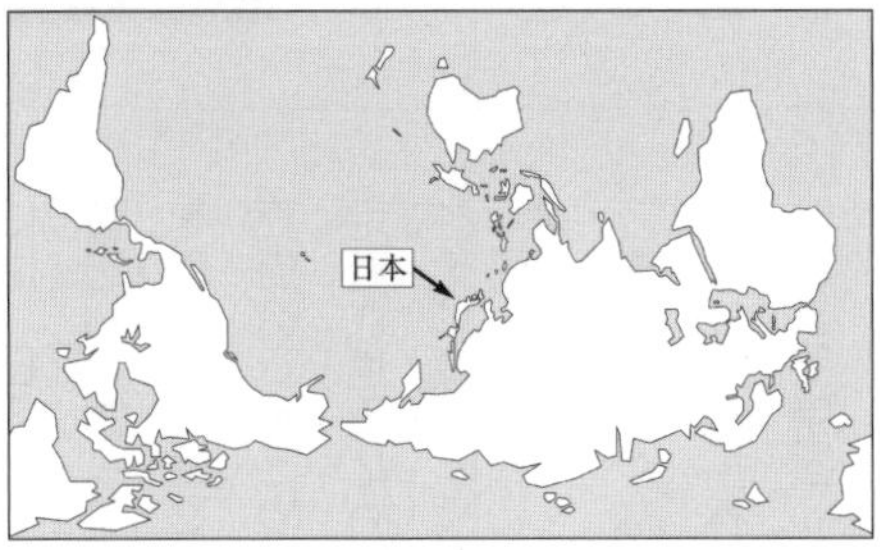

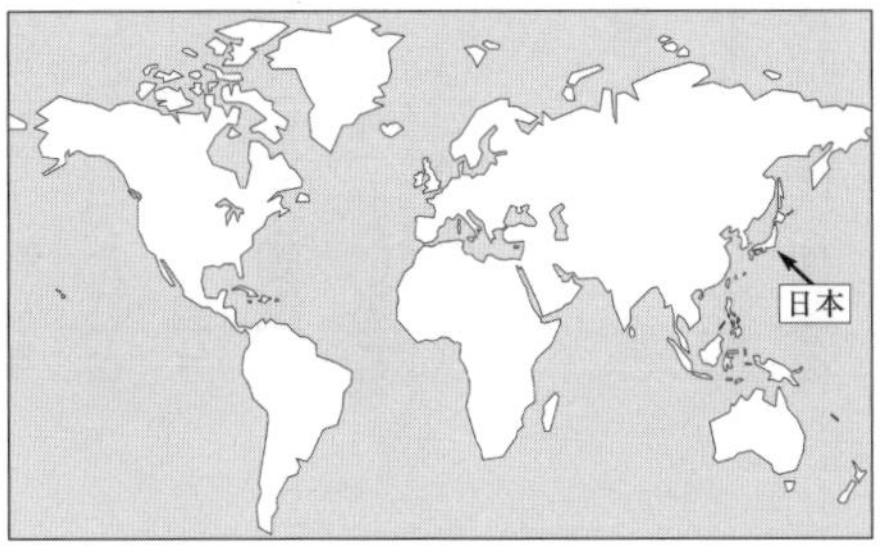

地図はすべて略地図。

－1－

問題は、3種類の地図がしめされているだけです。ただ、日本の位置がちがっています。まずは、これらの地図はどこの国の人に便利なように考えられたものかを考えてみましょう。そして、いつも見慣れている地図が、世界では、じつは標準ではないことに気づいたでしょうか。

（書き方）

○ 題名、名前は書かずに一行目から書き始めましょう。

○ 書き出しや、段落《だんらく》をかえた時は、ますを一字あけて書きましょう。

○ 文章全体の組み立てを考え、適切に段落がえをしましょう。段落がえをしてあいたますも一字と数えます。

○ 読点《とうてん》→ 、 や 句点→ 。 かぎ→ 「 などはそれぞれ一ますに書きましょう。ただし、句点とかぎ→ 。」 は、同じますに書きましょう。

○ 読点や句点が行の一番上にきてしまうときは、前の行の一番最後の字といっしょに同じますに書きましょう。

○ 文章を直すときは、消してから書き直しましょう。ただし、次の例のように、書き直してもかまいません。

（例）

先週の日曜日、動物園に出かけました。

家族で　遊びに行きました。

－2－

作文には、字数の制限がかならずあります。そのほか、どのように書くべきかについての諸注意があります。これらの注意書きにしたがって文章をつくっていきます。

試される力5

教科知識の活用力

教科書にでてくる知識の理解と活用力をはかる

小学校の教科書レベルの知識を理解し技能として自分のものにしているか、また、その活用力をはかる問題です。そしてそれを日常生活に役立てていけるか、自分の言葉で説明できるかを試します。

社会科で言えば、地域の地理や歴史の特徴を聞かれ、それをまとめて考えたり、理科でも小学校で習ったはずのことが実験のかたちで出題され、その理由を説明する、といった問題です。

これらの問題に解答していくためには、日ごろから小学校での教科学習をしっかりすること、習ったことを自分の言葉で書いたり、図も自分で描いてまとめておくこと。知識を定着させるためには、知っていることを、つねに文章にしていくことが大切なのです。

また、新たな問題にぶつかったときに、すぐに人に教わることをやめ、いままで学習してきた知識で使えるものはないかを考えてみる習慣をつけましょう。

2013年度東京都立富士高等学校附属中学校・適性検査Ⅱより

3 だいごさんは、夏休みにおじいさんの家へ遊びに行きました。おじいさんの家のそばには川があり、だいごさんはその川を見たときに、理科の授業で水の流れについて学習したことを思い出しました。そこで、だいごさんは川のようすについて、さらにくわしく調べるために資料をさがしました。

※だいごさんは、ある県を流れる川の中流の流れの速さについての資料（図１）と、川の深さについての資料（図２と図３）を見つけました。なお、この川は、橋脚《きょうきゃく》以外はコンクリートなどで固められていない自然の状態であることが分かっています。橋脚とは、橋を支える柱です。また、資料（図１・図２・図３）は、橋脚が工事によってつくられた直後の調査により作成されたものです。

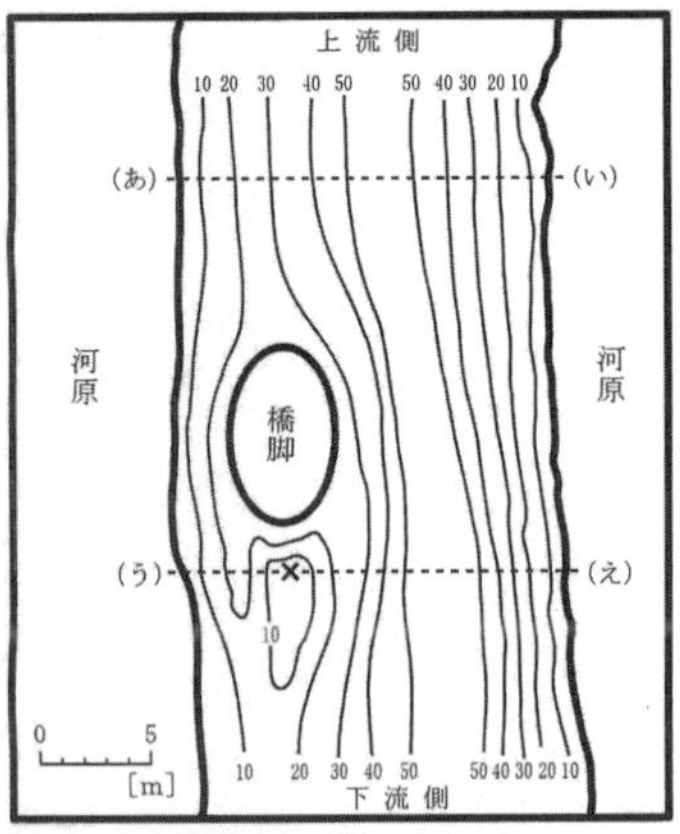

図１　川の流れの速さ（単位は秒速cm）
（地学団体研究会編「水と地形」より作成）

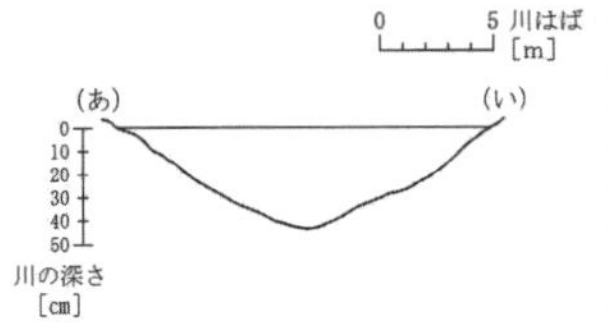

図２：図１の(あ)から(い)の断面図
（町田貞《まちだただし》「地形学」などより作成）

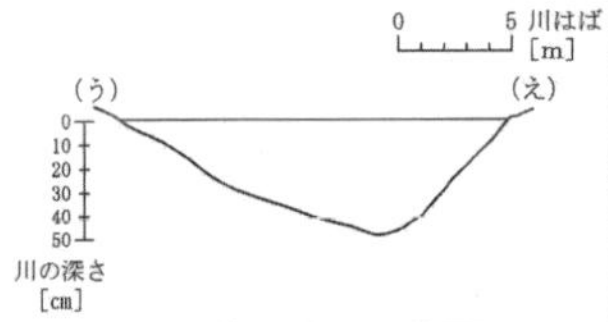

図３：図１の(う)から(え)の断面図
（町田貞「地形学」などより作成）

だいご：図１に10、20、30、40などの数字が書かれている線があるけれど、これはどういうことを示しているのかな。

お父さん：たとえば、30と書かれている線は、川の流れの速さが秒速30cmになるところを結んだ線になっているよ。だから、ちょうどその線のところでは川の水が１秒間に30cm流れているということになるね。

だいご：橋脚の下流側の10の線でかこまれているところはどうなっているのかな。もう少しくわしく説明してよ。

お父さん：では、図１の川岸（う）地点から川岸（え）地点にかけて、点線の上を順に説明してみよう。川岸（う）地点から10の線までの間は、川の流れの速さは秒速０cmより速くて秒速10cmよりおそい、10の線と20の線の間は、秒速10cmより速くて秒速20cmよりおそいということになるね。

だいご：なるほど。20の線と20の線がとなり合うところは、どうなっているのかな。

お父さん：そこは、流れの速さが秒速20cmより速いけれど、秒速30cmよりおそいということになる。次の20の線と10の線の間は、秒速20cmよりおそいけれど秒速10cmより速いということだよ。10の線でかこまれた内側のところは秒速10cmよりおそいということになるね。10と20の線の間は、秒速10cmより速くて秒速20cmよりおそく、20と30の線の間は、秒速20cmより速くて秒速30cmよりおそい、というように、川の流れの速さを読みとるのだよ。ここまでは分かったかな。

だいご：分かったよ。

お父さん：では、50の線と50の線がとなり合うところはどうなっているか分かるかな。

だいご：川の流れの速さが秒速50cmより速いけれど秒速60cmよりおそいということだよね。

お父さん：そのとおり。その先は、川岸（え）に向かって40、30、20、10の線があるから、川の流れが川岸に向かっておそくなっていることが分かるね。では、図２と図３の見方は分かるかな。

だいご：図２は川岸（あ）地点と川岸（い）地点を結んだ直線のところの川の深さを、図３は川岸（う）地点と川岸（え）地点を結んだ直線のところの川の深さをあらわしているんだね。

お父さん：そのとおり。

〔問題１〕 図１と図２より、川の流れの速さと川の深さについて、どのような関係があるか説明しなさい。

〔問題２〕 図１の×印の地点の川の深さは、今後どのように変化していくと考えられるか、図３をもとにその理由もふくめて書きなさい。

与えられた条件を理解し、図を見て、また数理的な事象、情報などを整理、選択、処理することができるかが、川の流れの速さが、川が深いほど早くなっていることに気づくかどうかにつながっています。

「流れる水の働き」「流水による土地の変化」は小学校５年の理科で習っています。その知識を基に、さらに論理的思考力を活用して課題を解決することができるかをみています。

KOKA GAKUEN JUNIOR & SENIOR HIGH SCHOOL FOR GIRLS

一人ひとりをかけがえのない存在として

晃華学園中学校高等学校

｜文化祭学校説明会｜両日各2回｜

9月14日(土)　9月15日(日)　時間はＨＰで確認

｜学校説明会・入試説明会｜

10月27日(日)　11月23日(土)　10:00～11:30

｜入試説明会｜6年生対象｜

12月14日(土)　10:00～11:00

★入試説明会は10月・11月・12月とも同じ内容です。

｜26年度入試結果報告会｜5年生以下対象｜

2月13日(木)　10:00～11:30

｜学校見学会｜

月・水・土の指定日・指定時間

★校舎案内・学校説明を行います。
本校ＨＰでご確認の上、お電話にてお申し込みください。

晃華学園中学校高等学校

〒182-8550　東京都調布市佐須町5-28-1｜TEL. 042-482-8952｜FAX. 042-483-1731

●京王線『つつじヶ丘駅』北口より深大寺行きバス7分［晃華学園］下車→徒歩5分●

ＪＲ中央線『三鷹駅』／ＪＲ中央線・京王井の頭線『吉祥寺駅』／京王線『調布駅』よりそれぞれバス

2013年 中学部学校説明会・入試相談会・オープンスクール・公開行事日程

※詳細はホームページをご覧ください

学校説明会［終了後、個別相談も行います］

9/28（土）	10:00～12:00 ［卒業生によるパネルディスカッション、授業参観］
11/23（祝）	10:00～12:00 ［保護者によるパネルディスカッション］
12/7（土）	10:00～12:00 ※人数把握のため予約を承ります ［過去問解説会］
1/11（土）	10:00～12:00 ※人数把握のため予約を承ります ［ラストスパート対策講座（受験生向け&保護者向け］

入試相談会

1/17（金）	13:00～16:00

オープンスクール（要予約）

10/20（日）	9:30～12:30 部活体験 ［昼食あり］

公開行事

体育祭	9/14（土）
相生祭（文化祭）	11/3（祝）・4（振）
主張コンクール	1/25（土）
合唱コンクール	2/22（土）
講話	2/24（月）

中学部ナイト説明会

お仕事帰りに どうぞお運び下さい

第1回 9/7（土） 19:00～20:00
第2回 10/4（金） 19:00～20:00
第3回 11/8（金） 19:00～20:00
第4回 12/21（土） 19:00～20:00
第5回 1/24（金） 19:00～20:00

相模女子大学中学部・高等部

Sagami Women's University Junior & Senior High School

http://www.sagami-wu.ac.jp/chukou/

〒252-0383 神奈川県相模原市南区文京2-1-1 TEL.042-742-1442 FAX.042-742-1441

教育は愛と情熱!!

《長聖高校の平成 25 年度大学合格実績》

東京２（うち理Ⅲ１名）、京都１、大阪２、北海道５、東北３、筑波２、千葉４、東京外語４、国立医学部医学科 11 名、早慶上理 37 名

東京入試

慶応大三田キャンパス1本化

1月13日（月・祝）

●東京会場　慶應義塾大学三田キャンパス
●東海会場　多治見市文化会館
●長野会場　ＪＡ長野県ビル12階
●松本会場　松本東急イン

本校入試

1月25日（土）

●会場・本校

裁判所での模擬裁判、病院での看護、福祉施設での介護、幼稚園での保育、商店街での一日店員などの社会体験をはじめ、乗馬、ゴルフ、弓道、スキーなどのスポーツ体験、校舎に隣接する学校田での農業体験…。年間を通じてさまざまな体験学習を実戦しています。

寮生活　授業　体験学習

三位一体となった

6年間の一貫教育

■ 学校説明会

第3回 **10月 1日**（火）10:30～12:30
【品川】グランドプリンスホテル新高輪 2階天平の間

第4回 **10月14日**（祝）13:30～15:00
【高崎市】エテルナ高崎５階

第5回 **10月20日**（日）13:30～15:30
【名古屋市】メルパルク名古屋

■ 公開授業　8:40～12:30

第2回 **10月 5日**（土）
※個別入学相談コーナーあり。

■ 体験入学

第2回 **11月17日**（日） 9:00～13:40
・授業体験（英語・数学）、模擬作文
・授業体験後に「家族そろって給食体験」

■ 聖華祭（文化祭）

9月21日（土）**・22日**（日） 9:30～15:00
※個別入学相談コーナーあり。

全国寮生学校合同説明会

11月15日（金）13:00～18:00
【横浜】JR横浜駅東口 崎陽軒本店会議室

11月16日（土）13:00～17:00
【有楽町】東京国際フォーラム

佐久長聖中学校 高等学校

〒385-0022 長野県佐久市岩村田3638
TEL　0267－68－6688（入試広報室 0267－68－6755）
FAX　0267－68－6140

http://www.chosei-sj.ac.jp/
E-mail　sakuchjh@chosei-sj.ac.jp

上信越自動車道佐久インターから車で１分
JR長野新幹線・小海戦佐久平駅から車で５分
（長野新幹線で東京から70分）

Wings and Compass
未来へ翔く翼とコンパス

説明会日程　全ての説明会で、「教育方針」「教育内容」「入試」に関する説明を行います。

9/15(日) 10:00〜12:00
●在校生・卒業生が語る桜丘

12/14(土) 14:00〜16:00
●在校生・保護者が語る桜丘

10/ 5(土) 10:00〜12:00
●授業見学

1/18(土) 14:00〜16:00
●出願直前最終説明会

11/17(日) 10:00〜12:00
●中学スタッフによる学校紹介・給食試食

■桜華祭以外は全て予約制です。本校Web http://www.sakuragaoka.ac.jpよりお申し込みください。
■上履きは必要ありません。また車での来校はご遠慮ください。
■上記以外でも、事前にご連絡をいただければ学校見学が可能です。

入試対策会

10/27(日) 9:00〜12:00

入試直前対策会

1/ 5(日) 9:00〜12:00

サッカー部体験会

10/27(日) 13:00〜15:30

桜華祭(文化祭)

9/29(日) 9:00〜15:00

SAKURAGAOKA 1924

桜丘中学校

〒114-8554 東京都北区滝野川1-51-12 tel ： 03-3910-6161
http://www.sakuragaoka.ac.jp/
mail ： info@sakuragaoka.ac.jp
@sakuragaokajshs
http://www.facebook.com/sakuragaokajshs

・JR京浜東北線・東京メトロ南北線「王子」駅下車徒歩7〜8分
・都営地下鉄三田線「西巣鴨」駅下車徒歩8分
・都電荒川線「滝野川一丁目」駅下車徒歩2分
・「池袋」駅から都バス10分「滝野川二丁目」下車徒歩2分
・北区コミュニティバス「飛鳥山公園」下車徒歩5分

工学院中学校の3年間

Start

中学1年

オリエンテーション合宿（1泊2日）、
移動教室、夏季セミナー

中学2年

鎌倉移動教室、広島・京都修学旅行（3泊4日）、
夏季セミナー

中学3年

語学研修（1泊2日）、
オーストラリア異文化体験研修（20泊21日）

中学全体

強歩大会（4月）、夢工祭（9月）、体育祭（10月）、
合唱コンクール（2月）、スキー教室（3月）

Goal!

**挑戦・想像・貢献が3年間に
ぎっしりつまってます。**

～ぜひ一度、ご来校ください。きっと伸びる理由が見つかります。～

学校説明会 会場：本校（予約不要）

第2回	9月 7日（土）	14:00～（体験学習 14:00～15:15）
第3回	10月19日（土）	14:00～（体験学習 14:00～15:15）
第4回	11月13日（水）	10:00～（在校生プレゼンテーション・授業見学あり）
第5回	12月 7日（土）	10:00～（入試本番模擬体験：要予約 9:00～11:30）
第6回	1月11日（土）	14:00～（入試直前10点アップ講座）

■学校見学は随時受付中 ■詳細はHPをご覧下さい

**京王線北野、JR八王子南口、
JR・西武線拝島より**

スクールバス運行中。片道約20分。電車の遅れにも対応

工学院大学附属中学校
JUNIOR HIGH SCHOOL OF KOGAKUIN UNIVERSITY
〒192-8622 東京都八王子市中野町2647-2

TEL 042-628-4914
FAX 042-623-1376
web-admin@js.kogakuin.ac.jp
http://www.js.kogakuin.ac.jp/junior/または「工学院大学附属中学校」で検索

八王子駅・
拝島駅より
バス

女の子のためのココロとカラダのケア

安心して試験日を迎えるために月経について正しく理解しましょう

※「生理」は正しくは月経と言います。正しい言い方ができるようにしましょう。

思春期は身体の基礎をつくる大切な時期です。しかし、この時期にはホルモンが急激に増加するため、ホルモンのアンバランスによって身体や心が不安定になりがちです。とくに女の子は月経を迎え、身体に大きな変化が起こります。「もし試験日に月経が重なってしまったら」。そんな不安な気持ちを抱えているお子さんや保護者のかたもいらっしゃるかと思います。お子さんの疑問や不安な気持ちをとりのぞいて、気持ちよく受験を迎えられるようにしてあげたいものです。

ここでは、思春期のお子さんをサポートしているP&Gウィスパーハッピー「始・春・期」プログラム事務局に、月経との正しいつきあい方についてうかがいました。

月経が始まるときに知っておきたいこと

月経が始まる目安としては、身長が150㎝、体重が40kg、体脂肪率が15%を越えたころ（年齢でいえば12歳ごろ）といわれています。急に身長や体重が増えてきたら、始まるのが近いかもしれません。

学校でも月経についての授業を受けますが、やはりおうちのかたからの説明が大切です。自分の身体がこれからどうなってしまうのかという不安を感じているお子さんもいらっしゃると思います。小学校4年生ごろを目安に、ご家庭でも話し合ってみてください。

初めての月経は小さな女の子が健康な「女性」となり、新しい命を産める身体になっていくための大切なできごとです。また、月経は女性が自分の身体の調子を知るための便利なバロメーターです。「大変」「面倒」といった否定的な言葉は使わずに、だれにでもやってくる自然なことであることをお子さんに伝えてください。

まだ初経を迎えていないお子さんでしたら、いつ初経を迎えても大丈夫なように、ふだんから月経に必要な生理用品を用意しておくとよいでしょう。たとえば、ポーチにナプキンを2～3個と生理用ショーツを入れて、いつも使うかばんに入れておくなど、心の準備をしておけば急に初経がきてもあわてることがありません。

また、おとなが当たり前のように使っているナプキンでも、お子さんにはむずかしく感じることもあるようです。いざというときにも困らないように、実際にナプキンの使い方を試してみるのもよいでしょう。あわせて、使用後のナプキンの処理の仕方についても、トイレに流さない、ティッシュでくるむといったエチケットも教えてあげてください。

月経が始まってもしばらくは周期が安定しないかもしれません。しかし、心配はいりません。初経が始まった直後から順調に月経がくる人は全体の半分程度で、最初のうちは日数も期間も安定しないことが多いのです。成長して月経のリズムがきちんとできあがれば周期も決まって

女の子のための
ココロとカラダのケア

きます。月経が始まった日から、つぎの月経がくる前の日までの日数を「月経周期」といいます。月経周期はふつう25～38日といわれています。お子さんの月経周期がわかるように、月経がきたらカレンダーに書きこんでおくようにして記録をつけるとよいでしょう。

試験日に月経が重なってしまったときは、長めのナプキンを使って、休み時間など替えられるときに替えるようにします。試験会場のトイレは混みあうことも考えられますので、もれることがないように備えましょう。

月経の際にお腹や腰に痛みを感じる、いわゆる月経痛も子宮がまだ成長しきっていない時期のお子さんには、痛みを強く感じることもあります。そうなっては受験勉強もなかなか手につかなくなってしまいます。お子さんの月経の症状をよく聞いて、対処の仕方をいっしょに考えてみてください。身体を暖めたり、栄養バランスのとれた食事をとるなど気をつけてあげてください。

最後に、男の子にはこのような月経のサイクルがないので、女の子の身体の変化は理解しにくいものですが、女の子に思いやりを持てるよう、男の子のいらっしゃるご家庭でも女の子のそうした身体の変化を教えてあげたいものです。

女の子のギモン
もしこんなことを聞かれたら

Q. 貧血にならないの？

A. 1回の月経ででる血液は50ml程度なので、貧血になる心配はありません。しかし思春期は身体がぐんぐん成長するので、鉄分がたくさん必要になる時期。鉄分が不足すると貧血になることもあります。ふだんから栄養バランスのとれた食事をして、レバーやひじきなど鉄分を多く含む食品をとるようにしましょう。

Q. お風呂に入ってもいいの？

A. 自分の家のお風呂でしたら、湯船に入ってもかまいません。身体をよく洗ってから入りましょう。もし合宿や宿泊学習など、自宅以外の場所でお風呂に入ることがありそうなら、「シャワーやお湯をかける程度でいいよ」と教えてあげましょう。

Q. ショーツや洋服を汚しちゃったらどうすればいいの？

A. 急に始まるときのために、小さなポーチにショーツと薄いナプキンを持っているよう教えます。もし忘れて持っていなければ学校だったら保健室へ。先生が相談に乗ってくれるはずです。また、汚したら自分で洗うように教えましょう。血液は熱いお湯だと固まってしまう性質があるので、必ず水かぬるま湯で洗います。

親子で

受験日の服装やナプキンえらびなど

ゲームをしながら楽しくわかっちゃうサイト

わたしとぴー子の受験成功ものがたり

http://jp.happywhisper.com/shishunki/petit/juken/pco.html

女の子の受験対策Q＆A

これから入試を迎える受験生のみなさんや保護者のかたの悩みや不安をお答えいただきました。

（監修　産婦人科医　堀口雅子先生）

ふだんから気をつけたいこと

Q　6年生になって生理が始まりましたが、周期が不規則で、いつなるかわかりません。ナプキンは携帯していますが、ほかに気をつけることはありますか。

A　月経前にはおりものが増えたり、胸が張ったりします。ほかにも便秘や下痢、ニキビができたり、肌が荒れたり、また精神的にはイライラしたり憂うつになるなど、気持ちが不安定になることもあります。こうしたいろいろなサインが身体に表れますので、ふだんから気をつけてみましょう。

　月経の周期を記録しておくことも大切です。月経周期がわかってくれば、つぎの月経日の目安になります。とはいえ、初経を迎えてすぐの場合は、周期的に月経がくる人は全体の半分くらいです。とくに受験期のストレスは月経周期にも影響を与え、月経が止まったり、逆に受験当日に突然きてしまうこともあります。いつもナプキンを携帯しておくと安心です。

Q　クラスでも背が高い方なのですが、生理はまだです。どうなると生理は始まるのでしょうか。

A　身長や体重が急に増えて、おりものが増える、胸が張るなどの兆候がみられたら、初経が近いしるしです。「そろそろかな」と思ったら、すぐに準備を始めましょう。ナプキンやショーツをポーチに入れて、ふだんから持ち歩くようにしてください。生理用品は実際に使って練習してみましょう。おとなと子どもでは快適と感じるナプキンの種類がちがうこともあります。自分に合ったナプキンを見つけておけば安心です。月経の始まる時期は、人によってそれぞれですが、準備さえしておけば、まったく心配ありません。

Q　生理に対して漠然と不安を感じているようです。受験が近いので、なるべく不安を取り除いておきたいと思うのですが、どうしたらよいですか。

A　月経はおとなの女性だったら、だれにでもやってくる自然なことです。妊娠・出産と関係なく女性として生きるためにも、母になる日のためにも、月経は大切なものとして考えてください。女性の先輩であるお母さまなどが相談相手になって、ふだんから月経を前向きにとらえられるようにしておきましょう。また、月経時のモレや失敗で不安を感じることのないように、量が多いときにはナプキンを昼間でも夜用にするなど、場面に合わせてじょうずに使い分けましょう。

月経中の憂うつをやわらげるヒント

ヒント1　入浴は身体を清潔に保ったり、血行をよくしたりするので、月経痛が軽くなる場合があります。

ヒント2　グリーンは癒しやバランスを整える効果が、黄色は明るい気分になる効果があるといわれています。憂うつなときはグリーンや黄色の服を着たり、小物を持ったりして気分を変えてみましょう。

女の子のための ココロとカラダのケア

受験勉強中のアドバイス

Q 生理前の方が生理中よりお腹や腰が重くなり、なんとなく勉強に集中できません。なにか改善する方法はありませんか。

A 症状を緩和するために、生活面でできることがいくつかあります。たとえば食生活では、カフェイン、インスタント食品や塩分の強い食品などを多量にとらないよう気をつけてください。甘いお菓子を食べ過ぎたり、眠気をさますためといって、カフェイン飲料をたくさん飲んでしまうと、かえって*PMSの症状が悪化します。思春期にはとくにバランスのとれた食事がとても大切。ダイエットもやめましょう（*PMS＝月経前症候群。月経前のおよそ2週間、ホルモンのアンバランスにともなって起こるさまざまな症状を、PMSといいます。腹痛や頭痛、乳房の痛み、疲れやすい、眠くなるなどの身体症状、イライラ、無気力、憂うつなどの精神症状などがよく知られています）。

Q 生理前や生理中の気持ちがちょっと沈みがちなとき、元気になれる方法はありますか。

A 食生活に気をつけたり、カモミールやペパーミントなどのハーブティーを飲むのも、身体を温めてくれるのでおすすめです。

また、適度な運動も効果的です。運動すると、βエンドルフィンという鎮静効果のある物質が血液中に増え、気分をリラックスさせてくれます。

ほかにも大好きな音楽や香りで元気になる方法もありますし、ぐっすり眠れるように寝具や照明を工夫したり、ミルクを人肌に温めて飲むのもよいでしょう。受験まであと少し。自分なりの気分転換法を見つけ、元気に過ごしましょう。

Q 生理中は少しお腹が痛くなります。痛み止めは癖になるといいますが、がまんした方がよいでしょうか。

思春期が始まるころの子どもをサポートする

ウィスパーハッピー「始・春・期」プログラム

子どもたちが春を迎えるように明るく思春期を迎えられるようサポートするホームページです。

http://jp.happywhisper.com/shishunki/index.html

保護者向けページ

「思春期を迎える子どもの 保護者に知ってほしいこと 思春期の子どものココロとカラダ」

不安や疑問でいっぱいの子どもたちには、保護者の方からのアドバイスや協力がとても大切。保護者ご自身が正しい知識を持ち、ご家庭で話しあうために、必読です。受験生に気をつけたいこともわかっていれば安心です。

月経が始まるころの女の子向けページ

ウィスパープチ

月経のしくみや上手な付き合い方について、知りたい情報が満載。お子さんがご自身で見るだけでなく、親子でいっしょに見て話しあえるといいですね。

A お腹が痛いときは、毛布や使い捨てカイロなどで下腹部を温めたり、月経痛体操で骨盤内の血流をよくすることが効果的です。月経痛体操には、あお向けに寝て、そろえた両膝をあごに近づくまであげてから、ゆっくりもとに戻す動作を10回ほど繰り返すものなどいろいろあります。うつぶせで腕と膝を立て、猫のように背中を丸めたり伸ばしたりしてもよいです。

それでも月経痛がひどい場合は、早めに痛み止めを飲むという方法もあります。毎月の服用で癖になったり、将来の妊娠に差しつかえることはありません。痛み止めは市販のものでかまいませんが、薬を飲む量やタイミング、間隔はきちんと守ってください。胃の不快感や眠気など副作用をともなうこともあるので、頭痛・歯痛のときなどに飲み慣れている薬が安心です。

また、痛み止めが効かないほどひどい場合は、早めに産婦人科のお医者さんに相談してください。

受験当日のアドバイス

Q 小5で生理が始まりました。だいたい月に1度の周期ですが、このままだと試験と重なりそうです。どんなことに気をつければよいでしょう。

A 試験の途中で始まったら…と心配なときは、試験当日の朝からナプキンを下着にあてていくとよいでしょう。さらに、予備のナプキンと、お守りとして、いざというときの痛み止め（頭痛・歯痛などで使い慣れたもの）を持ち、モレてしまってもめだたないような黒っぽい色の暖かい服装ででかければ完璧です。そろそろ月経になりそうだと思ったら、試験日には受験票や筆記用具などの持ちものといっしょに、ナプキンやショーツといった生理用品を用意してください。

前もって準備し、心がまえをしておくことで、月経で困ることのほとんどが解決できるものです。あとは平常心。いつもの自分でしっかり試験にのぞめるようにしてください。

子どもと相談してナプキンを選ぼう

小学校６年生と中学３年生の受験生と保護者を対象に、「月経と生理用品（ナプキン）に関するアンケート」を実施。受験生と保護者の気持ちを聞きました（P&Gウィスパー調べ）。

多くの家庭ではナプキンのブランドやメーカーを選ぶのは保護者で、ナプキンを選ぶときの決め手は「モレない」「ズレない」。しかし、毎回の月経でモレを経験している受験生も４割（小６では５割）いました。

ナプキン決定者のちがいによる受験生の満足度

保護者が決める	満足52%	不満48%
子どもが決める	満足85%	不満15%
相談して決める	満足82%	不満18%

ナプキンのブランドを決めるとき、子どもの意見を取り入れている場合は、８割以上の子どもが使っているナプキンに満足していると答えました。

子どもの意見を取り入れているかどうかで、満足度は大きく変わっています。

ナプキン選択の決め手と、使用時の不満

（保護者）ナプキン選択時の決め手

モレない：80%　　ズレない：55%

（受験生）ナプキンへの不満

モレる：75%　　ズレる：63%

女の子のための ココロとカラダのケア

Q 試験会場で急に生理が始まってしまい、万が一洋服を汚してしまった場合、どのようにしたらよいでしょうか。

A 洋服を汚してしまったら、セーターやトレーナーを腰に巻いたり、寒い時期ですから、コートをはおれば隠れてしまいます。

まず、月経が来そうなときはナプキンを用意しておくことを忘れずに。もしナプキンがなければ、清潔なハンカチやハンドタオルをたたんでナプキン代わりにしてください。トイレットペーパーを多めに重ねても代用できます。

お昼休みなど時間が取れるときは、恥ずかしがらずに試験官の先生に相談してみましょう。保健室には備えつけの生理用品があるはずです。

Q 生理痛がとても重く、試験と重なったら…と思うと憂うつです。薬で生理をずらせると聞きましたが、どんなものなのでしょうか。

A ホルモン剤を飲んで月経を早めたり、遅らせたりする方法があります。ただ、ホルモン剤は安易に使うものではありません。ほとんどの人は、自分の体調に合わせて準備をしておけば、受験日と重なっても心配いりません。たとえば、月経の量が多くて心配なときは吸収力の高いナプキンを使うなど、お腹を冷やさないように暖かい服装にするなど、工夫してみましょう。

痛み止めが効かないくらい月経痛がひどいときや、どうしてもという場合は、月経を早める方がよいと思いますので、受験日の1カ月半くらい前までに産婦人科の医師に相談してください。試験中にぐあいがよくないときは試験官の先生に早めに言いましょう。ほとんどの学校では、保健室などで試験を受けることができます。

受験のときのイチオシナプキン

受験期を快適に過ごすために、ナプキンの選び方にもひと工夫。
どんなときにどんなナプキンがよいか、選び方のコツをお教えします。

受験勉強中・受験本番は？

集中したい受験期にオススメ

コスモ吸収

経血が多い日も素早くたくさん吸収するすぐれもの。おもてにひびかないスリムタイプで、つけていても気になりません。

長時間座りっぱなしの受験勉強にオススメ

ピュアはだ

長時間座って、トイレに行きたくても行けないときは少し厚みのあるナプキンがおすすめ。ニオイまで吸収してくれるからテストのときも安心。

寝不足になりがちな夜にオススメ

超すっきりスリム

夜は夜用の長いタイプが安心。薄くても吸収力はバツグン。幅広吸収バックガードで、眠っている間の後ろモレもしっかり防ぎます。

もしも…のときのために

さらふわスリム

「もし、試験中に生理になったら…」と不安なときは「さらふわスリム」を試験当日にはじめからつけていこう。カラーセラピーの考えを取り入れた「タンポポ柄」で不安なココロを明るく！

【ウィスパー製品に関するお問い合わせ】

P&Gお客様相談室　0120-021329
受付時間：祝日を除く月～金曜日・午前９時15分～午後５時まで

〔学校説明会〕

日　　時　9月21日（土）
　第1回　10:00～11:30
　第2回　14:00～15:30
10月26日（土）
　第3回　10:00～11:30
　第4回　14:00～15:30
場　　所　青山学院講堂
学校見学　説明会終了後

〔運　動　会〕

日　　時　10月12日（土）9:00
場　　所　高中部グラウンド
※雨天時は14日（月）体育の日

〔中等部祭（文化祭）〕

日　　時　11月9日（土）
10:30～16:00
10日（日）
12:30～16:00

青山学院中等部

青山学院スクール・モットー　地の塩、世の光
The Salt of the Earth,
The Light of the World
（新約聖書　マタイによる福音書　第5章13節-15節より）

〒150-8366　東京都渋谷区渋谷4-4-25　TEL.03-3407-7463　FAX.03-5485-2164　http://www.jh.aoyama.ed.jp

ADACHI GAKUEN
JUNIOR HIGH SCHOOL

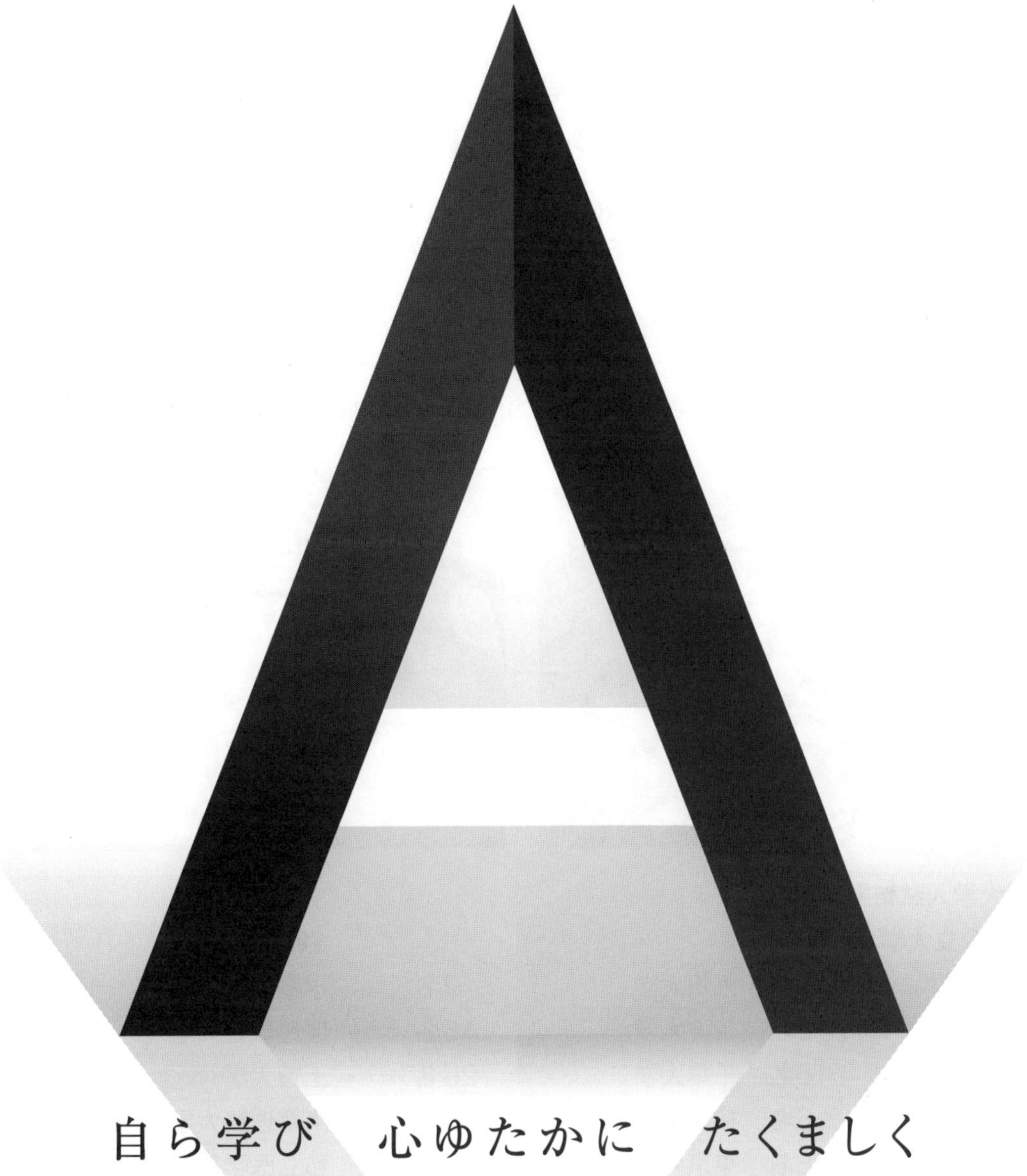

自ら学び　心ゆたかに　たくましく

http://www.adachigakuen-jh.ed.jp

足立学園

中学校説明会
生徒・保護者対象（申込不要）

7月13日（土）10:00～
9月 7日（土）10:00～
10月19日（土）10:00～
11月 9日（土）10:00～
11月21日（木）10:00～
11月30日（土）10:00～
1月11日（土）10:00～

オープンキャンパス
■中学校（要予約）

5月25日（土）14:00～
6月29日（土）14:00～
10月 5日（土）14:00～

学園祭
個別相談コーナーを設けます。

9月21日（土） 9:30～16:00
22日（日） 9:00～16:00

アクセス
■「北千住」駅東口から徒歩1分
■「京成関屋」駅から徒歩7分
〒120-0026
東京都足立区千住旭町40-24
TEL:03-3888-5331
FAX:03-3888-6720

Be Gentlemen, Be Ladies.

世界に目を向けた伝統校 ～グローバル&サイエンス～

帰国生向け、特別英語授業を実施！　中３海外修学旅行を実施！
海外研修はカナダ&英国（ケンブリッジ大学、オックスフォード大学）で実施（希望者）！

帰国生を対象として、週６～７時間のすべての英語の授業を英語で行っています。また、中学３年生では全員を対象とした海外修学旅行を実施するとともに、夏には希望者を対象にカナダと英国（ケンブリッジ大学、オックスフォード大学）での海外研修を実施しています。

2009年度、市川高等学校は文部科学省からSSH（スーパーサイエンスハイスクール）に指定されました。SSHの趣旨を踏まえ、市川サイエンスでは、中学1年生から数多くの実験・観察を通し、自分で課題を見つけ、研究発表できるよう、独自のカリキュラムを組んでいます。５年目の今年、さらなる進化をした市川サイエンスにご期待ください！

■大学入試結果2013

《国公立大学》

東京大学	13名	九州大学	2名
京都大学	2名	筑波大学	15名
東京工業大学	15名	千葉大学	26名
一橋大学	6名	横浜国立大学	8名
北海道大学	8名	東京外国語大学	5名
東北大学	7名	東京藝術大学	2名
名古屋大学	1名	国公立大学合計	156名
大阪大学	2名	※国公立医学部医学科	13名

《私立大学》

早稲田大学	173名
慶應義塾大学	100名
上智大学	59名
東京理科大学	99名
私立医学部医学科	20名

中学校説明会：10月26日（土）
①9:00～10:30　②11:30～13:00　③14:00～15:30
※9月26日（木）10:00よりHPで予約受付開始

なずな祭：9月28日（土）・29日（日）

SSH（スーパーサイエンスハイスクール指定校）・ユネスコスクール加盟校

市川中学校

〒272-0816 千葉県市川市本北方2-38-1
Tel.047-339-2681
ホームページ　http://www.ichigaku.ac.jp/
学校説明会、公開行事の日程はホームページをご覧下さい。

◇アクセス案内◇
●京成「鬼越駅」より徒歩20分　●JR・都営地下鉄新宿線「本八幡駅」よりバス11分（JR北口②番乗り場バスいずれも可）
●JR「市川大野駅」より姫宮団地経由本八幡駅行きバス11分　●JR「西船橋駅」より直通バス20分（登下校時のみ運行）
●JR「市川駅」より市川学園行きバス21分　＊いずれのバスも「市川学園」で下車下さい。

URAWA JITSUGYO GAKUEN JUNIOR HIGH SCHOOL

浦和実業学園中学校

東工大・北海道大・ICUに現役合格!
未来に続く10期生募集!

英語イマージョン教育で「真の英語力」を

入試説明会

第2回　9月 22日(日) 10:00～
第3回 10月　6日(日) 10:00～
第4回 10月 20日(日) 14:00～
第5回 11月　4日(月) 10:00～
※予約不要、上履不要

文化祭

9月　8日(日) 9:00 ～14:00
※予約不要、10:00～「ミニ説明会」

入試問題学習会

第1回 11月 23日(祝) 10:00～
第2回 12月 15日(日) 10:00～
※予約不要、「ミニ説明会」実施

公開授業

11月 19日(火) ～ 21日(木)
9:00 ～15:00
※予約不要、11:00～ミニ説明会

入試要項

	第1回(午前) A特待入試	第1回(午後) A特待入試	第2回	第3回	第4回
試験日	1月10日(金) 午前	1月10日(金) 午後	1月13日(月)	1月17日(金)	1月26日(日)
募集定員	25名	25名	40名	20名	10名
試験科目	4科	2科	4科		
合格発表	1月11日(土)		1月14日(火)	1月18日(土)	1月27日(月)

※4科(国・算・社・理)　2科(国・算)
※必ず生徒募集要項でご確認ください。

〒336-0025　埼玉県さいたま市南区文蔵3丁目9番1号　TEL：048-861-6131(代表)　FAX：048-861-6886
ホームページ http://www.urajitsu.ed.jp　Eメールアドレス info@po.urajitsu.ed.jp

よろこびと真剣さあふれる学園

鷗友学園女子中学高等学校

〒156-8551　東京都世田谷区宮坂1-5-30　TEL03-3420-0136　FAX03-3420-8782

http://www.ohyu.jp/

＊2014年度 学校説明会＊【インターネット予約制】

●10月19日(土)　●11月16日(土)

●11月22日(金)　●12月14日(土)

いずれも10:00～11:30(開場9:00)

終了後授業見学(12月14日を除く)

＊入試対策講座＊【インターネット予約制】

●12月14日(土)　第1回 13:00～14:30

第2回 15:00～16:30

受験生・6年生保護者対象

＊公開行事＊

▶学園祭[かもめ祭]

●9月22日(日) 9:30～16:30(受付 ～16:00)

23日(月) 9:00～15:30(受付 ～15:00)

心豊かに、自らの道を切り拓く

首都圏 2014年度版

中学受験情報誌 合格アプローチ 臨時増刊

国立 私立 中学校 厳選ガイド271校

好評発売中

A４変版 210ページ
定価：本体1,800円+税
ISBN978-4-86512-009-7

直接購入ご希望のかたは
☎03-3253-5944
グローバル教育出版
営業部、または弊社ＨＰ
よりご注文ください

全国の書店
でお求め
ください

現在、国内には400校以上もの中高一貫校があります。そのうち、首都圏には300校以上の学校が所在しています。また、これまでの国立・私立だけではなく、公立中学校においても、中高一貫校を新設する動きがつづいています。多くの選択肢のなかから、各家庭の考え方やポリシーに合わせた教育を選ぶことができるということは、非常に幸せなことです。しかし、その反面、選択肢が多いということは、どの学校にすればよいのか、悩んでしまうという側面も持ち合わせています。とくに初めて中学受験を経験されるご家庭においては、とても大変な作業です。そのような保護者のかたに、少しでもお役に立てれば、との思いから生まれたのが本書です。毎年改編を重ねながら、今年も教育理念や特色など、271校の素の姿をお伝えしています。そのため、いわゆる偏差値や学力の指標となるものは掲載しておりません。それは数字だけで判断するのではなく、ご家庭の教育方針やお子さまにあった学校を選んでいただきたいからです。中学受験が本格的に迫ってくるこれからの季節に、ぜひ一度ご覧ください。学校選びの視野が広がることはまちがいありません。

株式会社 グローバル教育出版

〒101-0047 東京都千代田区内神田2-4-2 グローバルビル
TEL：03-3253-5944（代） FAX：03-3253-5945
http://www.g-ap.com

―中学受験のお子様を持つ親のために―

わが子が伸びる親の『技《スキル》』研究会のご案内

主催：森上教育研究所　協力：「合格アプローチ」他

平成25年度後期講座予定

（ホームページアドレス）http://oya-skill.com/（携帯モバイルサイト）http://oya-skill.com/mobile/

第2回　9 木 12

コーチ

小泉　浩明（学習コーチング）

テーマ　スコアメーキング＝合格のための過去問活用法【小5・小6対象】

内容　６年生の２学期は、志望校の過去の問題を演習して得点力を伸ばす時期です。この過去問演習の実施方法から結果分析や弱点対策まで、塾まかせには出来ない、知っておきたい内容を国語・算数を中心に説明します。「論説文の苦手克服に役立つテーマ一覧」などのデータも公開します。

申込〆切 9/10(火)

第3回　9 木 19

算　数

望月　俊昭（算数指導&執筆）

テーマ　子ども向け≪図形勉強法マニュアル≫【全学年対象】

内容　受験生の多くが「数に比べて図形が苦手」というタイプです。普通の（優れた図形感覚の持ち主というわけではない）子どもたちが、「自分で描く」ことが重視されない環境でどのように図形学習を進めていけばよいのか。図形に強くなるための勉強法を、子ども向けにまとめます。

申込〆切 9/17(火)

第4回　9 水 25

国　語

田代　敬貴（国語指導&執筆）

テーマ　生徒の答案から学ぶ記述答案作成の＜スキル＞【小４～小６対象】

内容　成績上位の生徒でも、わかりやすく読みやすい、言いかえれば採点者に苦痛を与えない文章を書く生徒はそう多くはいません。では、受験生の書く答案の問題点はどこにあるのか。どうずれば改善されるのか、タイプ別記述問題攻略の＜スキル＞とあわせてお話します。

申込〆切 9/23(月)

第5回　10 水 9

コーチ

佐々木信昭（佐々木ゼミナール主宰）

テーマ　受験の王道＝志望校過去問徹底演習のプロの全ノウハウ伝授【小6対象】

内容　入試問題はこの問題が出来れば合格させるという学校のメッセージです。志望校の過去問を徹底的にやり込んで、合格可能性20～40%（偏差値7不足）からの逆転合格を、あと100日で可能にします。20～30年分の分野別小単元別過去問集の作り方、最も効果的な演習法を一挙公開。算数、理科中心。

申込〆切 10/7(月)

第6回　10 木 17

女子学院

金　廣志（悠遊塾主宰）

テーマ　女子学院入試攻略法【小６対象】

内容　女子学院入試に絞った究極の攻略法。受験生の答案例などを参考にして4科の解法を指導します。女子学院必勝をねらう受験生と父母にとっては必見の講座です。

申込〆切 10/15(火)

第7回　10 木 24

理　科

恒成　国雄（Tサイエンス主宰）

テーマ　各学年がやるべき理科的内容への取り組みについて【小2～小5対象】

内容　「理科は、もはや暗記科目ではありません！」中学理科入試問題の思考力重視化は毎年顕著になってきています。直前の丸暗記では間に合いません。どの時期にどのようなことをやるべきなのか？具体的な理科の入試問題から、それに対応できる力をつけさせるための学年ごとの理想的な過程を説明していきます。

申込〆切 10/22(火)

第8回　10 木 31

算　数

粟根　秀史（算数指導&執筆）

テーマ　超難関校対策算数学習法【小5対象】

内容　首都圏超難関校の算数入試では「高度な解法技術」と「その場での思考力」の両方が試されます。このような力をあと１年で確実に身に着けるにはどうすればよいか、長年に亘る最大手塾最上位クラス指導経験と最新の情報、研究をもとに詳細に説明いたします。

申込〆切 10/29(火)

第9回　11 木 14

麻　布

金　廣志（悠遊塾主宰）

テーマ　麻布入試攻略法【小６対象】

内容　麻布入試に絞った究極の攻略法。受験生の答案例などを参考にして4科の解法を指導します。麻布必勝をねらう受験生と父母にとっては必見の講座です。

申込〆切 11/12(火)

◇時間：10：00～12：00
◇会場：森上教育研究所セミナールーム（JR・地下鉄市ヶ谷駅下車徒歩７分）
◇料金：各回3,000円（税込）※決済を完了された場合はご返金できません。
◇申込方法：スキル研究会HP（http://oya-skill.com/）よりお申込下さい。

メール・FAXの場合は、①保護者氏名　②お子様の学年　③郵便番号　④住所　⑤電話／FAX番号／メールアドレス　⑥参加希望回　⑦WEB会員に登録済みか否か　を明記の上お申込下さい。折り返し予約確認書をメールかFAXでお送りいたします。申込〆切日16時までにお申込下さい。また、電話での申込はご遠慮下さい。尚、本研究会は塾の関係者の方のご参加をお断りしております。

お電話での申込みはご遠慮下さい

お問い合わせ　：森上教育研究所　メール：ent@morigami.co.jp　FAX:03-3264-1275

中学受験 合格アプローチ 2014年度版

私立中学合格ガイド2014

あとがき

秋の訪れとともに、ご本人はもちろんご家族みんなで挑む「中学受験」も、いよいよ「追い込み」の時期に入ってきました。マラソンでいえば35㎞を過ぎたところ、いちばん苦しく感じるあたりかもしれません。しかし、あと少し走りつづければ、ゴールはもうそこに見えてきます。

この本は、受験まで「あと100日」をテーマに、さまざまな角度から「受験生、保護者のお役に立てる情報を少しでも多く」との思いで編集したものです。

「中学受験」は、ご家族みんなが受験生に寄り添って駆け抜けるところに醍醐味や喜びがあります。

さあ、受験まで「あと100日」。まだまだお父さま、お母さまのサポートは欠かすことができません。いつも笑顔を絶やさず、最後までご本人を励ましてあげてください。

努力をつづけたこの経験は、かならずご本人の財産として残ります。支えてくれたご家族の愛情も心に刻みこまれることでしょう。

編集部一同、心からご健闘をお祈りしています。

『合格アプローチ編集部』

営業部よりご案内

『合格アプローチ』は首都圏有名書店にてお買い求めになれます。

万が一、書店店頭に見あたらない場合には、書店にてご注文のうえ、お取り寄せいただくか、弊社営業部までご注文ください。ホームページでも注文できます。送料は弊社負担にてお送りいたします。代金は、同封いたします振込用紙で郵便局よりご納入ください。（郵便振替 00140-8-36677）

ご投稿・ご注文・お問合せは

株式会社グローバル教育出版

【所在地】〒101-0047
東京都千代田区内神田2-4-2 グローバルビル

【電話番号】03-3253-5944《合格しよう》(代)

【FAX番号】03-3253-5945

URL:http://www.g-ap.com
e-mail:gokaku@g-ap.com

中学受験　合格アプローチ　2014年度版

中学受験合格ガイド2014

2013年９月10日初版第一刷発行

定価：本体 1,000 円 + 税

●発行所／株式会社グローバル教育出版
〒101-0047 東京都千代田区内神田2-4-2 グローバルビル
電話 03-3253-5944（代）　FAX 03-3253-5945
http://www.g-ap.com　郵便振替 00140-8-36677

©本誌掲載の記事、写真、イラストの無断転載を禁じます。

夏までの努力を合格へつなげよう！

茗渓塾中学受験部の下半期スケジュール

９月１日　受験生親子説明会
学習計画表作成 スケジュール確認
９月７日～ 志望校別特訓スタート
９月２９日　小６受験保護者説明会
１０月　～　個別面談
１１月１７日　理社全校合同特訓
１２月１５日　市川模試
１２月２３日　茗渓模試
１２月２５日～１月６日 冬期講習期間
１２月３１日・１月２日・３日 正月特訓
入試本番

茗渓塾のTTC
T…ベテランの授業
T…自分で取り組むトレーニング
C…弱点フォローも含むコーチング

めいけいの中学受験志望校別特訓（9月～12月）

●志望校にあった入試演習、ラストスパートでつかむ合格のコツ！　ベテラン講師が指導します。

※コース選択については模試などの成績で資格審査します。

9月スタート　土曜　午後2時～6時

日程：9/ 7　9/14　9/21　9/28　10/ 5　10/12　10/19　10/26
11/ 2　11/ 9　11/16　11/30　12/ 7　12/14

全14回　費用 44,100円
10月から受講の場合　全10回　費用 31,500円

開設コースと実施教室

コース	教室	コース	教室	公立一貫コース	教室
最上位（御三家）	本八幡	江戸川女子	小岩	両国・白鷗・九段	瑞江
男子難関　女子難関	笹塚	千葉ハイレベル	船橋	小石川・大泉・桜修館	王子
市川・東邦	本八幡	男女ハイレベル	笹塚・川口・小岩	富士・三鷹・東大附属	方南
昭和秀英	稲毛	男女ミドル	笹塚・瑞江・王子・稲毛	県立千葉	千葉
国府台女子	船橋			市立稲毛	稲毛
				市立浦和	大宮

TTC&個別　**入塾金免除**
東大島教室 新規開校 詳しい資料をご請求下さい。
都営新宿線　東大島駅　大島口 徒歩30秒　☎ 03-5875-1223

茗渓塾
MEI KEI JYUKU
http://www.meikei.com

本部事務局
〒151-0073　東京都渋谷区笹塚1-56-7
TEL:03-3320-9661 FAX:03-3320-9630

笹塚教室 ☎ 3378-0199
大山教室 ☎ 3958-3119
小岩教室 ☎ 3672-1010
本八幡教室 ☎ 047-393-6506
稲毛教室 ☎ 043-207-6565
富士見教室 ☎ 049-251-2048
大宮教室 ☎ 048-650-5655
鎌取教室 ☎ 043-300-0011
東大島教室 ☎ 03-5875-1223
方南教室 ☎ 3313-2720
王子教室 ☎ 3913-8977
瑞江教室 ☎ 3698-7070
船橋教室 ☎ 047-460-3816
千葉教室 ☎ 043-290-5680
川口教室 ☎ 048-241-5456
土気教室 ☎ 043-205-5541
ユーカリが丘教室 ☎ 043-460-2070

Wayo Konodai Girl's Junior High School

県内でも有数の特色ある英語教育

高い英語力を身に付け、世界を舞台に活躍できる人材を育てるために、冬休みには１～３年生が参加できるオーストラリア姉妹校の教師による英語研修合宿、３年生の夏休みには英国村語学研修を、３月にはイギリスへの８泊の研修旅行を用意しています。

英語教育の成果として、市川地区英語発表会において入賞することが出来ました。高校では全部門で入賞し、県大会に出場、４部門中３部門で入賞しました。

実験・観察を重視した理科教育

中学生の理科の授業は週４時間。そのうち２時間は各クラスとも身近な自然を利用した「実験・観察」の授業を行います。

理科実験室は１分野・２分野２つの実験室を用意し、実験室には剥製(はくせい)・標本、動植物など学習教材も豊富に取りそろえてあります。同時に、課題研究に取り組むことで、探求方法を学習し科学的思考力や応用力を養います。

英会話の授業風景

■学校説明会
9月28日(土)
11月 9日(土)
12月 7日(土)
1月11日(土)

■体育大会
9月22日(日)

■学園祭
10月26日(土)
10月27日(日)

※各行事の詳細はHPをご覧ください。

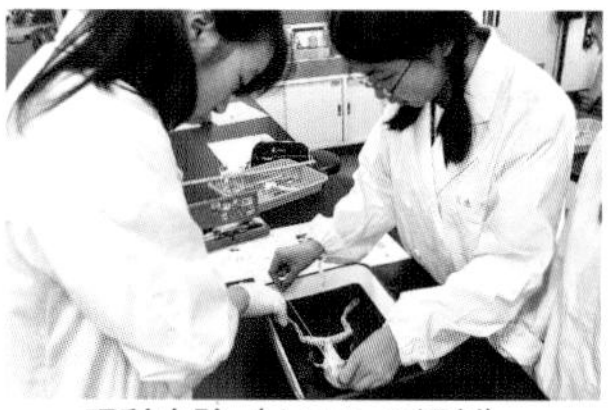
理科実験（カエルの解剖）

鮮やかな色のバスが、生徒の安全を守って走ります。

スクールバス運行
松戸駅/北国分駅　⇔　本校
市川駅/市川真間駅　⇔　本校

和洋国府台女子中学校
http://www.wayokonodai.ed.jp/
〒272-0834　千葉県市川市国分4-20-1　Tel:047-374-0111

ISBN978-4-86512-015-8

C0037 ¥1000E

定価：本体1000円＋税

ココからはがして下さい
22
1/1
ISBN：9784865120158
受注No：127086
受注日付：241205
コメント：37
書店CD：187280 28
客注